吉姆·罗杰斯的全球投资探险

2

[美] 吉姆·罗杰斯 | 著
（Jim Rogers）

王晓鹂 | 译

中信出版集团 | 北京

图书在版编目（CIP）数据

旷野人生：吉姆·罗杰斯的全球投资探险. 2 / （美）吉姆·罗杰斯著；王晓鹂译. -- 北京：中信出版社, 2025.2. -- ISBN 978-7-5217-6928-9

Ⅰ. C934

中国国家版本馆 CIP 数据核字第 2025EH0803 号

Adventure Capitalist: The Ultimate Road Trip by Jim Rogers
Copyright © 2003 by Jim Rogers
This edition published by arrangement with Random House,
an imprint and division of Penguin Random House LLC
Chinese Simplified Chinese copyright © 2025 by CITIC Press Corporation
ALL RIGHTS RESERVED
本书仅限中国大陆地区发行销售

旷野人生：吉姆·罗杰斯的全球投资探险 2
编　者：　[美] 吉姆·罗杰斯
译　者：　王晓鹂
出版发行：中信出版集团股份有限公司
　　　　　（北京市朝阳区东三环北路 27 号嘉铭中心　邮编　100020）
承印者：　北京通州皇家印刷厂

开本：880mm×1230mm 1/32　印张：12.5　字数：276千字
版次：2025年2月第1版　印次：2025年2月第1次印刷
京权图字：01-2010-5665　书号：ISBN 978-7-5217-6928-9
定价：69.00 元

版权所有·侵权必究
如有印刷、装订问题，本公司负责调换。
服务热线：400-600-8099
投稿邮箱：author@citicpub.com

献给最伟大的冒险——

我的第一个孩子,希望她孜孜以求、不断探索、勤于思考,了解世界真实的模样

序言 | III

目录 CONTENTS

第一篇·1999 年

黄色奔驰车 | 003
年轻的土耳其人 | 020
即将来临的中亚灾难 | 036
最优秀的商人来自中国 | 055
亚洲新危机——女孩短缺 | 077
数字蒙古 | 095
婚礼 | 115

第二篇·2000 年

走进非洲 | 139
我的加纳经纪人 | 163
旋转的托钵僧 | 181
阿拉伯之夜 | 205

第三篇·2001 年

和 6 000 万人一起洗去罪孽 | 227

出曼德勒之路 | 244

在拉巴斯做侦探 | 267

亡父之墓 | 286

重归故里 | 307

附录 吉姆·罗杰斯和佩奇·帕克于千年之交的探险
（1999—2001 年） | 333

序言

站在20世纪90年代的时间点上，每个放眼未来的人都能清晰地感受到，这个千年即将结束。那时，我完成了环球旅行，但我发现自己渴望的东西变得更多了。我在一个小镇长大，在那里我的电话号码是"5"（没错，就是一个数字5）。这让我从小就知道，外面有更大的世界，而且我想要尽可能地去探索它。

我很清楚，目前还没有人在千禧年的交替之际完成环球旅行。即使有，他们也没有留下任何文字记录。简直没有什么理由比这更能激励我去探索世界了。

我曾经骑摩托车完成过环球旅行，而这一次我想尝试一些不同的方式。我对开一辆四驱的大家伙没有什么兴趣，但如果是跑车，那就太有意思了！我的旅行经验告诉我，要完成这趟旅行，一辆四驱车是必需的。我还意识到，柴油在世界各地都能找到，因为卡车、火车、船只和许多车辆都使用柴油，而汽油则不一定到处都有。而且，即使找到汽油，规格也不一定适合跑车甚至普通汽车。所以，我需要的只是一辆配有柴油发动机的四驱跑车。然而，世界上并没有这样的车。我曾在欧洲和美国的车展上寻找过，但都无功而返。

所以我很清楚，我得找人专门为这趟行程定制一辆车。

我在加利福尼亚找到了一位经验丰富的梅赛德斯工程师（还能在哪儿找到呢），他为我组装了一辆独一无二的梅赛德斯。我之所以选择这个品牌，是因为我知道所有的独裁者都开梅赛德斯，所以我确信无论在世界的哪个角落，如果我需要帮助，总能找到梅赛德斯的技师。

我们将一辆梅赛德斯 SLK 的车身装在他们的四驱 G 级车的底盘上。但这样一来，车子的后备厢就变得非常小，没法装下环球旅行所需要带的东西。于是，我们又制作了一台小巧的配套挂车来放置睡袋、帐篷、医疗用品和备用零件。我们必须轻装上阵，但相比于摩托车，我们这次能带的东西更多了。

车子要什么颜色的呢？我决定用明黄色，这样的颜色会让我们更加显眼，起到增加安全性的作用。毕竟，世界上明黄色的车并不多。

我们的改造成功了！我们还在加利福尼亚的沙漠里进行了几次试驾，以确保我们做好了准备，或者至少我们希望自己已经准备好了。

我们把所有东西运到冰岛。东西两大地壳板块在那里交汇。我们可以在 1999 年 1 月 1 日从西半球驾车进入东半球，开始我们的旅程。

谁又能预料到将会发生什么呢！？我们确实充满了担忧和焦虑，因为没人知道旅途中会发生什么。谁会知道呢！？

但正如你将会看到的，我们成功了！我们安然无恙，而那辆独一无二的车现在也被陈列在亚拉巴马州伯明翰的博物馆里。我们的摩托车也在那儿！我们毫发无损！我和我的妻子在 2000 年 1 月 1 日，也就是千禧年的交汇点，在英国亨利镇泰晤士河畔结婚了。这里是我们第二次约会的地点，那个时候正在举行赛艇比赛。

我们还育有两个孩子，虽然这曾是我一直反对的事，但现在我们幸福地生活在新加坡，我的孩子们的中文都很流利。

总而言之，对于一个电话号码只是"5"的小镇男孩来说，环球旅行是一次巨大冒险。此外，我还获得了第三个吉尼斯世界纪录，这让我的父母感到非常自豪。这个故事包含了千禧年之交的所有的冒险、危险、刺激和关于世界的启示。

现在，我希望能在旅途中的某个地方遇见你们，无论是以什么样的方式。

吉姆·罗杰斯
Jim Rogers

第一篇

1999 年

黄色奔驰车

1968年,我手中攥着600美元,开始闯荡投资圈。1980年,37岁的我离开了这个行业。其间挣得的钱已经足够我满足毕生的探险心愿。在担任一家海外对冲基金公司的经理期间,我分析了世界各地的资金、原料、商品和信息的流动,从而投资了其他人所不看好的领域,开拓了全球各地尚未开发的市场。这是我取得成功的一个重要因素。但我闯荡华尔街乃至进行长期投资的目的,在商界并不常见。我想用挣得的钱来换取自由,去充分品尝生活的滋味——我想去看看大千世界。而且,我想见识的是普通旅行者鲜有机会见到的世界,是只有亲身经历才能真正理解的世界。

我想见识的世界,在我看来,就是真实的世界。

在我见过的人中,有人去过的国家比我多。但几乎无一例外的是,他们都是走马观花地从一个地方到另一个地方。在我看来,除非你亲身穿越过边境线,在野外独自寻找过食物、燃料、过夜的地方,除非你身体力行地经历过这些事情,否则你就不算真正到过一个国家。

1990年冬末,我骑着摩托车出发了,用了两年的时间环游世界。我走了近10万英里[①]，走遍了六大洲，到过数十个国家。这次旅行载入了吉尼斯世界纪录的史册，启发我创作了畅销书《旷野人生：吉姆·罗杰斯的全球投资探险》[②]。结束旅行回到纽约的家中不久，我又开始思考更具雄心的计划。一个纯粹的时间巧合令我怦然心动——千禧年即将到来。我想要亲身了解世界正在发生的变化、实地观察、挖掘真相的愿望是无止境的，而这一历史性时刻的到来更加刺激了我的愿望。我的计划是在20世纪即将结束之际，用三年的时间开车环游世界，在千年之交把握世界的脉搏。

这次旅行既是探险，也是我一生以来所接受教育的一部分。从我成长的亚拉巴马州迪莫波利斯乡村，到耶鲁大学、牛津大学和美国军队，最终再到教会我"专家"也经常犯错的华尔街，这样的教育一直在继续。我的旅行常常将圣人推下神坛，戳穿所谓的真理，颠覆某些"权威"对世界所抱有的成见。这些所谓的权威，有不少只是闭门造车，对现实缺乏了解。以不同视角观察世界，是我在市场上取得成功的基础。

我虽然没有招过妓，但却知道要想了解一个国家，同皮条客或黑市商人聊天比咨询政府官员更有裨益。要想深入了解一个国家，穿越偏远边境线的作用无可比拟。

寻找有前景的投资机会并非这次旅行的明确目标，但天性使然，我在旅行途中总是不知不觉地做这些事。作为投资者，我想要了解中国、非洲和南美的市场，我想尽量不失时机地拜访一下有前景的股市。过去，我成功投资过奥地利、博茨瓦纳、秘鲁等冷门市场，这次无疑也能遇到这样的机会。

[①] 1英里≈1.6公里。——编者注

[②] 《旷野人生：吉姆·罗杰斯的全球投资探险》一书中文简体版已由中信出版社于2024年10月再版。——编者注

即便不幸死在旅行途中，我也是死在了追寻梦想的路上，死而无憾。这总好过有一天囊中羞涩地死在华尔街。

在这次旅行中，我走遍了116个国家，其中不少都是游客罕至的地方：沙特阿拉伯、缅甸、安哥拉、苏丹、刚果（布）、哥伦比亚、东帝汶等。一路上，我沿着非洲西海岸南下，又沿着东海岸北上，穿越了32个国家。（上一次旅行中，我从中非出发南下，从突尼斯一路骑到了开普敦。）我从大西洋出发，途经欧洲，穿越中亚和中国，到达了太平洋，又从太平洋出发，经由西伯利亚回到了大西洋。我从非洲东北部海岸出发，穿越阿拉伯半岛和南亚次大陆，到达了中南半岛、马来西亚和印度尼西亚。游历过澳大利亚和新西兰后，我又出发前往南美洲的最南端，从那里驾车到达了阿拉斯加，随后才返回纽约的家中。没有人驾车走过这条陆路旅行线路。在这次旅行中，全世界30个发生内战的国家我到过了大约一半，全程152 000英里，比上次旅行多出5万多英里，创造了新的吉尼斯世界纪录。

研究表明，环游世界是人类最普遍的梦想。在全世界很多地方，都有不少人对我说："你过着所有人梦寐以求的生活。"

这次旅行开始于1999年1月1日，从冰岛首都雷克雅未克出发。我并不是独自上路的。我的旅伴是来自北卡罗来纳州落基山城的金发碧眼的美丽姑娘——佩奇·帕克。1996年，我和佩奇相识于夏洛特市敏特艺术博物馆的一场演讲中。佩奇是纽约市立大学女王学院负责募捐的工作人员，在校长比利·威尔曼的推荐下，读了我的书，于是便来听我讲述我的摩托车之旅。第二天，我查到了她的联系方式，邀她共进晚餐。

"我想再次环游世界，"我在初次约会时就对她说，"我还没有告诉别人，但我想在千年之交的时候重新出发。"

她也觉得这样的旅行会很有启发性。

"你愿意和我一起旅行吗？"我问道。

她一时目瞪口呆。

"愿意，"她说，"算我一个。"

当然，我们当时都只把这当成了无心的玩笑话。

世事难料。

我和佩奇约会了一年出头的时间。1997年10月，她辞掉了夏洛特的工作，搬到了纽约，买下了自己的公寓。她在一家营销公司担任主管，我们开始加倍努力地筹划实现我们的梦想。同时，我也开始认真寻找一种可以代替摩托车的陆上交通工具。

再没有比骑摩托更令人振奋的事了。我一生中有过几辆摩托车。1988年，我第一次骑摩托车穿越中国。这次旅行由美国公共广播公司（PBS）全程拍摄，在《旅游》节目中播出，名为《漫长的骑行》。除了令人振奋这一点，摩托车还有其便利之处。比如，运输摩托车过海、穿越沙漠或丛林都更加方便。佩奇当初若是愿意，我们可能就会选择骑摩托车环游世界。其实正是她鼓励我考虑自驾游的。但我并不打算随便找辆车旅行，而必须是辆跑车，且是敞篷车，因为我想将车顶放下来，感受拂面的风。

当然，我对汽车很缺乏了解。我住在纽约，自1968年以来就没买过车。在选车的时候，我的无知暴露无遗。我对人说，我想要一辆四轮驱动、离地间隙很大的双座敞篷车。我信誓旦旦地说，没有这样的配置，什么车也无法完成环球之旅。

但所有人都反过来信誓旦旦地对我说，市场上根本没有这种车。

慕尼黑每两年都会举办一次盛大的四轮驱动车车展。我参加了1998年春季的那届。我没有找到心仪的车型，却遇见了会组装车辆的人——此时，我已经阅车无数，知道自己需要的是一辆丰田底盘的跑车。其中一位让我去找加州的一个人。我不远万里跑到德国却得知能帮我的人在加州,这种事真是稀罕。加州的那个人又向我介绍了加州的另一个人(这和两年后设法进入喀麦隆的情形十分相似)。这就是我认识格哈德·施泰因勒的经过。后来,正是施泰因勒和他在普里斯马国际设计公司的团队组装了我和佩奇最终用来环游世界、独一无二的奔驰车。

这时,我的要求已经变得具体了。除了必须是敞篷车,这辆车还必须配有可收缩的金属顶篷。我不想冒车顶被划破的风险,这在环球旅行中绝对是件很扫兴的事。此外,我认为这辆车还必须装有柴油机。全世界的卡车、公交车、火车和轮船都使用柴油机,因为柴油随处可得,而我在之前的旅行中发现汽油常常很难找到。即便找得到汽油,汽油的质量也十分堪忧。

施泰因勒是奔驰公司北美先进设计中心前总裁。他给出的意见是,将奔驰 SLK 跑车的车身和内部配置与奔驰运动型多功能轿车的底盘和柴油机组装在一起。后者在欧洲的型号名称为 G 级(G-Glass)。这款结实耐用的 G 级车最初是为德国军队和警察设计的,三年后才以 G500 的名称在美国上市。而可收缩金属顶篷则是 SLK 跑车的标准配置,轴距与两款 G 级车型中轴距较短的一款相同。两个车型的底盘是一样的。施泰因勒认为,将这两款车组装在一起无须锯短或加长任何部件。

我告诉施泰因勒我需要一个备用油箱和一个用来放钱的秘密储物箱。他说,金属顶篷要收缩进后车厢,所以我还需要一辆挂车。他愿意亲自设计一个同车型相匹配的挂车。在他的劝说下,我放弃了手动挡。他解释说,奔驰的自动驾驶技术比我的车技要优秀,奔驰的自动挡可以更加顺利地带我脱离险境,而若是换作我自己操作变速杆,可能会弄巧成拙。

"我需要这一切在年底之前准备完毕。"我说。

施泰因勒并不是简单地订购我要的车辆，而是在没有告知我的情况下打电话给奔驰北美总部，告诉那里的人，他遇到一个想要如此这般、如此那般的疯子，问他们是否想参与进来。显然，他们喜欢这个故事。我再次收到施泰因勒的回音时，惊喜地得知，在他的游说下，奔驰北美公司答应，只要我愿意支付昂贵的改装费用，他们便愿意免费赞助车辆。

"当然，"施泰因勒说，"这些车是带保修的。"

"那就这么定了。"

我知道，即便没有保修，我也能在世界各地找到奔驰维修店。即便是在发展中国家，奔驰经销商也随处可见。世界上所有的独裁者和黑帮头目都开奔驰车。多亏了美国提供的国外援助、国际货币基金组织和世界银行提供的资金，有些国家即便食物匮乏、道路不通，也设有奔驰维修店。这些资金养肥了那些恬不知耻、胆大包天的贪官，同时也养肥了交易链两端那些忙前忙后的官员。这已经不是秘密了。这些人可不愿意开雪佛兰。

这些内幕有不少是我在上次旅行中获知的。而接下来的这次旅行，尤其是其中的非洲之旅，令我大开眼界，看清了最新式外国援助骗局的内幕。作为美国纳税人，我异常惊讶地发现我们通过非政府组织，即NGO，向这些国家援助的大量捐款都流向了奔驰和宝马经销商以及瑞士银行家的手中。

不过，这些事要待后面再详述。

事实上，我们当初要是选择开另一辆车旅行，很可能永远都无法完成环球旅行。这辆稀奇古怪的组装车在各个方面都是最佳选择。事实证明，它比较重要的一个优点是颜色。官方广告说这是阳光般的金色，但在我看来，这就是有关火星的电影里常见的黄色，到哪里都能吸引大量目光，一路上帮我们交到了不少朋友，因此有几次还救了我们的命。开着一辆颜色如此罕见、样式如此奇特的车，以出其不意的方式出现，立即会引来好奇的目光。这辆奇异古怪、颜色夺目的全地形组装车甚至因为其傻里傻气的特点，而令某些劫匪一时无措，适应片刻才会想起，"哎，我们忘记抢劫这些人了。"或者，"我们不是应该绑架他们吗？"

一个人在环球旅行中经常被问到的一个问题是，"你都会带什么？"这里值得一提的是，我们为这次旅行设计挂车时，实际上是依据计划要带的物品所需的空间设计的。我们把所有想带的东西堆成一堆，测量了这堆东西的体积，计算出立方英尺数，然后把测量结果交给负责生产挂车的人。我们携带的所有物品（用来盛备用水和油的简便油桶、睡袋、帐篷）和装进挂车的各类东西中，最重要的一件，也是首先放进物品堆的一件，就是一整套医药用品。我们的药箱体积很大，虽不至于大到不能带上飞机，但也要比常见的家用急救箱大。

为了决定药箱里装什么，我们请教了几位医生，其中有外来病专家。我们带了注射器，因为世界上有不少地方是不用注射器的，或者即便用，也是循环使用的。我们装了常用的东西——绷带和消毒剂，也带了一些疟疾药和抗生素。我们有药品用法用量及针对症状的说明，以备必须自己充当医生的情况。急救箱里的东西可谓是五花八门。不妨这样说，我们还有医生的证明信，遇到怀疑我们走私的边境士兵可以拿出来给他们看。很幸运的是，我们携带的这些药品，实际上很少用到。通常，我们若是需要开药，只要买得到，就会在当地买，而不会浪费急救箱里的药品，因为一旦在荒野里遇到紧急情况，这些备用药会尤为重要。

出发之前，我准备了一个假钱包。钱包里有几张过期的信用卡、一两本过期护照和看起来不少的一堆钞票——大量廉价货币，如意大利里拉、西班牙比索和葡萄牙埃斯库多。这样一来，一旦遇到抢劫，我总有个像样的东西可以镇定地交出去。

除了用来组装的 G 级车和 SLK 跑车，施泰因勒还让奔驰公司赞助了另一辆 G 级车。我打算为这次旅行招募一位摄影师兼网站编辑，这另一辆朴实无华、未经改装的运动型多功能轿车就是要交给他来开的。

我和佩奇从一开始就计划将这次旅行拍摄下来。不用等某个年轻人跑过来说"你需要建个网站"，我就明白，这件事别无他法。10 年前，在不少地方，我只能通过寄明信片联系在纽约的人。但自那之后，全球的通信技术迅猛发展。我和佩奇于是决定亲身投入这场通信革命。我们决定建一个提供音频和视频资料的多媒体网站，以这种方式公布这次旅行的网上日志，同那些伴随我们"旅行"的人互动。（我曾天真地以为这不过就是拍个照而已。虽然最后的效果不错，但整个过程的困难和烦人程度仍然超出了我的预期。）

在整个旅程中，一直有一位摄影师兼网站编辑跟随我们共同历险。克里斯·卡波佐利和弗雷德里克·约兰德分别跟随我们旅行了 27 个月和 31 个月。他们驾驶着另一辆车，协助我们记录下了这次旅行。

1998 年秋，我连续第三次参加了纽约市马拉松赛。一过终点，我便向佩奇求婚了。她答应了。我们还没到制订具体计划的地步——谁能料到我们彼时会身在何处或者想去何处呢？但我们确实订下了婚期：2000 年 1 月 1 日。

佩奇辞掉了工作，本想腾出时间到加州求教一位四轮驱动车教练，但施泰因勒将金属配件加工业务转包给了一家公司，这家公司几次没能按时完工。我们最终拿到了车，将车装上驶往冰岛的轮船，及时赶上了我们的出发日期，1999年1月1日，但没有时间训练便上路了。

自相识的那一刻起，我和佩奇几乎无时无刻不在讨论这次旅行。但对于多数人来说，荒废三年的人生并非易事。佩奇的感受是，这次旅行既是一次挑战，也是一次机遇，如果错过，她会悔恨终身。虽然入职才不过一年便获得了第一次重要的提拔，刚刚涨了工资，但她仍然觉得，这趟旅行过后，她会成为一个见多识广、博学多才的人，更容易找到工作。

出发之前，我几次劝佩奇慎重考虑。随着出发日期的逐渐临近，我越发恳切地劝她三思。

"你并不了解你即将面对的事情，"我说，"但凡有可能出现差错的事情，都会出差错。无论我们的计划多么周密，总会发生超乎想象的差错。事情总会不顺，这就是世界的自然法则。旅行会困难重重，我们会有生命危险。会有沙漠和丛林……"

"我要去。"她说。

"会有战争，会有传染病……"

"我很坚强。"她说。

"会有暴风雪……"

"我撑得住。"

于是，我们便飞往午夜太阳之地，庆祝新年前夕。

那一定是冰岛这一地区30年来最猛烈的暴风雪，在我们出发的第三天便不期而至。我们即便把脸贴在挡风玻璃上，也看不清汽车前方的状况。虽然有路牌，我仍然免不了会偏离马路。我沿着右侧的路牌行驶，却突然发现路牌跑到了左边。最后，路牌干脆消失在了积雪之中，我此时才明白，我们麻烦大了。

可见度极低，积雪很深，我们感觉大祸临头。

娴熟的驾驶技术已经远远不足以应付这种局面。车轮稍微向右偏转一点，我们就会摔下山崖。而向左转，我们会直接撞上山坡。不左不右，我们又可能会与对面开来的卡车迎面相撞。

环球探险之旅才刚刚从冰岛出发，我们便生死难料——但即便是在最悲观绝望的时刻，我们也不认为自己会死在出发的第三天。

冰岛是欧洲最西部的国家。彼时，该国正在庆祝莱弗·艾瑞克森[①]从冰岛向西航行至北美的 1 000 周年，但真正促使我选择冰岛作为这次旅行起点的原因却是地理上的一个巧合。东西半球下的地质构造板块在冰岛会合。这里是世界上唯一一个可以真正驾车穿越北美与欧洲分界线的地方——仅从地质学上来说确实如此。还有比这里更合适的起点吗？

1998 年 12 月 31 日，我们来到冰岛首都雷克雅未克，及时赶上了世界的一大奇观。在冰岛的新年前夕，所有人都会放烟火——每座城镇、每个街区、每家每户，所有人都不约而同地在同一时刻燃放烟火。想象一下，一座 15 万人口的城市上空上演着一场盛大的烟火表演，所有人都不甘人后，这就是新年前夕的雷克雅未克。庆祝活动开始于遍布城市各个地方的巨型篝火表演，大约从晚上 10 点开始。大批的人群从一处篝火游荡至另一处，向火里投掷东西。你向城外望，还可以望到 50 公里开外的城镇上空被篝火照得明亮。午夜前的某一时刻，烟火表演开始了。烟花在所有城镇的天空同时绽放。珍珠楼旋转餐厅建在雷克雅未克地热温泉储水罐的上方。我和佩奇就坐在那里观看烟火，只觉得眼花缭乱。

---

① 莱弗·艾瑞克森，著名的北欧维京人，据说曾在公元 1000 年到达北美洲，是首位发现北美洲的探险家。——译者注

1999年1月1日，也就是第二天，我们在议会旧址国家公园[①]喝着香槟正式启程了。这里距离雷克雅未克约30公里，是两大板块交会的地点。我们听说，这两大板块实际上正在分裂。正是由于不稳定的地质活动，冰岛地震频发，拥有众多火山和温泉。6 000年后，这个悬浮在北极圈以南的岛国将分裂成两部分。但与此同时，由于该岛贮藏了巨大的地热能源，这里的电价非常低廉。

　　仅就国内能源这一方面讲，冰岛的地理位置甚至优于沙特阿拉伯。沙特阿拉伯的石油能源总有一天会枯竭，但冰岛却拥有众多间歇泉、天然蒸汽田和温泉，贮藏了大量取之不竭的可再生能源——这一切只需初期的开发和管理投资，此后便几乎是免费的了。户外天然温泉池随处可见。出发前一晚，我们还在一座户外温泉池里仰泳，片片雪花飘落在脸颊上。

　　旅行的第一天十分美妙。我们天一亮便出发了。在当时那个季节，在这样一个如此靠近地球最北端的地方，天亮起码要等到上午10点。冰岛是一个地势崎岖、山脉纵横、宏伟壮丽的国家，遍布着冰川、间歇泉、峡湾、古老的熔岩流、瀑布和蒸汽田。我们打算沿着环绕整个国家的公路行驶——自雷克雅未克出发，途经埃伊尔斯塔济[②]，到达阿克雷里[③]，再返回雷克雅未克，全长1 400公里。我们在路上的第一晚是在首都以东约300公里处的一所农舍度过的。

[①] 议会旧址国家公园，位于冰岛西南部。公元930年，冰岛早期移民在此处举行第一次全国"人民代表大会"，成立了世界上最早的由民主方式选举出来的议会，颁布了第一部冰岛宪法。这里风景优美，以欧亚和美洲两大板块的断裂谷地及纯净幽深的议会湖而闻名世界。此公园也是世界文化和自然遗产风景胜地。——译者注

[②] 埃伊尔斯塔济，冰岛东部的一个镇。——译者注

[③] 阿克雷里，位于冰岛北部，为冰岛第二大城市，号称冰岛的"北方之都"。——译者注

第二天早上,我们又出发前往位于该国东部海岸的埃伊尔斯塔济。路上的第二天和第一天大同小异——完美无缺。冬日风光壮观旖旎,路上又没有什么车。我们吃了当天从海里捕获的北极红点鲑,甚至比我们前一天吃到的新鲜海鹦还要美味。

我们开心至极。

然后,第三天到来了。

我们离开埃伊尔斯塔济,出发穿越一座山口,前往北部城市阿克雷里。情况急转直下,小雪很快变成了狂暴肆虐、遮天蔽日的冰岛暴风雪。时间才是下午,但天已经黑了。路牌消失不见了,我屡次猜错方向,最后偏离了马路,突然停在了一座雪坡前。我们跳下车,在齐大腿深的积雪中铲轮胎旁的雪,但雪太大,我们刚铲走之前的雪,马上又有新的雪覆盖。很快我们便明白自己哪里也去不了了。

几个小时后,浑身湿透、瑟瑟发抖的我们得救了。一位路过的卡车司机通知警方,有几个无可救药的美国人被困在了大雪中。警察赶到了,随后又来了一辆配有绞车的平板卡车。他们将奔驰车吊到了马路上,我们锁车之后,便搭警车回城——真正的危险就是在此时出现的。司机几乎让我们丧命在路上。显然,他是城里唯一的警察。在他搭救我们的时候,一架卷入暴风雪的飞机在当地机场坠机了。这名警察急忙赶往现场,路上发生了多次侧滑。

此时的佩奇已经处于崩溃的边缘。

就在我们再次准备出发的时候,营救小组出现了。负责人称由他们来护送我们。"你们是这个国家的客人,这里的情况你们并不熟悉。我们护送你们过山口。"

由于这个仅有 27 万人口的国家 1 月的新闻并不多,我们的到来便成了大新闻。三天前,我们在黎明时分出发时,吸引了大量游客,被当地媒体大肆报道。所以我们获救的新闻自然也登上了各大媒体。新闻报道将我们描述成妄想在1月驾车环游冰岛的美国疯子。我们万一死在途中,看起来可不光彩。所以两天后,我们出发穿越山口的时候,有营救小组开着顶级的全地形四轮驱动车护送。这些车是专门定制的,能够在可以想见的最恶劣的条件下开往冰岛的任何地方。这种车无所不能,没有什么人是它救不了的。

但一开过山口,情况就不同了。

我们只能反客为主救助营救小组。

你可以想象冰岛媒体有何反应。报道比救援本身更加精彩。这些不幸的美国游客勇于挑战冰岛的冬季气候,还得救助营救小组。我们全程拍摄了整个过程。我自然也同媒体分享了这段视频。录像记录下我拼命铲雪、努力营救冰岛专家的情景。

同时也拍到了心生悔意的佩奇。

刚刚上路不到5天,佩奇已经处于震惊状态,明显表现出惊恐发作的临床症状——面如土色、瑟瑟发抖、惊慌失措。在录像中,她沉思着:"连营救小组都惨不忍睹。"尽管出发前听过所有关于俄罗斯黑帮和非洲疟疾的警告,但对于这种情况,她仍然没有做好准备。

我有过环游世界的经历,知道这种事情——遭遇困境——并不会到此为止。

"我们被困在了暴风雪中,却活了下来,这是冒险过程中必然会经历的。"我获救之后兴奋地告诉她。

"但救我们的并不是我们自己,"她说,"不过感谢上帝,营救小组来了。"

"我们还活着,"我说,"我们成功了,这是冒险中的乐趣之一。"

"吉姆,乐趣?"她说,"我当时在想,'这就是我要托付终身的人，他连开车都不会。我究竟在做什么？'当时在北极暴风雪里，我陷在两英尺深的积雪中，脚上穿着网球鞋。"

"这，"我说，"就是环游世界的一大乐趣。"

但佩奇并不这样想。

最终我们完成了环游冰岛之旅，在这个国家游历了两周。我们见了奥拉维尔·拉格纳·格里姆松总统，佩奇向他提的问题比我还多，尤其是影响冰岛的妇女问题。我在逛证券交易所时，她采访了一些女商人。一家模特经纪公司的总裁介绍了当地人口的一个特点，我们觉得很耐人寻味：虽然在世界各国人的印象中，冰岛是众多金发白种人的家乡，但其实冰岛的棕色皮肤人口比例要高于另外4个斯堪的纳维亚国家。冰岛人是爱尔兰奴隶的后裔，1 000年前，维京人将这些爱尔兰奴隶带到了斯堪的纳维亚半岛，当时金发白种人在岛上十分罕见。

在冰岛，我们发现整个国家正在经历巨大的变革。年轻人随处可见，大街小巷、酒吧和餐馆都挤满了年轻人。超过一半的冰岛人口处于30岁以下。50岁以下的人口占据了该国大量的重要职位。就人口结构而言，冰岛是世界上最年轻的4个国家之一，而单是这一点就将在这个被孤立了几个世纪的国家引发最为引人注目的政治变革。

由于农业保护政策非常严格，进口粮食的关税非常高，目前冰岛的生活必需品仍然非常昂贵，许多人只能同时打两三份工来维持生计。但这个国家的城市化水平正在提高。如今，多数人生活在日益扩张的雷克雅未克。享受保护政策的农民越来越少，政客施行价格保护政策的理论根基越来越薄弱。在年轻选民眼中，在一个毗邻北极圈的火山岛国家补贴粮食生产是一种越来越荒唐的奢侈之举。冰岛人同时也在重新审视野生捕鱼业推行的配额制。而该国限制外资的政策——尤其针对能源部门——令这个国家在这方面裹足不前。

这些行业保护政策的背后是脱离时代的思维,而正是在这种思维的影响下,保护文化遗产的措施在这个国家得到了推行。冰岛有数百年的丹麦殖民地历史。如今,丹麦语作为第二语言仍然是所有小学生的必修课。这一点需要稍做思考。丹麦是个拥有500万人口的国家,全球大概有700万人讲丹麦语。在当今世界,这样做很难形成竞争优势,而强制儿童学习这门语言显然阻碍了冰岛的进步。可以想见,他们的下一代不会再学丹麦语,而是会学英语、西班牙语、中国普通话或粤语。

在世界各地,我们反反复复地遇到这种情形——例如,在爱尔兰,所有的小学生都必须学习盖尔语,即如今所称的爱尔兰语。这世界上还有谁说盖尔语?为何不去学德语或某种中文方言?如果有人一心一意地想学盖尔语,那让他们去学好了,但将盖尔语设为必修课这种举措是行不通的。这些人到35岁的时候,纵有满腹的盖尔语知识,也只能找到一份洗盘子的工作。如今的爱尔兰政客将盖尔语用作保护主义的一种手段——仍然行不通。爱尔兰小说家罗迪·多伊尔曾在爱尔兰教过英文,但为了保住工作,他必须接受爱尔兰语水平测试。如今,想进爱尔兰航空公司工作必须会爱尔兰语——这并不有利于吸引人才。

关于这个话题,很悲哀的事实是,在今后几百年里,世界上大概只会剩下约30种语言——盖尔语和丹麦语肯定不会是留存下来的语言。盖尔语即将消亡,这听起来或许很可怕,但世界已经失去了数百种语言。以位于英格兰西南部海岸的康沃尔为例。最后一位讲康沃尔语的人已经于50年前去世。我们难道要逆势复古,教会所有人康沃尔语吗?大量的美洲语言和非洲语言都失传了,这不是什么值得庆贺的事,但在世的人们若是仍然在讲这些语言,境遇会比现在更糟糕。

对抗变革的人就是在对抗必然性本身。想想历史上所有那些伟大的城市和伟大的文明。伟大的迦太基城——汉尼拔的故乡——灭亡了，如今不过是一段往事，一座古迹。家族、部落、企业和民族、种族、语言、整个文明都会消亡。我并不是在幸灾乐祸。如果阿兹特克仍然存在，那自然很美妙，能充实所有人的世界。我相信玛雅人也愿意延续往昔的辉煌。但将自己同世界隔绝开来、违抗历史潮流，无法保护你免遭这些消逝文明的命运。

1962年，缅甸曾是亚洲最富裕的国家。但军政府下令：缅甸不需要世界其他国家，缅甸将实行闭关锁国政策。当然，自那以后，缅甸的各行各业开始一蹶不振。1957年，加纳成为大英帝国中最富裕的国家，超越了英国本土。该国获得独立后，伟大的民族解放领袖夸梅·恩克鲁玛[①]立即关起了门户，称："我们要英国有何用？"7年后，该国宣告破产。而200年前，闭关锁国的埃塞俄比亚也有类似遭遇。

可怜的哥白尼因为宣布地球并非宇宙中心而受尽诋毁。天主教会逼迫他放弃主张。

如今，你大可以采取同样的方法，比如强迫冰岛儿童学习丹麦语，但这对你的祖国毫无益处，也无法阻止席卷而来的变革浪潮。历史上，因为忽视现实而付出代价的国家不胜枚举。

当今世界一个较为显著的变化是，帝国的时代结束了。近300年来，由于科技进步，国家一直在扩张。这种趋势即将逆转。当今世界约有200个国家。在今后三五十年的时间里，这一数字还可能

---

① 夸梅·恩克鲁玛（1909—1972），加纳政治家，首任加纳总统，非洲独立运动领袖，泛非主义主要倡导者之一。——译者注

增加。不少国家已经开始解体了。苏联分裂成了15个国家,南斯拉夫分裂成6个,捷克斯洛伐克一分为二,埃塞俄比亚也一分为二。索马里?谁知道呢?不少人听说过西班牙的巴斯克独立运动,但又有谁知道该国的其他三个大区——加泰罗尼亚、卡斯蒂利亚和纳瓦拉——也存在分裂运动?同时还有东帝汶①。与全球化同时进行的,是族群化②。我们听着麦当娜的歌声跳舞,喝百事可乐,开丰田车,所追求的是自己可以理解和掌控的东西。伴随着帝国倒塌的尘埃,小国一一涌现,这或许会引发战争,但战争并非不可避免。只要各国敞开大门,互相通商和移民,我们就能过上更加美好的生活。

  这种趋势在欧洲已经显露端倪,但在欧洲以外的地区——非洲,尤其是亚洲——更加明显。正是在亚洲这片孕育了世界最古老文明的土地,在新千禧年即将来临之际,许多迫在眉睫的变革已经展开。我和佩奇迫不及待地想去一探究竟。

---

① 东帝汶于1999年8月通过公投宣布独立,2002年5月正式独立。——译者注
② 族群化,指某些具有相同爱好或使用同款商品的人相互之间产生认同感,从而形成某种群体。——译者注

年轻的土耳其人

我们从英国出发，向西南行驶，到达了黑海，用一个月的时间穿越欧洲。旅行开始还不到两周，佩奇熬过了冰岛暴风雪，却在爱丁堡等车运到的时候，在一家五星级餐馆吃东西遇上了严重的食物中毒。这次旅行历时整整三年，其间佩奇到过世界上更加偏远、原始的地区，一路上找到什么吃什么，总共也只有过三次严重的食物中毒，每一次都是在五星级餐馆吃东西之后出现的。

我们从苏格兰出发，驾车来到了北爱尔兰。在这里的发现令我非常欣喜。酒馆里人头攒动，和年轻人聊天不仅鼓舞人心，而且大有裨益。他们不像老一辈人那样，为新教与天主教之争而烦恼。复活节起义[①]对他们来说毫无意义。他们畅想未来的时候，所憧憬的是整个欧洲——并非伦敦或都柏林。

我在北爱尔兰看到的变化并不仅限于观念上的变化。许多人在这里投资。虽然有某些既得利益者在百般阻挠，但这里似乎仍然呈现出了欣欣向荣的景象。国外投资商相信目前的停火协议能够兑现，

[①] 复活节起义，爱尔兰独立运动的一部分，指爱尔兰在1916年的复活节期间发生的一场暴动。这场起义由武装爱尔兰共和派以武力发动，目的是取得独立。——译者注

带来和平。热衷战争的新芬党①试图返古的行为有悖当今趋势。各个公司纷纷进驻爱尔兰,提高了就业率。让所有人积极响应的是就业,而非战争。

我深信和平指日可待,于是对佩奇说:"我们买块儿地吧。"

成功的投资意味着趁价格低廉、百废待兴、举国消沉的时机早下手。即便你本人并不聪明,但大势所趋,你的投资也能稳赚,这就是水涨船高的道理。我怀抱着这样的期望,观察了北爱尔兰的房地产市场。不幸的是(这是针对我而言,并非针对爱尔兰人而言),我并不是有此远见的第一人。要想挣大钱,你必须在一片哀鸿的低谷期下手。不过爱尔兰并没有绝望的迹象。

爱尔兰共和国虽然身负债务,但经济繁荣,被称为"欧洲之虎"。自19世纪中期马铃薯饥荒②开始爆发以来,爱尔兰人纷纷背井离乡。但如今,这一趋势得到了遏止。在长达150年的人口外迁潮后,爱尔兰突然成了大规模移民涌入的目的地。爱尔兰人返回家乡,而外国人也纷纷迁移而来。欧洲人、美国人、跨国公司都开始在爱尔兰建造工厂。同时,由于税法改革,计算机业也繁荣发展起来。

我在环球旅行中明白了一个道理,驾车来到一座庞大的陌生城市时,找酒店最好、最方便的方法是找辆出租车带路。都柏林是我们在自驾游中遇到的第一座陌生城市。当时负责开车的是佩奇,她

---

① 新芬党,爱尔兰资产阶级民族主义政党,成立于1905年。新芬(Sinn Fein)原意为"我们自己"或"自助"。该党反对与英国妥协,主张依靠自己的力量谋求独立,认为只需抵制英货、断绝与英国的来往,发展民族经济,即可达到目的。——译者注
② 马铃薯饥荒,1845年,一种名为"晚疫病"的瘟疫席卷爱尔兰,造成了大量马铃薯腐烂,引起了大规模饥荒。爱尔兰于1801年并入英国成立大不列颠及爱尔兰联合王国以来,农作物单一,以马铃薯为主食,因而此次疫病造成了严重影响,导致大批人口逃亡海外。——译者注

坚持认为找酒店不需要出租车司机,她可以看地图。我们拐进了一条街……结果是死路,又拐进了另一条街……却是单行道。

"地图上没说是单行道。"佩奇解释道。

我们开着车绕圈,起了争执。

"出租车司机知道酒店在哪儿。"我争辩道。

"雇出租车是浪费时间和金钱。"

"这样能节省时间。"我说。

最后,两个小时过去了,她总算妥协了。我们雇了一辆出租车,跟在后边开。自那以后——无论是到伦敦还是到柏林,都是佩奇首先提出,"我们找辆出租车吧"。

在英国,我们储备了一些日用品——睡袋、露营装备、旅行指南、地图。离开英国后,我们会有很长时间无法买到这类物品,也没有这么多英语导游材料可供仔细挑选。我教过的一个学生——约翰·达雷尔——请我们吃了一顿英式羊排配玛歌红酒,作为告别晚餐。我们就餐的地方在改革俱乐部(Reform Club),所在房间正是凡尔纳的小说《八十天环游地球》中的主人公菲利亚·福格开始和结束其旅行的地方。在法兰克福市,我拜访了几位金融界同人。我参观了证券交易所,和不少人聊了聊,乐观主义和大肆宣传"新经济"的言论不绝于耳,为的是吸引投资。驾车穿越奥地利时,我们再次遭遇了暴风雪——据说这是该地区几十年来最严重的一次,似乎上天注定了我们遭遇的全部是这种级别的暴风雪。我们赶在封路前,成功穿越了山区。

至此,我们还未开出欧盟区的地界,所以算不上真正经历过过境。2月11日,我们来到了匈牙利,准备穿过曾经的铁幕[1],进入

---

[1] 铁幕,指冷战时期按社会主义阵营和资本主义阵营将欧洲分为两个区域的界线。——译者注

曾被称为东方集团①的国家。佩奇这才第一次尝到了过境的真实滋味。边境士兵可不像北卡罗来纳州的浸信会教堂牧师那样彬彬有礼。这些人手拿着冲锋枪。他们不会说"嗯,我记得你,佩奇,这不是曾经的可爱小姐吗"之类的话。在此过程中,佩奇因为我们遭受的对待而愤愤不平。

作为奥匈帝国曾经的中心城市之一,布达佩斯是一座恢宏美丽的城市,一座几乎凝固在时间长河中的城市。一个世纪以来,没有人兴建过任何重大项目,所有的老建筑仍然矗立着。整座城市仿佛一座博物馆。100年来,这里几乎毫无变化。整个国家一片颓势。他们输掉了第一次世界大战,又输掉了二战。布达佩斯活生生地展现了那个已然消逝的历史时期——一个伟大、丰饶的文明如日中天的时期。奥匈帝国已经灭亡,再也不见头戴扑粉假发、手戴白手套的哈布斯堡王室成员随着多瑙河畔飘扬而起的莫扎特音乐翩翩起舞了。

我们的计划是从匈牙利出发,途经罗马尼亚和保加利亚,前往土耳其。但天气非常恶劣,山脉纵横,二级公路非常危险。时值一年中最寒冷的2月,当时的我们已经经历过突降暴雪的滋味了。唯一的替代方案是穿越南联盟。该国最突出的两大特点对我们来说是一喜一忧:喜的是有一条路况完好、南北向的收费高速公路,忧的是沿路刚刚爆发了一场战争。我们决定试试运气。

在南联盟的第一道边境,我们被征收了额外的费用。我游历过不少地方,知道只要征收了额外的费用,通常还有额外的表格需要填。尽管额外的收费很低,而且我早已料到,所以对此没有过多在

---

① 东方集团或苏联集团,是西方国家对二战后一些社会主义国家的称呼。——译者注

意，但这还是让佩奇吃了一惊。所谓吃一堑长一智吧。但并非只有佩奇在那一天有了新发现。

缴费时，边境士兵拒绝收第纳尔[①]。

这引起了我的注意。

我们要过境进入南联盟，而边境士兵却不收南联盟货币——那可是他们本国的货币。

我们很好奇接下来会发生什么，于是沿着这条由军方把守的政府收费高速公路继续向前开。我们并不想停下，但之前的事情再次发生了。南联盟军队的收费员仍然不收第纳尔——我们可是特意为了缴费才用美元兑换的第纳尔。他们收美元、德国马克和奥地利先令，却不收自己本国的货币。至此，我终于明白这个国家真的陷入了麻烦。在世界多数地区，货币就像温度计。货币或许无法告诉你究竟发生了何事，却会告诉你"有事情"发生了。如果连政府都不愿意收自己本国的货币，那这个国家一定在分崩离析。

夜幕降临时，我们来到了塞尔维亚军队的南方总部所在地——尼什[②]。这里到科索沃的距离与到保加利亚边境的距离相差无几。当然，酒店也不收本国货币，而信用卡也行不通。酒店老板和我都知道，美国正准备采取制裁措施，信用卡的钱无法兑现。所以，我们买什么都只能付现金，而且不能付他们的货币。我们加油的时候花掉了一些第纳尔，又用第纳尔交了些杂费，剩下的全在过境前往保加利亚之前在黑市上抛售了。

当晚，我们被吵醒了，我知道那是轻武器的交火声。

"怎么回事？"佩奇半梦半醒地问道。

[①] 第纳尔，指南联盟使用的货币。——译者注
[②] 尼什是塞尔维亚南部的最大城市和塞尔维亚的第三大城市，欧洲和巴尔干半岛最古老的城市之一。——译者注

我撒了谎。我不想在旅行刚刚开始不久,就要面对发疯的佩奇,于是说:"噢,楼下在搬家具。"

"哦,好吧。"佩奇说着便又睡着了。

我想我本可以说:"是自动武器,亲爱的。听起来像小规模交火……"

我明白我们必须马上离开这里了。

我们离开了,穿过风景优美的乡村,前往保加利亚。佩奇开车,我一如往常,迷迷糊糊地睡着了。我醒来的时候,佩奇绘声绘色地向我描述了来到保加利亚首都索非亚的一路上,风景相差很大。她说,沿路站满了妓女。这些年轻姑娘一个挨着一个,看到有车开过便撩起裙子,挑逗司机。我一直不敢相信她的话,但后来却亲眼在很多地方见过不少次这样的场景。

美国政府的不满似乎比我们受的气严重得多,我们离开南联盟的几天后,美国开始轰炸南联盟。

在我看来,土耳其是通往亚洲的门户,世界上的重大经济和文化变革都可以在这里看到迹象,因而或许我能在这里对世界未来的走向做出最初的判断。我憧憬着那里一片欣欣向荣的景象,期待着能与本地人聊天。土耳其西北部的伊斯坦布尔,这个世界上最富异域风情的城市,俯瞰着马尔马拉海。这座城市我来过几次,最近一次是在上一次的摩托车之旅中,而我也很想让佩奇感受一下它的魅力。无论在哪个时代——拜占庭时期、君士坦丁堡时期还是如今的伊斯坦布尔,这座位于博斯普鲁斯海峡的古老城市一直拥有着迷人的魅力。

我们驾车进入伊斯坦布尔的当天,土耳其政府通缉的库尔德反政府武装魁首阿卜杜拉·厄贾兰在苏丹被捕。土耳其的库尔德族人势必会举行游行。坦克和装甲运兵车在街道上巡逻,而紧张不安的土耳其士兵手持自动武器把守着全市各处,时刻准备对抗游行活动。库尔德人占土耳其总人口的20%。

土耳其是欧亚两大洲的分界点和交会点。博斯普鲁斯海峡是两座大陆的地理分界线,同时又是两种文化相融合的地方,由此产生的影响在伊斯坦布尔得到了最淋漓尽致的展现。伊斯坦布尔的前身是希腊城市拜占庭。公元330年,罗马皇帝君士坦丁大帝在这里建造了罗马帝国的东部国都"新罗马",后来该城改名为君士坦丁堡。罗马帝国分裂后,这座城市成了东罗马帝国(拜占庭帝国)的国都。1453年被奥斯曼帝国攻陷之前,这里一直是东正教的中心。1930年,这座城市正式更名为伊斯坦布尔。两年后,土耳其加入了国际联盟(联合国的前身)。

我们在伊斯坦布尔逗留期间见过的许多土耳其人显然都自认为是西方人,是欧洲人。而就在这座国际化大都市里,在这座土耳其最大的城市,我们居然见到有人在路边杀羊献祭。一天晚上,我们同三位事业有成、家财万贯、学历颇高的土耳其商人以及他们的妻子共进晚餐。其中一位商人竭力解释,他和他的妻子是欧洲人,与我们在路边看到的那些人毫无共同点。他显然将那些人归作了亚洲人。

"我们并不是邪恶、狡猾的土耳其人,也不是西方人所想的那样。"他的妻子带着几分辩解之意补充道。

通过土耳其裔美国朋友穆拉特·克普鲁的介绍,我们在纽约结识了这对夫妇。在纽约初次见面时,我提议一起去体验一下独一无二的美国风情,于是尽地主之谊带着这对土耳其夫妇去了哈林区[①]的一家夜店,在那里随着爵士乐跳舞。我们在伊斯坦布尔的这次晚

[①] 哈林区,纽约市的黑人聚居区,位于曼哈顿,20世纪20年代曾掀起过哈林文艺复兴运动,极大地促进了爵士乐和黑人文学的发展。——译者注

餐算是他们的回礼。在土耳其夜店，没有爵士乐队，只有肚皮舞舞女。第一位出场的舞女似乎对我情有独钟，所有的注意力都投向了我这边，似乎在我跟前跳了很长时间。当然，我没注意到其他顾客在她跳着舞经过的时候将钱塞进她的裙子里。她最后跳着舞走开了，肯定以为我是个吝啬鬼，于是只能作罢。我的失礼还是情有可原的，她可是我近距离见过的第一位肚皮舞舞女。我明白原委后，站了起来，走过舞池，按照传统给了钱，她冲我一笑，算是原谅了我。（比起后来在里海海边的巴库市遭遇的肚皮舞舞女，这次经历只能算是"小巫见大巫"。）

当晚，主人努里·乔拉克奥卢告诉我们土耳其有三家企业在欧洲是业界翘楚。我必须承认，我很吃惊。一家是白色货物——家用电器——生产商。一家是陶器生产商。另一家是轮胎帘子布和工业尼龙生产商——萨班奇公司。该公司是全世界规模最大的此类企业。即便只拥有一家这样的企业，土耳其也足以令欧洲企业领袖瞩目了，何况是三家。这位商人的妻子很反感外界对土耳其人抱有的过时偏见，但我不得不承认这种观点我也曾有过，对此我很是羞愧。

要改变外界的成见不是一朝一夕就能实现的。这需要出谋划策、积累资本和建立健全合理的教育制度。土耳其正在酝酿某种变革，我决定考虑在这里投资。

后来，我和佩奇同阿克塞尔·阿伦特和他的妻子乌塔·阿伦特共进晚餐。阿克塞尔是奔驰土耳其公司的主管。他告诉我，奔驰公司在这里生产公共汽车。

"土耳其可以达到奔驰的质量标准？"我问道。

"完全可以，"他回答道，"和德国的生产质量一模一样。"

和德国的质量一样高？我再次承认，我很吃惊。

"而且质量相同，我们的成本却低得多，"他说，"我们要提高这里的产量。"

和我说话的可是奔驰公司的主管。奔驰以造价高昂、质量极佳的精密工程闻名世界。但他却告诉我，德国生产的高质量产品，现在由土耳其生产，而且成本更低。

我对在这里投资的兴趣越来越浓厚了。但是，我想可以说，是这里的做事方式阻挠了我。在途经德国时，我们订购了一款专门为G级车定制的汽车外罩。我们离开德国的时候，外罩还没有完工，所以我让生产商将外罩寄到土耳其。后来外罩由DHL（敦豪）快递到了伊斯坦布尔机场。

"送到酒店来吧。"我说。

"我们没办法送到酒店，"快递公司的联络员说，"你必须来机场自取。"

就是在此时，我亲身感受到了"拜占庭式的"[①]做法。在土耳其海关赎回汽车外罩需要经过复杂繁多、令人费解的官方手续。我被迫耗费了几个小时的时间，跑了几个办公室，买了十多张邮票，为了这张价值不超过150美元的防水布交了75美元的许可费，仿佛我是要进口过来卖似的。我跑了一间又一间办公室，填了无数张表格，为的不过是一张我要带出国的橡胶布，一张对于除我之外的任何人都毫无用处的专门定制的汽车外罩。然而更不幸的是，第二天，我破旧的笔记本从纽约寄到了，我又跑了趟机场。这一次，我被迫见了22个不同的官员，其中几位见了三四次，来来回回买了更多的邮票，填了更多的表格，还拿到了几十张文件。连续和土耳其的官僚制度打了两天交道后，我觉得投资土耳其的事还要从长计议。

[①] "拜占庭式的"，意指拜占庭帝国及继承其精神的巴尔干国家、奥斯曼帝国和俄罗斯的政治体制与文化的特点，多含贬义，暗指官僚化和独裁政治。——译者注

然而，我仍然不能忽视经济进步的明显迹象。随着旧阵营的解体和古老中亚共和国的开放，土耳其占据了得天独厚的地理位置，可以利用其东部边境正在崛起的广阔新市场，在这方面的地理条件要远远优于任何西欧国家。中亚地区曾是奥斯曼帝国的势力范围，处于土耳其的统治之下。他们的语言、宗教、历史和文化十分相似。后来在土库曼斯坦，我发现那里的奔驰经销商是个年轻的土耳其人——人倒也真的很霸道①。他去那里开拓商机。从黑海到塔什干，我们向东穿越了曾经的伊斯兰王国的土地，发现土耳其人随处可见。他们填补了苏联解体、俄罗斯人撤出后留下的空缺。

几十年来，土耳其一直在争取加入欧盟。土耳其需要欧洲，但其实欧洲更加需要土耳其。许多欧洲国家的人口正在急速老龄化。例如，次年11月，我们去了意大利，进了餐馆四处张望，却看不到年轻人的踪影。到处都是50岁以上的老人。意大利是世界上生育率最低的国家之一，而许多欧洲国家也面临着同样的处境。

人口这个定时炸弹已经在全欧洲开始了倒计时。如果你想在欧洲（如德国或西班牙）建工厂，一定要三思。5年后，由于人口的急速老龄化，你将承担高昂的养老金费用——或社保费用，随你怎么称呼。政府不会将国内的老龄人口弃之街头，而是会向企业、员工或同时向两者征税。当劳动者与退休者的比例降到二比一甚至一比一时，成本将会大幅增加。

与之相反，拥有7 000万人口的土耳其却是个年轻的国家。土耳其的人口规模和德国相当。土耳其人能够以低廉的成本、极高的效率生产出优质的产品，恰好可以填补欧盟的迫切需求。欧洲必须将制造业转移到某个地方，必须有人来为养老金买单。在欧盟国家

---

① 土耳其人（Turk）在英文中也有"蛮横的人"之意。——译者注

内部，劳动力可以自由流动。如果土耳其加入欧盟，在国内找不到工作的土耳其年轻人就可以去西门子工作——缴税，缴纳养老基金，赡养年迈的德国人。

一个国家的人口越年轻化，这个国家对待变革的态度就越开放。老一代喜欢厚古薄今，而年轻人则崇尚变革。二者并非一定有高下之分——一定要指出孰优孰劣也不会带来什么特别的启发。当然，如果是要预测未来或斟酌投资策略，情况便不同了。

我对伊朗如此乐观，这也是原因之一。我在伊朗有小额投资，迫不及待地想在这次旅行中拜访一下这个国家。伊朗是个年轻的国家。目前，伊朗人的生育率达到了极高的水平。多数伊朗人宁愿将某些七八十岁的老头子的说教忘个一干二净。我想不出历史上有哪个国家的年轻人会站出来，说："我们很满意现状，但觉得过去的情况比现在更好，让我们回到过去吧。"

美国能繁荣富强的一个原因是一直在开拓新市场——我们称之为州。美国人曾大举西迁，开疆拓土，政府会将这些地区纳入合众国，这就是开拓新市场。美国的市场一直在扩张。生产无马车、公共马车或汽车等各式各样产品的公司一直拥有日益扩张的市场。当然，这也是欧洲现在采取的措施。欧盟一直在开拓市场，保持实力，从最初的 6 个国家，发展到了 15 个国家（2003 年）。而接纳土耳其这样的国家会进一步壮大其实力。

早在 1693 年，美国早期的政治家威廉·佩恩[①]便倡议过，一个统一的欧洲应该包括土耳其。

将近 40 年来，土耳其一直在申请加入欧盟，却一直被以五花

[①] 威廉·佩恩（1644—1718），北美殖民地时期的重要政治家、社会活动家，宾夕法尼亚殖民地的开拓者，同时也是贵格会的主要支持者和宗教改革家。——译者注

八门的理由拒绝。欧洲人的理由层出不穷,但拒绝土耳其的主要原因却一直没有明说。其实,理由很简单,就因为他们是土耳其人,他们是穆斯林,不是基督教徒。他们或许拥有白人的相貌,骨子里却并不是真正的白人。他们的亚洲特色太浓厚了。

正是由于这一点,欧盟很可能会优先接纳爱沙尼亚或拉脱维亚这种白人基督教国家。但目前来看,接纳土耳其才是更好的选择。波罗的海沿岸三国均为小国。立陶宛只有 200 万人口,带来的好处微乎其微。这种国家只会带来福利问题,无法大规模扩张市场。当然,波罗的海沿岸三国的状况要优于中欧国家。几个中欧国家也在申请——捷克、斯洛伐克、罗马尼亚[1],但这些国家我就不提了。中欧将成为一场灾难。

中欧的国界线是在两次世界大战后由战胜方本着奖励盟友、平息宿怨的原则划分的,并未考虑到历史、种族、宗教或语言因素。普鲁士的一部分现在归属波兰。古老的德国城市柯尼斯堡[2]——康德的家乡——如今位于波兰以东,被纳入了俄罗斯领土,却与俄罗斯本国相隔绝。我们多数人并不怎么关心摩尔多瓦[3]究竟属于罗马尼亚还是乌克兰,抑或已经独立,但中欧国家的许多人非常介怀。捷克斯洛伐克已经分裂成了两个国家,南斯拉夫如今已经一分为六。铁幕的消失刺激了各方的野心,从而重新挑起了历史恩怨。中欧人民听信了民主即繁荣的说辞。他们在电视上看到了美国传来的节目,

---

[1] 2004 年 5 月 1 日,捷克、斯洛伐克加入欧盟;2007 年 1 月 1 日,罗马尼亚加入欧盟。——编者注

[2] 柯尼斯堡,即如今俄罗斯加里宁格勒州首府加里宁格勒,位于桑比亚半岛南部,曾是德国文化中心之一,是与俄罗斯没有土地相连的一块飞地。——译者注

[3] 摩尔多瓦共和国,位于东南欧北部的内陆国家,与罗马尼亚和乌克兰接壤,历史上曾分属于罗马尼亚和苏联,1991 年宣布独立。——译者注

相信了节目宣传。我们身在美国的人自然知道,民主并不等于繁荣,但许多中欧人却愤愤不平,想要寻找替罪羊。这些小国充满怒火、难有贡献,财政赤字多数都超过了入欧条款的规定。为何要将这些国家接纳进欧盟,却将有诚意的土耳其拒之门外?

批准土耳其加入欧盟将为欧洲市场增加 7 000 万人,土耳其将成为欧盟最大的国家之一。有了这 7 000 万的潜在消费者,大众可以大幅增加销量,而且免普通税、免关税、免消费税。有些道理政客不愿承认,经济学家却心知肚明。他们从个人情感上或许会对陌生的土耳其人有所疑虑,但作为拥有创造力的企业家,他们知道自己需要土耳其人。资本家明白,无论一个国家暴露在外的是什么问题,根源往往在于经济。人们误认为是宗教或种族引起的问题,本质往往是经济问题。

以德国为例。只要是经济扩张时期——如 20 世纪六七十年代,德国便不存在种族问题。德国在扩张时期施行移民开放政策,人们并无怨言。"把你们亟待解放、劳累不堪、贫穷困苦的廉价劳动力给我们吧,我们需要他们。"而当德国的经商成本增加,成为世界上物价最高的经济体,进而竞争力下降的时候,人们普遍的反应是:"赶走他们,我们不喜欢这些肮脏的外国人,是土耳其人引起了这些问题。"光头党随之出现,所有人都在寻找替罪羊。而外国人常常成为众矢之的:基督教徒、犹太人、穆斯林、白人、黑人、黄种人……美国人,随便是谁都可以。

一旦经济恶化,所有人都会将矛头指向外国人——一直如此。推脱责任是人类的天性,这一点举世皆准:"我们在这里生活了几十年、几个世纪,我们是爱国的美国人。这不是我们的错,从来不是我们的错。都怪那些邪恶、狡猾的外国人。"要么就是邪恶的金融家:"不关艾奥瓦州那些善良人的事,这些问题不是我们造成的,都是华尔街那些讨厌家伙的错。"

公元1000年，人口将近50万的西班牙南部城市科尔多瓦或许是世界上规模最大、最繁荣的城市。14世纪，位于现今乌兹别克斯坦境内的撒马尔罕是一座文化发达、经济繁荣的城市。值得注意的是，这些城市欢迎来自世界各地的人，所有人都能和平共处。穆斯林、基督教徒、犹太人、中国人、印度人，没有人在乎。世界各地的艺术家、学者和商人慕名而来，因而在很大程度上，正是多元化的特点成就了这些地方的辉煌。纵观历史，无不如此。这些地方都成为大熔炉。只有在形势恶化、人们开始寻找替罪羊的时候，一个人的宗教、文化和种族才变得重要。

最终，我并没有在土耳其投资，原因有很多。我觉得奋力为民族独立抗争的库尔德人会一直制造麻烦，直到一些要求得到满足才会罢手。同时，宗教状况在当时也很成问题。土耳其的金融体制混乱不堪，政府长年以来一直在操纵该国货币贬值，土耳其里拉要具备长期价值尚需时日。另一个原因便是我费尽周折从土耳其海关领取个人财产、亲身体验"拜占庭特色"的经历。

彼时，该国对投资者尚存敌意。我想等三四年后再来观察一下。这些问题有很多都是暂时性的。此前，我在土耳其做过一两次投资，但都是短期投资。我认为，或许今后几年，该国会成为长期投资者的绝佳选择。

有意思的是，三四年的时间已经过去了，在如今的土耳其，宗教党派赢得了绝对多数选票。土耳其成立了两党议会，这在其多党混战的历史上还是很罕见的。新政府并未实行基本教义派的主张，而是施行了合理的经济政策。新政府不仅与希腊政府合作，促进塞浦路斯的和平进程[①]，还建立了现代化的法律体制，迎合欧洲。数十年的管理不善仍然遗留了一些问题，但也正因为如此，土耳其的物价才比较低。我再次投资了土耳其。

一天清晨，我们从伊斯坦布尔出发，驾车驶往内夫谢希尔市[②]及卡帕多西亚地区星罗棋布的地下城市[③]。在代林库尤城附近，我们走下了八层台阶，来到了一座地下城市。这座城市由赫梯人[④]于4 000多年前始建。约在公元400年至1200年间，东正教教徒完成了挖掘工程。安纳托利亚高原中部的开阔山谷常有野心勃勃的征服者和军队来犯，人们为了自我保护、抵御侵略，在该地区挖掘了这些地下城市。这些奇观是人类强大求生能力的证明，令人肃然起敬。

穿越土耳其东北部时，在从埃尔祖鲁姆市到阿尔特温市的路上，我们遇到了世界上最壮观的公路之一。这条美丽的公路沿途风景优美，途经乡村、山川、沟壑、熠熠发光的溪流，沿着陡峭山峰攀爬，或绕山而行，间或有急转弯。我们将车顶打开，放着"感恩而死"摇滚乐队的CD，佩奇双脚伸出车窗，随着音乐唱起了歌。所有旅

---

① 塞浦路斯国内分希腊族和土耳其族，希腊族占大多数，两族在历史上冲突不断。——译者注
② 内夫谢希尔市，土耳其中部城市，内夫谢希尔省省会。——译者注
③ 卡帕多西亚是历史上的一个地区名，位于古代小亚细亚（今日的土耳其）东南部，拥有经过长年风化水蚀的特殊景观，耸立着形状不一的岩石丘陵。这些岩面上开凿了上千个洞窟，不少岩洞内还保存着许多湿壁画，为拜占庭艺术中反圣像崇拜后期的独特见证。自1世纪至4世纪，基督徒为躲避罗马政权的迫害，每逢战乱便到岩窟山区挖掘教堂和修道院，躲在这些地下城市中。下文的代林库尤为其中一座地下城市。——译者注
④ 赫梯帝国为小亚细亚地区的奴隶制国家，公元前17世纪由拉巴尔纳斯始建，约公元前14世纪发展成赫梯帝国，公元前8世纪灭亡。——译者注

游指南都没有提到这条路况完好平整的柏油公路，我猜这是条军用道路，大概是美国军队在冷战期间建的。这是我心目中的世界十佳公路之一。

我们还未尽兴便得离开土耳其，前往位于黑海沿岸的格鲁吉亚共和国边境城市巴统①。许多人看过地图后，对我们去过的地方惊叹不已。但我们看着同一张地图，注意到的却是那些我们无缘去到的地方，如土耳其西部的特洛伊遗址。我们错过这些地方的原因非常简单：我和佩奇必须在夏季结束之前穿越西伯利亚，最晚必须于7月到达符拉迪沃斯托克（海参崴），否则我们便会遭遇麻烦。历史上有不少人——如希特勒和拿破仑这两位人物——都发现，每年俄罗斯都会有那么一段时间，对来访者极其不善。即便是我这等庸人也有这个觉悟，知道自己可不想在俄罗斯的冬天驾车穿越西伯利亚。

---

① 巴统，格鲁吉亚西南部的阿扎尔自治共和国首府。——译者注

即将来临的中亚灾难

到达格鲁吉亚边境时，两方的边境士兵都喝醉了，我们因此被耽搁了一些时间才进入格鲁吉亚。世界真是千变万化。10年前，即1990年春天，我第一次从这里过境时，格鲁吉亚仍然属于苏联，这些公职人员处于严阵以待的状态。离开资本主义国家，进入社会主义国家，铁幕沿线处处都能看到异常严肃警觉、极其严厉的边境官员。如今，他们的状态已完全不同了。

这一次仍然要填不少表格，仍然要你来我往地争论一番，整个入境过程仍然带有苏联时代的遗风：车辆要锁进两道栏杆之间，前后的栏杆落下，让车辆接受检查。但这一次的搜查比过去要随意。过去，连车的底盘都要接受搜查。（在过去那个人人都在充当走私分子的年代，进出该国的车辆均需接受反走私搜查。）不过，入境仍然需要好几道烦琐复杂的手续。我们必须交各种各样的费用、保险和道路税——由于边境士兵喝得酩酊大醉，这些文书工作变得更加复杂。

于是直到午夜时分，我们才来到巴统市——格鲁吉亚境内的第一站。

我们由出租车司机带路，来到了市里最好的酒店。我上一次来这里住的也是这家酒店，那时经营这家酒店的还是苏联时期的垄断旅游企业——苏联国际旅行社。我谈拢了一间房的价格，25美元，包括停车费。我注意到酒店后方有一块围起来的私人区域，有警卫站岗，里面停着几辆轿车，多数是豪车，主要是奔驰。这些车显然属于当地的黑帮成员，停车场和酒店都属于某个黑帮成员。

我们爬上楼梯来到房间，发现每层楼都有一位老太太把守着——这一做法沿袭自苏联时期。在新政府时期，这些老太太的工作变成为入住的顾客分配妓女，而我们拒绝了这项服务。这家酒店仍然是"四星级酒店"，这里的"四星级"只能算是条件凑合，而如今在新政府的统治下更是面目全非。这家酒店俯瞰黑海，环境宜人，但停掉了供暖、电力和自来水，实际上已经破败不堪。唯一一处仍然可以正常使用的地方就是楼下的酒店吧台，那里仍然放着喧嚣的音乐。整座酒店脏乱不堪，逼得佩奇不愿睡在酒店提供的床单上，只能回到车里拿来了睡袋垫子。我则回到大厅，让老板退了10美元房费。

后来，凌晨3点左右，一个老太婆敲门，带来一个头发染成金色、衣着暴露的少女。

"抱歉，他有人了。"佩奇说。

后来，我了解到这些国有商铺在苏联解体后的转手经历。政府是这些商铺原本的所有者，政权更迭之后，这些商铺便处于无人所有的状态。当时负责经营的人便接管了这些商铺。经理随口一说"这里现在归我了"，也没有人阻拦。过了一些时日，黑帮的人会现身，要求提供保护，即防灾防难——"好吧，这是你的酒店（抑或是工厂之类的任何财产），但我们会罩着你"。黑手党这样说，言下之意无非是让老板交保护费。从此以后，商铺老板就得向黑手党交保护费。通常，由于经营不善，商铺难逃倒闭的命运，老板及合伙人会将这些财产的价值榨得一干二净。

第二天上午，我们离开巴统，前往首都第比利斯，一路上每走20公里我们就会被警察拦下一次。此前，我们时不时地也会被警察拦住，原因五花八门，但主要是因为好奇。他们的真实目的是想看看车。我们交点钱，或许再递几根烟，就可以上路了。但在格鲁吉亚被拦下的情形是完全不同的，感觉就像是被克格勃盘查一样。他们的行为一如既往。他们的思维方式一直没有改变，还停留在格鲁吉亚总统爱德华·谢瓦尔德纳泽担任苏联外长的时代。他是西方人眼中的伟大英雄。

第比利斯与我上一次来相比还是有些变化的。那时还是1990年4月，我看到一些雕像被推翻在街道上。这一次，我们竟然在这座城市路过了几家私人餐馆。但除了这些新出现的资本主义和私有化迹象，整个国家仍然境况不佳。尽管如此，不少和我们聊过天的格鲁吉亚人仍然对未来十分乐观。

我看望了一位老朋友——大学教授扎扎·阿列克西泽。1990年来到第比利斯的时候，我认识了他，从他这里了解到不少关于苏联时期格鲁吉亚的情况。他如今还是教授，但生活却不比10年前优裕了。他的工资一直没涨也没跌，但常常被拖欠，而且格鲁吉亚的货币早已崩溃，币值一泻千里。他住在一栋楼的15层，但楼上很少通电。但凡有房客去世，总是能弄得全楼皆知，因为只有这时电梯才会启动以运送遗体。尽管如此，他仍然满怀信心地认为格鲁吉亚有朝一日会成为一个成功的国家。

"苏联解体以后，情况一直在恶化，"他告诉我，"但我们格鲁吉亚人相信会柳暗花明的。"

他说："民族精神，我们有的是。"

我说："扎扎，你疯了，你应该离开这里。"

但他就像许多苏联人一样,仍然深信一切都会好转,格鲁吉亚终会东山再起,成为一个伟大的国家。我想到,毕竟格鲁吉亚是世界上仅有的13个拥有自己字母表的文明之一。

"我们仍然热爱格鲁吉亚,"他说,"我们为祖国而骄傲,格鲁吉亚人仍然心怀希望。"

虽然我希望扎扎一切顺利,但恐怕这个国家会每况愈下,柳暗花明之日遥遥无期。

阿塞拜疆在苏联时期是石油生产的一大中心,曾是世界排名第一的产油区。20世纪初,世界上一半的石油都产自里海地区。我上次离开该国首都巴库后,阿塞拜疆已经与西方企业签订了价值74亿美元的协议,共同开发里海地区的油田。除此之外,这里唯一的变化就只有灯了。

在苏联时期,所有城市——巴统、第比利斯、巴库——都没有什么灯(没有街灯,没有集市的霓虹灯),没有什么餐馆,也没有什么汽车。整座城市最多只有一家咖啡厅,里面有广播放着音乐,或乐队演奏着曲子,但曲目一成不变。现在有了市场、餐馆、路边摊和沿街叫卖冰激凌的人。但你能看到的改变仅限于此了。多数地方仍然一如往常,甚至比以前更加破旧。似乎没有人投资修缮任何设施。

在巴库,我首次有机会与一位中亚的新生代寡头政治家同桌交谈。此人名叫纳米克,当年的一小撮机会主义分子之一,趁着苏联解体的机会大肆敛财。正是他向我解释了巴统的酒店是如何落入现任老板之手的。假如你是一家酒店或本地伏特加酒厂的经理,接管这些财产需要耍一些手腕,但仍然不至于太复杂。而对于纳米克这种无职位优势的人来说,就需要动点脑筋了。

在整个国家即将崩溃之际,像纳米克这样的企业家会得到一张出口许可证，这种许可证虽然难申请，但给点贿赂便能疏通。以化学制品出口为例。拿到出口许可证后，他可以以苏联内部价格从苏联工厂收购化学制品，收购价的盈利空间很大——当时根本没有市场价格可言，因为商业流通仅限于苏联国内。这样一来，他便可以从国内的生产商处收购化学制品，然后拿着出口许可证，以市场价格卖到西方，赚取硬通货。他以每吨5美分的价格从阿塞拜疆收购化学制品，以每吨832美元的价格出手。由于他将产品卖到了国外，支付也在国外进行，他赚的是硬通货，而非廉价的卢布，还可以将钱存在瑞士。

这样的机会只持续了一两年，随后所有人都参透了其中的玄机。化学制品生产商明白他可以自己出口化学制品，并不需要拿着出口许可证的中间人——出口许可证不再是必需品了。在苏联，没有出口许可证你便什么都无法出口，但即便是在那时，这一纸证书也没有达到价值千金的地步。为什么？因为苏联人鲜有出口贸易。

苏联解体造成了权力真空，而填补这些空白的人是些相对年轻的人，他们三四十岁，和当权派没有太深的瓜葛，不会因此损失什么。他们识时务，看准时机便下手，因此暴富了起来。纳米克如今50多岁，是这类人中的典型代表。他诡计多端，讲得一口流利的英语，一身剪裁得体的西装精致得仿佛是在伦敦手工定制的。而他就在我眼前，解释着新体制的个中奥秘，讲述着一个曾经几乎一无所有的年轻商人如何过上了在里海吃鱼子酱的生活。

在巴库君悦酒店，鱼子酱是用大碗盛的。服务员盛出来放到桌上，那个架势就像是其他餐馆的招待上花生米一样。你从没见过这么一大碗鱼子酱，换作世界上其他任何地方都得花上1 800美元左右。只有这里例外，这里盛产鱼子酱。

在这次环球之旅中，我遇到了不少纳米克这样的人，我认为这些机会非常珍贵。我是所到一地，必与当地人深入交谈。（当然，我也在努力入乡随俗。）与纳米克聊天，我了解到了大量有关阿塞拜疆和新时代中亚地区的情况，这比任何旅行指南都有用，更是远比见政府官员、政客或"世界领袖"有裨益。我也是做过功课的——我读过那些人手一本的书，也像其他人一样关注华盛顿发布的消息。但同此人同桌交谈后，所有碎片才开始拼凑成一幅完整的画面。纳米克的故事就是阿塞拜疆历史的真实体现，听了他的一席话，我才真正理解了这个社会。我和佩奇后来又同纳米克共进过几次晚餐。

阿塞拜疆是土著游牧民族的家乡。直到苏联时期，巴库才发展成为伏尔加河-里海线路上的重要港口。而早在很久之前，这座城市是古代丝绸之路上的重要一站。成群的骆驼——有时多达6 000头——6头一组拴在一起，拖着大篷车，排成纵队来往于巴库，穿越沙漠，运送香料、香精、熏香、药物、水果、干果、茶叶、盐、宝石、金银铜器、瓷器、象牙、玉石、棉花和丝绸。每头骆驼可以驮送500多磅[①]的货物，最大商队的载货量与大型商船相当。这条商队路线沿路建有带城墙的堡垒，这些堡垒可供牲畜补水，供商队歇脚。这些沙漠中的绿洲便是商队的旅舍。

某位阿塞拜疆企业家将一家商队旅舍改建成了餐馆。经过修缮和翻新，骆驼围场被改建成了餐厅，装潢风格极为奢华。第二次相聚时，纳米克便在这里请我们吃了晚餐。同第一次共进晚餐时一样，纳米克又带了一名年轻女子——两次不是同一名女子，且都不是他的妻子。这一次惹得佩奇比第一次还生气。

我说纳米克带年轻、漂亮的情妇来，不带自己年老色衰的妻子，

[①] 1磅≈0.5千克。——编者注

是在间接讨好她。这也没能让佩奇消气，她争辩说，纳米克带和她一样年轻漂亮的女伴来，或许是在炫耀，不过也可以理解为假惺惺的恭维。不过即便是恭维，他也是在恭维我，而不是她，而且他是在把情人当作财产来炫耀。佩奇认为这是对她个人的侮辱，也是打在所有女性脸上的一记耳光。

我想这让我们想到了巴库商队旅舍的那位肚皮舞舞女，她是我平生见过的最优秀的肚皮舞舞女，比在伊斯坦布尔见过的那位更加狂野、更加奔放。实际上，看过这段舞蹈后，我和佩奇都很欣赏这种艺术，也有了很好的理由在旅行途中经常欣赏肚皮舞。世界各地的民族舞者都拥有不可思议的精湛舞技，令我俩拍手称奇。后来在西非的时候，我们对此有了更深的体会。如今回想起来，这几乎犹如梦幻一般。人类的身体柔韧程度简直难以置信。在其后的旅行中，东非和亚洲其他地区的舞蹈，再次令我们惊叹不已。

与纳米克及其两位情妇共进晚餐让我有机会了解到官方渠道无法提供的信息。华盛顿声称我们之所以资助新一代的寡头政治家，是因为他们是资本家，崇尚民主。事实上，这些人只崇尚优胜劣汰的法则。在社会经济学中，最信奉这种法则的就是黑手党。同纳米克聊天之后，我知道只有疯子才会在阿塞拜疆投资。

我无法厚起脸皮行贿、玩弄手段、提供回扣等，但纳米克却可以，他会周旋。他可以去找政府官员说："直说吧，你想要什么回报？我需要这个，怎样才能得到？"这根本称不上体制，其发展动力并不是知识、资本和技术的积累。这即便是资本主义，也是旁门左道的资本主义。这些企业家并没有做出任何建设性贡献，他们只是尽可能快地坐吃山空。

几个月来，我一直在申请伊朗签证。去伊朗是我的夙愿，但一直没能实现。自1993年至1995年，我一直在伊朗有小额投资。奔走了一年的时间，我才申请到了在伊朗投资的许可，最终总算获准可以购买伊朗证券交易所流通的股票。

不要听信美国政府的说辞。伊朗即将迎来许多积极的变化。就人口构成而言，这是一个十分年轻的国家，而且投资环境也已经成熟。我对该国的未来十分看好。作为投资家，我支持伊朗的变革。而且，我认识该国外长卡迈勒·哈拉齐。他来哥伦比亚大学听过我的课，邀请我到伊朗常驻联合国代表团的驻地吃过晚餐。我想如果说真有人能申请到驾车穿越伊朗的签证，那这个人一定非我莫属。他向我保证，签证会在伊斯坦布尔等着我。结果事与愿违，不论是伊斯坦布尔还是巴库，签证都没到。

伊朗设有一个类似克格勃的组织，即德黑兰秘密警察总部，伊朗的所有文件都会送到总部密室里的神职人员手中接受终审。尽管伊朗的官员三番五次做出承诺，但这位神职人员拒绝了我的所有申请。显然，他明白我对新世俗政府推行的改革很感兴趣，决意要阻止我环游该国，不允许我随心所欲地同伊朗人交谈，于是便行使了他作为宗教领袖的否决权，这种权力是任何中立派政客都无法僭越的。不管有多少人同意都没用，伊朗一切事务的最终决定权都在一个神职人员手里。我从亲身经历中早早地便了解到，伊朗的改革进程会比预计的缓慢，新政府和议会再怎么努力也无济于事。

当然，经常有美国人能获准进入伊朗——同样也有很多毛拉的子孙能获准到美国留学。但没有哪个美国人可以随心所欲地驾车穿越这个国家。我的路线会经过库尔德地区。我们最终还是被拒绝入境，这虽然不是世界末日，但也算得上是我这次旅行的最大遗憾了。我原本很期待能够去伊朗看一看，但唯独这个国家永远不会让我驾车游历。

当然，伊朗拒绝我们驾车入境，不仅令我们万分失望，还造成了更加严峻的后果：我们被困在了巴库。

南有伊朗，东有里海，我面临着要么原路折返，要么向北出发的选择。原路折返，就得向西回到格鲁吉亚和土耳其；而向北走就要穿越车臣和达吉斯坦[①]。这两个地方虽属俄罗斯，但生活在这片土地上的人却更愿意称之为车臣共和国和达吉斯坦共和国。原路折返就不必考虑了。由于还要穿越中国，现在原路折返就意味着我很有可能会不幸碰上西伯利亚的寒冬。那向北走？车臣及周边地区正战火肆虐、生灵涂炭，交战方可不会欢迎外人。只有一条路可走，那便是正东方：我只能穿过里海。要么驾车绕过里海，要么不惜高价的运输费，运车过里海。

"去土库曼巴希[②]的船什么时候出发？"

我站在巴库的码头，向船运公司的职员询问定期往返于阿塞拜疆和土库曼斯坦的客轮何时发船——我在1990年乘坐过。

"不知道，"船运公司的职员称，"下一班船该什么时候来就什么时候来，然后就出发。"

有意思。

"你们有时刻表吗？"佩奇问道。

没有时刻表。

"明天再来吧。"我们得到了这样的回答。

我们第二天又去了，第三天也去了。我们一连几天每天都去码头，直到一天早上，出发日期总算定了下来。

"船要来了，"他们告诉我们，"今晚过来，今晚就出发。"

[①] 车臣共和国和达吉斯坦共和国均属于俄罗斯联邦，是内乱与恐怖主义活动频发之地。——译者注

[②] 土库曼巴希，土库曼斯坦巴尔坎州的一个港口城市，位于里海东岸、克拉斯诺沃茨克湾北岸。——译者注

一个人从船运事务所后方走出来,把我们带到外边,告诉我们,如果想要一等舱的船票,他可以以半价卖给我们。

"今晚过来找我就行。"他说。

这艘渡轮原属丹麦,被阿塞拜疆人买下后,被重新冠名为"阿塞拜疆号"。其出发时刻要依火车时刻表而定。这艘渡轮将火车拉到巴库的货运车厢运过里海。没有货物要运输,就不必出海。上船走这条路线的乘客很少,可能至多只有 50 人。除了一对卡车司机,其他都是单独上船、步行来的乘客。

我们付钱从那个人手里买了一等舱的船票,他带我们上了船。我们被船上的居住条件彻底惊呆了。船舱舱壁上有漏洞,地板积满了泥垢,黑黢黢的,一等舱里唯一的东西就是地板上一张又薄又破的床单,上面盖着一张毯子,脏得大概自丹麦人转手以后就没洗过。很难想象二等舱是什么光景,更别提下等舱了。

我们听了票贩子的建议,在一间空的船员室里过了一夜,就这样渡过了里海。

夜里,海上油气井的火光照亮了里海。

船停靠在了土库曼斯坦,我们是最后下船的人。我们被迫在船上坐了 5 个小时,等着一位接一位的安全人员指指点点、不断打量、琢磨着该拿我们怎么办。他们从未遇到过这种非同寻常的情况,于是都很害怕,这些一根筋的官员不知道该拿我们怎么办。

最后,他们收了 5 美元的消毒费——并保证不为我们消毒——便放我们连人带车下了船。我们需要交钱买一张特别许可证,凭此证才能以当地的规定价格购买柴油,价格大约是每加仑 20 美分。我们把去乌兹别克斯坦的路线给了他们,他们计算出了这段路的耗油量。我们提前付了当地价格与世界价格的差价。

午夜时分,我们才到达了土库曼巴希的酒店。

土库曼斯坦总统萨帕尔穆拉特·尼亚佐夫曾在苏联时期担任过土库曼斯坦最高苏维埃主席。他后来更名为阿克巴·土库曼巴希，意为"全体土库曼人的伟大国父"。他不仅将克拉斯诺沃茨克市重新以自己的名字命名[①]，还将自己的肖像印在该国的货币、伏特加酒瓶、茶叶包上。我们驾车穿越土库曼斯坦，一路上到处都能看到尼亚佐夫的雕像或海报高高在上地盯着我们。在巴库同我们会合的俄语翻译谢尔盖向我们解释道，海报上印着：一个民族，一个国家，一个土库曼巴希。初次见到这些海报时，我很震惊。多年来，我在路上收集了数百张海报，多数都是历史上的政治宣传海报，包括一张20世纪30年代纳粹党的宣传海报。上面印着阿道夫·希特勒的肖像以及"EIN VOLK, EIN REICH, EIN FÜHRER"（一个民族，一个帝国，一个元首）的标语。

尼亚佐夫的个人崇拜行为随处可见。在土库曼斯坦的电视上，他的脸就位于屏幕的右上角，一天24小时不停地盯着电视观众。只是出于国际社会施加的巨大压力，他才没有将自己的脸印到国旗上。（我回到美国不到一年，他提出要重新命名每年的月份。1月从此改名为土库曼巴希，4月以他1948年去世的母亲命名，而10月则以他的一本沉思录命名。这本书自2001年发行以来便成了全国学生的必读书目。）

我上一次来土库曼斯坦的时候，这里是一个没有生气、毫无希望的国家。全国只有一家酒店、一家餐馆、一条公路。如今也没有多少变化，至少土库曼巴希确实没什么改变。我们下船的时候，只有一家酒店还有空房间，而这家酒店简直就是一座收留退休军人的破旧贫民窟。

---

① 克拉斯诺沃茨克于1993年被更名为土库曼巴希。——译者注

我一点也不在乎过夜的地方,但这个贫民窟的条件令佩奇无法接受。

"你想怎样?"我问道,"现在是午夜,我们只能找到这么一个地方。"

我们因为住宿争吵,因为食物争吵,因为整个旅行争吵。我们吵了几个星期,这次也不例外。但再怎么说"我警告过你了"也是浪费时间。渡轮已经出发回巴库了。我们将驾车穿越沙漠,任谁也没办法在沙漠中回到美国。我们决定尽快离开这座城市。第二天一早,我们便出发了,希望路的前方能有所好转。

卡拉库姆沙漠(意为黑沙漠)是世界上最大的沙漠之一,占据了土库曼斯坦这个遥远而人烟稀少的国家约70%的国土面积。我们行驶在公路上,野生骆驼成群结队地奔跑着从我们的车前穿过。我们沿着丝绸之路,向着首都阿什哈巴德出发,沿途经过了卡拉库姆运河——当然,如今已经更名为土库曼巴希运河。阿姆河的河水经由这条运河流向该国的干旱地区,而这条运河却很大程度上造成了咸海的干涸——这是世界历史上最严重的环境灾难之一。

在苏联时代,除了肃反运动,集体化和大量反宗教运动造成的流血事件也令身为游牧民族的土库曼人受尽苦难。他们曾是并依然是不当经济政策的受害者。进入阿什哈巴德后,你会路过20家整整齐齐排成一排的酒店。这些酒店都是新建的,资金全部来自西方的借款,但全部空无一人。这个国家已经垮掉,货币濒临崩溃,而土库曼巴希却在为国内各类官僚机构兴建项目、装点门面——石油部酒店、农业部酒店……

从土库曼巴希两座府邸到其办公室的那条柏油路极其平整,沿途风景优美,但这也是该国唯一一条路况良好的公路。该国有一座富丽堂皇的机场,却鲜有飞机起落,只有25架空荡荡的飞机停在那里。从机场进城的路上，你会经过一条保养良好的马路，两边排列着喷泉。一有高官经过，建在这条线路两旁的房子就会停水，因为此时喷泉会喷水。这些房子虽然整洁漂亮，但两个街区外就是贫民窟，这是苏联时代遗留的问题。来到土库曼斯坦的游客或来访官员只看得到光鲜的表面。

在市中心，来到阿什哈巴德的游客会遇到一处名胜——一座246英尺高的拱门，上面竖立着土库曼巴希的纯金塑像。这座塑像会自动旋转，这位土库曼人的伟大国父可以进行全天候的监视，环视他的整片领土，双臂永远指向太阳的方向。

土库曼斯坦立法机构及所有内阁成员人手一辆奔驰车，都是土库曼巴希赠送的。然而，没有一个人开奔驰S600——这在中亚地区算是顶级车型了。这款车只有一辆经批准进入了该国，即德国奔驰公司送给土库曼巴希本人的那一辆，为的是感谢这位土库曼斯坦总统把大量的国外援助资金拨给了奔驰公司。你我这样的纳税人缴各式各样的税，钱却落入了土库曼巴希（乃至奔驰公司）的手里——这些都是在以传播民主之名，行石油政治之事。这个拥有500万人口的国家，一方面被一个彻彻底底的独裁者只手遮天，另一方面却拥有着极为丰富的天然气资源。我们源源不断地为这个自大狂送钱，妄想着有朝一日他能让我们开采这里的天然气资源。

一路上，一直有个美国人发电子邮件给我们。他在土库曼斯坦就职于一家美国机构。这个年轻人不久前才携妻来到阿什哈巴德，一直在网上追踪我们的行程。他负责管理美国设立的一项基金，为土库曼巴希这样的政府筹集资金。这些基金最初是在苏联开始解体时设立的，资金来源是私人投资，你我这样的普通人都可以投资。这些基金虽然多数都是不良投资，但却受到了保护，永远不会亏损，因为各位可以想见，所有的资金有"山姆大叔"的担保。

其中很典型的一个例子是 3 亿美元的中亚基金，管理者是那些在华尔街出不了头的马屁精——如果在 90 年代的华尔街都出不了头，那除了政府，你就别想在其他地方有出头之日了。头一次，这些人把钱亏了个精光。或是因为做事草率，或是因为将不良贷款借给了友邦，或是真的因为愚不可及，他们被召回了国。没有谁的名誉会受损，因为美国政府会补偿一切亏损。地区经理带着和我通信的这位年轻人来到土库曼斯坦，接替不称职的前任。

在中亚，我们和这些人吃过两三次晚餐。他们本人并没有什么值得讨论之处。我见到这种人，会想起吉姆爷[①]这种在祖国无法出人头地的人物。他们总是认为搬到这种地方为政府工作要容易一些。他们不必四处奔走，也不必多机灵，有宽敞的办公室，想下馆子就下馆子，生活要比在美国优裕得多，简直可以富甲一方，而且还凡事都有借口。他们会向你解释说必须给他们配司机，以避免和警察起冲突。他们在这里，挥霍着我们的钱，趾高气扬，养尊处优，不怎么精明，却过着奢靡的生活。他们做对做错都无关紧要——一旦出了差错，政府就会出资拯救股东。

这样的项目是彻彻底底的灾难，打着向这些国家传播资本主义的幌子（同时出于彻头彻尾的狂妄自大心理）拿钱去打水漂。做这类工作的人，均是海外侨民，不论是美国人、英国人还是德国人，不过是天下乌鸦一般黑。他们喜欢这种生活，其他的工作想都不会想，有比我更智慧的人——约瑟夫·康拉德、格雷厄姆·格

[①] 吉姆爷是英国作家康拉德的小说《吉姆爷》的主人公，他出身牧师家庭，因在海难中弃船被吊销了航海资格，多次换工作均不成功，后经安排混入土著人居住区，获得了头领的信任。——译者注

林[1]——描写过他们的思维方式和行为方式。

说起土库曼斯坦,不提我们在查尔朱的一大发现,是说不过去的。查尔朱拥有将近20万人口,是该国第二大城市。就是在乌兹别克斯坦的边境处,我们走进了列巴布(Lebab)餐厅。这家餐厅环境怡人,老板稀稀拉拉地摆了几张桌子,桌子上面铺着蕾丝桌布,摆着精致的瓷器和亚麻细布餐巾,散发着维多利亚时代的气息。我们是当晚唯一的顾客。土库曼斯坦鲜有人能够承受这里的价格,即便有这个经济实力,也并无兴趣。但即便是在世界上最萧条惨淡、无可救药的地方,你也总能找到一丝乐观的迹象,总会有地方洋溢着这样的精神。我们吃过一顿美餐后,老板做了自我介绍,感谢我们光顾,知道我们对她的餐厅赞不绝口后,似乎有些惊讶。离开土库曼斯坦之际,我们虽然不再对这个国家的未来抱有希望,但对人类进取精神却平添了一份信心。

我们沿着古老的大篷车路线,穿越乌兹别克斯坦,前往中国,途中去了布哈拉和塔什干这两座传奇古都。光是这两座城市的名字就蕴含着往昔的荣光。布哈拉拥有众多宣礼塔和90座神学院,曾是古代商业中心、伊斯兰教重镇,创造了大量财富、学术成就、建筑成就和艺术成就,至今仍是一座恢宏壮丽的城市。乌兹别克斯坦首都塔什干是一座充满活力的现代化大都市,曾是苏联第四大城市。撒马尔罕,中亚最古老的城市之一,历史可追溯至约2 400余年前,在被亚历山大大帝征服后,成为西方文明和中华文明的大熔炉。14世纪,这座城市成为帖木儿帝国的都城,实力达到巅峰。

帖木儿是早期的征服者之一。他自视为文明的传播者,但在他

---

[1] 格雷厄姆·格林,英国小说家、戏剧家、记者,著有《哈瓦那特派员》等描写英国海外侨民生活的小说。——译者注

人看来，他只是个可怕、嗜血的白痴。无论如何，他都是人中豪杰。他以一己之力创造了一个庞大的帝国。他的征服使得撒马尔罕积累了大量的财富和学术成就。据说，有一次，帖木儿出征期间，他的妻子比比·哈努姆为了给帖木儿一个惊喜，下令建造了一座巨大的清真寺，然而帖木儿一回朝便处死了建筑师。对于这件事，历史上众说纷纭，但很可能是因为他的妻子红杏出墙。从那以后，帝国所有的女人必须佩戴面纱，以免勾引男性。帖木儿的陵寝位于撒马尔罕，当地有传言称，打扰帖木儿陵寝的人，自家必会面临灭顶之灾。据说，1941年6月21日晚，一组苏联考古学家打开了帖木儿的陵寝，几小时后，希特勒便入侵苏联。

我1990年经过乌兹别克斯坦时，无论是撒马尔罕，还是布哈拉，均毫无旅游业发展的迹象。如今的乌兹别克斯坦出现了资本主义已经来临的征兆，这个国家开始努力吸引游客。上档次的酒店开始涌现。几大旅游景点外都出现了T恤店和地摊商贩。无论怎么牵强附会，这两座城市仍然比不上迈阿密海滩，毕竟这里是乌兹别克斯坦，但情况与我上一次来相比确实有很大改观。上一次完全没有游客的踪迹。

在塔什干，我们又遇到了一个难题，这个问题令我在接下来的一周半时间里常常彻夜难眠。中国方面告知我们在乌兹别克斯坦首都塔什干领取中国签证，但中国驻塔什干大使馆的领事官员却告诉我们他权力有限，申请签证的人必须证明自己在乌兹别克斯坦的居住时间已经超过6个月。我们花了几天的时间，给北京方面打了几次电话，才终于说服了他，但拿到文件后，我仍然不是很放心。和伊朗人打过交道后，我知道在这个地区旅行，什么事都不能掉以轻心。

站在某个国家的大门前，也不一定就能获准进入。实际上，情况反而可能更加困难。我们虽然有签证，但是否能进入中国还有待观察——前提是我们真的能离开乌兹别克斯坦。当时，有人意图暗杀乌兹别克斯坦总统，所以边境关闭了。

3月的第三周，我们离开了乌兹别克斯坦。穿过美丽、多山的吉尔吉斯斯坦和哈萨克斯坦的广袤草原，一路向着中国进发，途中遇到过驴车，看到骑马人策马奔腾穿过干旱的草原，宛如从古老传说中奔跑而出一般。我们穿越了400公里几乎荒无人烟的边疆地区，从哈萨克斯坦的阿拉木图前往中国边境。在阿拉木图逗留期间，佩奇已经将笔记录了音（在这里，她第一次参观了俄罗斯东正教教堂，第一次采访到了妓女），于是她在这段路上负责开车，而我则整理着有关中亚未来的思绪，努力不去想边境官员可能会带给我们的麻烦。

说得委婉一些，我对中亚的未来并不乐观。整个地区动荡不安，种族纠纷、边境冲突、水源之争、石油纷争和油气管道矛盾阻挠着每一次政治谈判。在可预见的未来，种族和部落差异可能使该地区的政治格局动荡不安。

苏联已经解体为15个国家。在这5个中亚共和国中，人们操着十余种不同的语言。该地区有100多个语言、种族、宗教和民族各异的族群，没有一个是自愿加入苏联的。（相比而言，在中国，约91%的人口是汉族。）华盛顿的政客和华尔街的金融家若以为俄罗斯能维持这一地区的稳定，简直是痴心妄想。8年了，俄罗斯军队也没能控制住车臣地区的局势，而车臣地区的面积仅比康涅狄格州或北爱尔兰的面积大一点，总人口约有150万。

哈萨克斯坦和吉尔吉斯斯坦的货币正在迅速贬值，两国的经济均濒临崩溃。就在我和佩奇来到中亚的时候，土库曼斯坦和乌兹别克斯坦的货币已经大幅贬值，美元的黑市价格比官方汇率高出了3

倍多。重大灾难即将到来：暴力冲突、暗杀行动、炸弹袭击以及内战。

这对美国来说意味着什么呢？大概没什么意义，因为在未来的很长一个时期，这些国家的人们会忙于自相残杀，根本无暇顾及我们。他们的核武器多数已经被销毁，完好无损的那些也不在他们手中。除非美国政客以愚蠢无知的态度，重蹈"大博弈"[①]的覆辙，像19世纪的欧洲政客一样，再次将我们拖入泥潭，否则远在美国的我们很大程度上是可以免受波及的。至少几年前的情况似乎是这样的。如今，美国将枪口对准了伊拉克，在中亚建了基地，在该地区招惹了不必要的敌人。看到美国政客不断地将我们拖入没有人调查过的可怕境地，插手没有人了解的地区事务，我一直非常痛心。记得美国在索马里的军事行动吗？

这一地区的一项地缘政治优势是大量的油气资源储备和大量的原材料储备。土库曼斯坦的天然气资源在世界上排名第五，此外，该国还拥有丰富的石油资源及煤炭、硫黄和盐。乌兹别克斯坦现在是世界第三大棉花出口国，是重要的黄金及天然气生产国及该地区的重要化学制品生产国。哈萨克斯坦是天然气、石油、煤炭、黄金、铀、银、铜、铅、锌、钨和钼的重要产地。然而，这些丰富的资源不会为这些国家带来任何好处，起码短期内一定是不可能的。而在我看来，目前的状况还会进一步恶化，不会立即好转。

早在20世纪60年代初，莫斯科方面为了实现棉花自给，实行了一项计划，即将阿姆河和锡尔河这两条河改道用于大量棉花田的灌溉。咸海的水源来自这两条河。咸海为内陆海，为咸水湖，面

---

① 大博弈，19世纪中叶到20世纪初的政治术语，特指大英帝国和沙皇俄国争夺中亚控制权的战略冲突。——译者注

积曾超过 25 000 平方英里①，是里海至太平洋地区面积最大的湖泊，也是世界第四大湖泊。4 000 年来，来自这两条河的淡水使咸海的盐度保持平衡。

苏联在这两条河上筑坝，开凿了一条 850 英里长的运河及覆盖区域极广的引水渠水系。300 万英亩②的土地上种植并培育起了俄罗斯棉，新增的南方棉花田满足了全国 60% 的棉花需求。负责此事的人被提拔到了莫斯科的要位。

其后 30 年里，咸海干涸殆尽，只留下干旱的海床，上面布满了有毒的盐分、死鱼和海边植被。至 1995 年，咸海的水量已经减少了 3/4。曾经居住在咸海岸边的渔村如今退到了 30 英里外的荒漠之中。咸海曾经为苏联贡献了 13% 的捕鱼量，如今却成了寸草不生之地。

苏联解体后，我曾期待在中亚地区看到变化，希望至少能看到咸海的状况有所改善，但却发现自上一次驾车来到这里之后，很多情况都进一步恶化了。如今，由盐、沙子、化肥、杀虫剂和工业及家庭有毒垃圾构成的一亿多吨有毒淤泥，每年被常年肆虐的狂风席卷而起、扩散开来。冬天比以往更加寒冷，夏天更加炎热干旱。降雨量大幅下降，牧地已经消失，农作物产量也在下降，当地的儿童因为干旱海床上吹起的有毒物质罹患疾病，成年人的寿命也因此减短。咸海的特有毒素还通过大气层传播到了全球。连南极洲企鹅的血液里都检测出了这种毒素，格陵兰岛的冰川、挪威的森林和数千公里外的白俄罗斯农田上都出现了这种毒素。

这场生态灾难的演变犹如一面镜子，折射出了该地区的总体经济面貌和政治面貌。这便是中亚未来的缩影。

---

① 1 平方英里≈2.6 平方米公里——编者注
② 1 英亩≈4 047 平方米。——编者注

最优秀的商人来自中国

中国大使馆和旅游局官员告诉了我一件令我激动的事，我这个来自亚拉巴马州的乡巴佬将成为三次驾车穿越中国的第一人——不是第一个外国人，而是有史以来的第一人。当然，这有谁能料到呢？实际上，我甚至觉得这种美事反而令我难以置信。我不禁问自己，这次真的能成行吗？这毕竟是中国，什么事都有可能发生，我在塔什干的经历便证明了这一点。虽然经过四处奔走，总算成功申请到了签证，但却耽误了不少时间。是否会到了中国边境却被拒之门外？这不得而知。在我们逐渐驶近边境的时候，还没有看到其他人入境，这十分令人忧心。这本身就是一个很有说服力的征兆。我越来越担心之前的奔走都将成为徒劳，边境处部署了严密的安全措施：高大的围墙、厚实的护栏，边境双侧聚集了大量士兵，我即将开车经过的是两国军队之间的无人区。哈萨克斯坦人是否会放我们离开呢？

来到边境处，苏联刚刚解体的迹象依稀可见。边境两侧曾经有成百上千个摊位，如今只留下一片残迹。苏联解体后，这些商贩利用短暂开放的自由贸易和商业，来回于边境两侧，发家致富。如今，1999年春天，我和佩奇来到这里，那些摊位却已经消失，边境处早已重新加强了部署。苏联解体后，哈萨克斯坦的穆斯林迎来了强劲的宗教及文化复兴潮流。

哈萨克斯坦边防军放行后，我们停靠在了边境处，准备应付这次旅行中烦琐的手续。然而这次，我们竟很顺利地通过了。

欢迎来到中国，祝您愉快。

什么？

就这样，我们入境了。

或许并不完全是这样，但也差不多。他们确实把我们的所有行李放进扫描仪检查了一遍，但除此之外就没什么了。我随后发现，中国常常用这样的方式打破世界的先入之见。

中国拥有悠久的经商历史，中国人是世界一流的商人。1978年，邓小平开启改革开放大业，由此解放了中国人的创业精神。公元1000年左右，正是这种精神让中国人走在了世界商业、工业和科技的前沿。

公元960年，宋朝建立，重新倡导儒家学说，巩固了社会秩序，弘扬了道德风尚。宋朝创造了一个经济活动空前繁荣的时代，煤炭、钢铁及军工业在此期间都得到了发展。由于实行市场调节的商业模式，宋朝1078年的冶铁产量已经达到了700年后英格兰产量的两倍。中国人进行国际贸易的大型帆船可以容纳多达1 000人。宋朝都城开封府（今河南省开封市）是当时的世界第二大城市，城市内各行各业的商业活动迅速发展，夜不闭市。

有证据表明，中国船只曾航行至非洲东海岸和拉丁美洲西海岸，时间远远早于西班牙人或葡萄牙人。彼时，中国和伊斯兰国家远远领先于欧洲。经过15世纪初的一段政治动荡期后，明朝开始实施海禁政策，之后一步步走向闭关锁国。

中国的另一大优势是华侨阶层。大量海外华侨遍布世界各地——新加坡、曼谷、温哥华、雅加达、纽约，都事业有成。他们或许已经是第五代泰国人了，但骨子里仍然是中国人，很多人讲汉语。而中国也愿意向他们敞开大门，他们能带来资金和技术。技术的重要性不亚于资金，因为中国人能够迅速引进技术——能迅速地将这些技术转化为自己的优势，而且这方面的需求也在不断增长。

驾车穿越中国的一路上，我们一直能看到在田间耕作的农民。他们从早忙到晚，这么说丝毫不夸张。实际上，天黑了之后他们还在干活儿。我们看到修路工人在泛光灯下劳作，女性参加工作的人数几乎不亚于男性。我们没有见过谁在闲坐着聊天。你会看到一些上了年纪的老人安静地坐在那里喝茶，身边放着自己喜爱的鸟笼。但除此之外，便再也看不到任何无所事事、望着窗户发呆的人了。后来，到了上海后，我看到中国正在兴起的市场经济已经开始与国际接轨。但最能昭示中国未来的还要数敦煌这个小小的沙漠城市，我的朋友季先生就是这方面的个人写照。

1988年第一次骑摩托车穿越中国西部时，我遇到了季先生。季先生是农民出身，当时四十岁出头，刚开始做生意只是在敦煌摆了一个小摊卖早点，卖包子给农民。我遇见他的时候，这个小摊已经发展成一家附带小型旅馆的餐馆。两年后，在《旷野人生：吉姆·罗杰斯的全球投资探险》一书里记录的那次旅行中，我去那里吃饭，发现餐厅和旅馆的规模都扩大了。我记得当时，他神通广大，在沙漠中居然还能弄到鱼，这令我惊叹不已。这次来到中国，我和佩奇又来到了敦煌，我打听季先生的消息，想知道这10年的时间里，时代的变迁对他产生了什么样的影响。

有人告诉我，季先生还在，而且生意比以前还红火。他现在拥有一家工厂，开办了几家大酒店，而且名下的餐馆已经不止一家了。根据我打听到的消息，他确确实实很成功。

季先生的故事折射出新中国的灵魂。

在这片茫茫沙漠之中，季先生做着许多生意，其中包括地毯生意。他雇用技艺精湛的手艺人，仿制经典的波斯图案和中国图案，手工制作真丝地毯。他没有压低成本，也不必压低成本。劳动力和丝绸都很廉价，而季先生利用了世界对这种商品的巨大市场需求。中亚地毯曾经驰名世界，但敦煌周遭地区的地毯生产已经一蹶不振。伊朗或许曾经是世界第一大东方地毯出口国，但其生产设施却在1979年的革命中被摧毁殆尽，整个行业信誉扫地。地毯行业被指为西化产物、帝国主义的产物。一直以来，中亚国家都以布哈拉地毯等昂贵的东方风格地毯闻名，但20世纪90年代东欧剧变后，人们却不再为政府生产地毯了。不管怎么说，他们干这些活儿从来就没有报酬。而20多年的战争也摧毁了阿富汗的地毯工业。季先生发现并抓住了这个商机。他不是以低价竞争抢走别人饭碗的邪恶商人，是他的对手作茧自缚而已。

我见过季先生三次，分别是1988年、1990年和1999年。他的生意越做越大，每一次都在开创规模更大、前景更好的生意，经历过繁荣的时代，也经历过经济动荡时代，如今又即将度过千禧年。他每天加班加点，一天工作12个小时，一周工作7天，却乐在其中。他是一名商人，继承了1 000年前的先人在中国培养起来的精神。他也是一名企业家，在这个离北京约1 200英里的地方，抓住机会发家致富。

当然，我得买一些季先生的地毯。我选择了三张波斯图案的地毯，让他寄到美国。他将我和佩奇引见给他的家人和员工后，邀请我们在他的餐馆吃了晚餐。在那里，他带我们去了厨房，我们看着他亲手做面条。他想告诉我们，自己的手艺没有丢，没有忘掉老本行。

第一次驾车穿越中国时，我能活下来就算侥幸。彼时还是1988年，我完全是在穿越茫茫沙漠，根本没有路。如今，整个国家布满了交错纵横的高速公路。中国人借鉴了其他国家——德国、日本和美国的修路经验。中国人修建了许多昂贵的收费公路，不过在我看来，这些的确是世界一流的公路。

然而，中国西部仍然人烟寥寥。这是中国唯一一个百米不见人烟的地区。一路上城镇稀少，仅有的几座都是古代丝绸之路上的绿洲衍变而来的。几百年前，中国人研究出了如何灌溉这些城镇的方法，在沙漠的地下修建了隧道系统，从几百英里以北的山地引水。我们驾车穿过最干旱荒凉的沙漠，却不时惊讶地看到路边种植着番茄、南瓜和甜瓜。这些绿洲城镇的人民非常精通取水之道，引来了大量的水，甚至还用水冲洗街道除尘。

这片沙漠名叫塔克拉玛干沙漠，环境十分恶劣，其名字意为"有去无回之地"。沙漠中有一座略有名气的城市，这座城市位于丝绸之路上，名叫哈密。千百年来，这座城市一直以哈密瓜而闻名。哈密瓜香甜可口，闻名遐迩。在古代，采摘之后，这些哈密瓜会被冰镇起来，进贡给皇帝。即便是如今，要将一个瓜从哈密送到北京，对我来说仍然不可思议，而中国人几百年前就做到了。

我们在中国的第一晚是在伊宁市的伊犁邮电宾馆度过的。80年代，通货膨胀造成了繁荣的假象，中国各地兴建了许多宾馆，而这些宾馆往往是地位的象征，这家也是其中之一。通常，这些宾馆都是当地为了装点门面而建，这一家也不例外。它反映了某位邮政干部的荣誉功勋。然而，这家宾馆最令人吃惊的一点还是，我们走进大厅后迎面看到前台横挂着一条巨大的横幅：上帝之家。酒店经理想用这种方式表达"顾客就是上帝"的理念，但在这儿看到这种景象仍然很令人吃惊——中国再次令我们惊喜。在穿越整个国家的路上，我们发现，在这个国家，清真寺、佛教寺庙、孔庙随处可见。

来到中国约两周后，在离开沙漠的路上，开到西安郊外大约70公里处时，我们看到公路旁有一座宏伟的基督教教堂——没错，一座教堂。最初，我们并没有反应过来自己究竟看到了什么。我们继续往前开了几公里。但随后，我们就像是喜剧演员一样，几乎是不约而同地看着对方说："我们得回去。"

我们掉转车头，原路返回到沙漠中。并没有人刻意隐藏这座教堂。它就矗立在高速公路旁，并不是什么秘密建筑，上面还装饰着醒目的巨型十字架。在这座西安郊外的村庄里，我们竟然发现了一座教堂。我们走进教堂参观，里面坐着的都是参加这次集会的信徒。他们拿起赞美诗集，围在我们周围，用中文唱起了圣歌。

佩奇来自北卡罗来纳州，同样来自那里的杰西·赫尔姆斯经常痛斥中国迫害宗教信徒。

"我敢打赌杰西·赫尔姆斯从没来过这个国家，"佩奇说，"我回家后，要邀请他同我们一起开车游中国。"

为我们唱歌的村民都是基督徒，显然他们知道自己没有遭受任何迫害。

从哈萨克斯坦进入中国后，我们发现，确实存在数量庞大的穆斯林，但我们没看到有任何人因为信仰而迫害他们。

在平凉市，我们爬上了崆峒山，参观了一座道观。我们攀登通往山顶的千级台阶时，时不时地会有身背重物为道士运送物资的中国人超过我们。山上的所有物资只能经由人工运输，于是他们每天都要爬上爬下。我们追不上他们，却甩下了34岁的汉语翻译——袁先生。他在边境处加入了我们，会一直陪我们游完中国。

我们登上山顶，以为会看到一座有意思的寺庙，却走进了一座小庭院，惊讶地看到了6位道士。他们穿着道袍，双膝跪地，正在祈雨。袁先生终于追上我们，向我们解释了情况。他们跪在那里，念念有词，烧香，点燃黄色宣纸，抬头看到我们，很是惊讶。这可不是外国人会来的地方。道士们像我们一样目瞪口呆。他们在祈雨，却求来了白人。（我猜他们在嘀咕"咒语念错了"。）

周游中国期间，我们见到了不少宗教仪式，这只是其中之一。宗教活动没有受到任何限制和阻挠，也没有人遭受迫害。我们几乎走遍了中国的每个角落，所到之处都能见到宗教自由政策得到了广泛的实施，到处都有正常的宗教活动。在曲阜——孔子的家乡，我们参观了拥有 2 400 余年历史的孔庙。自公元前 5 世纪以来，中国一直奉行孔子创立的儒家学说。这个地方拥有难以计数的殿堂，大批孔子追随者慕名而来。

道士们初见我们，惊讶之余，仍然十分乐意邀请我们坐下来观看他们祈雨。实际上，我们一进道观，天空便飘起了小雨。所以不得不说，他们得到了上天的庇佑。

在平凉，晚上走在大街上，我们可以看到公园里有成百上千人在跳舞。在一位年轻女领舞的带领下，他们伴随着音箱里放出的西方舞曲，跳着华尔兹。音乐一停下，我和佩奇就被市民团团围住，他们兴奋地议论着我们圆圆的蓝眼睛。翻译袁先生向他们解释说，我们是美国人，正在环游世界。

"他们喜欢中国。"他告诉平凉的人们。

袁先生这点倒没说错。

袁先生来自北京。我们很快就发现，他在我们的带领下见识到了中国的别样风貌，这是他一辈子也不曾见到的。他不是一个很有勇气的人，总是说"这个不行""那个不行"——不是因为官方有禁令，而仅仅是因为他自己胆子小。当然，他说不行的那些事我们都做了，而且不止于此。在此期间，他开阔了眼界。要不是我们，他绝对不会有这样的机会。袁先生只是承担了翻译的角色而已，实际上，我们才是导游。

他执意反对的一件事，就是光顾茶馆。

茶馆有悠久的历史，但在当时茶馆被视为旧社会的残余，是纵容游手好闲行为的堕落场所。在上一次周游中国时，我没有因此便没去茶馆，这次也不会作罢。1990 年，在兰州市，我拜访了文化宫茶室。在那座草棚里，老年人抽烟，喝茶，打纸牌，玩骨牌，打麻将，消磨时光，对一个四人乐队奏出的曲子充耳不闻。在我的记忆中，文化宫与我小时候的南方台球厅和理发店很相似。这里充满了独特的亚洲风情，但仍然和世界各地形形色色的男子俱乐部大同小异。我想带佩奇去看一看。

"我们找茶馆坐坐吧。"我告诉袁先生。

"不行，我们不能去茶馆。"

"跟我来。"

我们进入兰州的街道。兰州是一座拥有 300 万人口的繁华城市，到处都是穿着五袋牛仔裤和跑鞋的年轻人，充满活力。自我上次离开后，这里又新建了许多现代化的高楼大厦，这些建筑高大无比。

当然，茶馆并不好找。就像美国的悬浮扑克表演一样，这种地方总是开在不显眼的地点。但我们并未因此气馁。我们发现文化宫已经停业，但我们下定决心，一定要找到另一家。我们最终找到了一家茶馆——离曾经的文化宫并不远，但袁先生却不敢进去。

"这对我来说可是头一次。"袁先生说。

"跟紧我们，我们带你长长见识。"我告诉他。

我们三人走进门后，一个戴着圆框大眼镜、一身古雅气质的人招待了我们，引我们入座。我们坐在塑料椅上，理所当然地点了茶水。茶是盛在瓷碗中端上来的，配了桂圆和冰糖。服务员是漂亮的妙龄女郎，这也是我在这里见到的唯一女性。似乎所有的顾客都是男的。

没表演的茶馆就不能称之为茶馆。刚一进茶馆，我便十分惊讶地看到台上正在唱戏——中国戏曲。戏曲情节极尽夸张、错综复杂、跌宕起伏，其中也有不少悲剧情节。很有意思的是，虽然形式不同，这些戏曲的内容却和西方的歌剧一样荒诞。演员都是男人，浓妆艳抹，身着盛装，其中许多人还男扮女装。他们时而悲啼，时而拿着姿势，用夸张的唱腔歌颂着注定不得美满的爱情。老板卖颜色鲜艳的大号丝巾和毛巾，价格合 25 美分一个。观众若是尽兴，可以将这些布块扔上台。全情投入的票友充满激情地演完了这出戏，这是我看过的最精彩的表演，所以我买下了所有的毛巾，全都扔上了台。可想而知，我大受欢迎，但总共才花了 5.25 美元。

当晚，我们走了几条街，从几家餐馆中挑了一家蛇肉馆。在这之前，我们路过了一家蘑菇餐馆。这家餐馆的食材中约有 40 种蘑菇，但我至多只认识一种。所有品种都陈列了出来，顾客可以混搭，也有搭配好的菜肴可以选择。然而，就我看来，除了茶，菜单上就只剩下蘑菇了，啤酒有没有还未可知。隔壁餐馆的菜肴以类似的方式陈列了出来，但一大不同点是这家的原料都是活物。餐馆里有几缸鱼、一个蛇笼、一个养满了甲鱼和田鸡的小水塘、一个鸭笼和一个鸡笼——我们选择了这家餐馆。

我挑了一条蛇。负责配料的年轻人一把将蛇抓出了笼子，用一把大剪刀将还在蠕动的蛇头剪掉了。他用刀刃沿着蛇身划开蛇肚，掏出了内脏，控干了蛇血，剥掉了蛇皮，然后便拿给厨房去烹饪了。（佩奇让他把蛇皮留下，想做一条漂亮的腰带。）

佩奇点了鸭肉，餐馆立马就做了，但她谢绝了服务员提出的观看鸭子当场被宰的邀请。鸭肉搭配了西兰花和米饭，而蛇肉则淋了浅色的酱汁，炸成了鲜嫩多汁的肉粉色。

"尝起来像鸡肉。"我说。

当然，大家都这么说。但和别人不同的是，现在我可以在纽约高档餐馆吃完昂贵的鸡肉后，这样褒奖厨师：

"嗯，尝起来像蛇肉。"

吃完这一餐后，蛇胆被端到了我面前。它浸泡在中国白酒中，就像被剥掉一半壳的牡蛎。

"据说这个可以明目。"他们对我说。

饭后喝一盅固然不错，但我并不怎么想吃这颗胆。蛇胆也好，我一时可以想到的其他动物的胆也好，我都不想吃。（蛇居然是有胆囊的，这我还是那时才知道。）但我生性好奇，环游世界也是为了亲身体验世界各地的风土人情。我决心不放过一切机会，尝试所有新鲜东西。而且我不想失礼，于是就着酒吃掉了蛇胆，不过是整个吞下的，并没有嚼，没觉得有何异常。我刚刚觉得松了一口气，另一位服务员便走了过来，端上了另一道传统饮品。

"这可以养颜。"

蛇血——之前控干为我留的。

"你看，"我一边端详着这种奇异的长生不老药，一边说，"我的皮肤很好。"

这次我心中对冒犯爬行动物的愧疚，后来在北京的时候减轻了很多。一天晚上，吃过甲鱼大餐后，我和同席的中国朋友——女医生赵怡雯和男外交官王群——一起喝了一小杯蛇血。

在中国，我们在各种各样的餐馆吃饭，没有哪顿吃得不好。而且总是吃得很丰盛。在穿越中国的一路上，我们受邀参加了几次中国宴会。在这次美食之行中，唯一令我不顺心的就是茅台。一般的中国宴会会先上几道菜，然后就是喝茅台，并且一喝就是不少。我并不习惯茅台的味道，但中国人却很喜欢。最后，我只能告诉主办方，我会参加你们的宴会，但不会喝茅台。所幸，在如今的中国，到处都能买到优质的本地产啤酒。

我们从兰州出发，向东前往西安。西安成千上万真人大小的兵马俑——士兵、战车、战马、整支军队——令佩奇惊叹不已。1974年，兵马俑由考古学家挖掘出土，随后秦始皇兵马俑博物馆成为中国的一大旅游景点。当然，我也再次被震撼了。我看到的游客数量远远超过了上一次来到这里的时候。上一次来西安，我已经看到了繁荣的迹象。而这一次，经过有意宣传，兵马俑被越来越多的人熟知。到处都是摊贩。旅游业的兴旺及政府对旅游业的扶持，是中国市场经济兴起的又一个例证。西安的考古工作尚未完成，但已经有无数人无数次地书写过这座城市了，包括我。语言难以尽意，照片也不足以展现其魅力：世界上有些地方是永远无法用照片来记录的。这些地方的壮丽风光，必须亲身到那里才能领略，有些地方甚至要亲眼所见才能相信，如大峡谷、泰姬陵、撒马尔罕的雷吉斯坦广场等。西安的地下兵马俑坑便是其中之一。亲自去西安看一看吧。

我已经说过，中国人起早贪黑地工作。他们不仅工作卖力，还会将收入的30%存起来用于投资。目前，美国人只会将收入的1%存起来。正是因为中国人勤恳工作，把大量的收入存下来，中国经济的增速才会高于美国。

（在中国，存款是不收税的。而在美国，政府却要征收两三倍的存款利息税，打击了存款积极性。出人意料的是，就在我写这本书期间，小布什总统提议改革美国税制，征收消费税，而不是所得税。19世纪，美国的税收重点是关税，而到了20世纪，税收重点变成所得税。而这一次的税收改革如能实现，其重要性将堪比19世纪到20世纪的这次改革。这种政策非常关键，对美国未来的健康发展至关重要。所以我希望这次改革能够付诸实施。)

在郑州,我看到中国人的勤劳精神以极其简单朴实的方式展现了出来。殷勤周到的服务员王梅,在郑州的一家餐馆打工,所作所为完全体现了中国工人特有的工作态度。王梅一看到餐馆里的顾客招手,就会跑到餐桌旁服务。她像短跑运动员一样,跑过餐厅,问你有什么需要。对我来说,她是一种象征,抑或是一种乐旨,构成了在上海的"交响乐"的序曲。

我们眼前的上海仿佛奥兹国[①]一般。在我看来,这座城市一定会成为21世纪的翡翠城——这在我们有生之年就会实现。郑州是我们前往上海之路上的第一站,而南京是到达上海前的最后一站。在南京,我望向酒店的窗外,目之所及尽是吊车的身影。正是在南京,我听说当今世界有一半的吊车都在中国。看起来,行程的安排使得我能够一步一步为即将看到的景象做好心理准备和铺垫。

我们终于来到了上海,这座城市曾令我一见钟情。我再次爱上了上海,而上海也再次改变了。这是我第四次来上海,每一次上海都会让人耳目一新。这样的变化是好是坏?这座城市非常现代化,高楼林立,时尚而摩登。大城市总是令我钟情。我并不想回到亚拉巴马州的迪莫波利斯市。上大学之前,我的迪莫波利斯电话号码一直只有一位数。对我来说,上海是世界上一座伟大而激动人心的城市,我会很乐意在上海生活。这就好比在1903年搬到纽约一样,那是纽约真正的繁荣时代。

1949年解放战争胜利、中华人民共和国成立之前,上海股票市场曾是亚洲最大的股票市场,在世界上规模也仅次于纽约和伦

---

① 奥兹国,《绿野仙踪》中的魔法国度。后文的翡翠城也出自该童话,是一个乌托邦般的城市。——译者注

敦证券交易所。上海曾是商业中心,是远东地区一切事务的轴心。1988年,我拜访了上海证券交易所。那时,我步行走过一条土路,进入一个有些破旧的店面,办公面积不到1 000平方英尺[①]。柜台只有一个工作人员值班,你只需走到他跟前付钱,就可以买股票。这完全是场外交易[②]的流程。工作人员用算盘结账。1988年,只有几只股票可以公开交易。我购买了一家银行的股票,为的是其历史价值,而非其本身的价值。(这份证书镶了框,如今仍然挂在我纽约家中的墙壁上。)当时,电视台的人记录下了我的话,后来又在美国公共广播公司的节目上播出。我预言中国会发生伟大的变化:

"这里正在创造历史,"我一边买股票,一边说,"美国股票市场200年前就是这样发展起来的。有朝一日,我会在中国进行大量投资,所以了解现在的情况十分重要。中华人民共和国成立前,中国拥有东方最大的股票市场,如果我没看走眼,中国总有一天会再次做到这点。"

十多年过去了,如今的上海证券交易所位于一栋崭新的办公楼,一栋巨大、扁平的正方形建筑,内部是宽敞、现代化的交易大厅,约有300人在电脑终端前工作。这座交易所实现了完全电子化,正在逐步发展,严格来说,它已经令纽约证券交易所相形见绌。在纽约证券交易所,由于守旧派势力的阻挠,交易员仍然需要亲自跑腿交换文件。

自然,我在这里开了账户。

此前,为了满足越来越多外国人的投资需求,中国发行了一种名为B股的股种。市场上的A股仅限中国人购买。1999年,我和

---

① 1平方英尺≈0.09平方米。——编者注
② 场外交易,指非上市或上市的证券,不在交易所内进行交易而在场外市场进行交易的活动。——译者注

佩奇来中国的时候，所有的外国人由于没能像预期一样一夜暴富，纷纷开始脱手，成为又一场泡沫破灭事件的受害者。B股市场已经触底。

所有人都绝望地放弃了，连提都不想提，这时候你就应该知道这个市场已经触底。我到中国的时候，B股就是这样的情况。这是纯粹的机缘巧合——事情恰巧在我到上海的时候发展到了那个地步，关注股市几十年的我恰巧注意到了这个情况。人们对于B股充满了绝望与憎恨，简直恨之入骨。他们以每股20美分的价格抛售，我则大量买进。我买进了多家公司的大量股票，首先是因为这些股票便宜，其次是因为我相信中国是未来的潮流。我并不了解任意一只股票的发展趋势，但是看好所有这些股票的走势。

即便A股开放，我也不会买进。人们对A股的厌恶程度还不够。抛售股票的都是外国人，他们叫喊着："快把这些B股卖掉！"事实上，不到一年后，中国修改了法律，B股对境内投资者开放，B股立即暴涨，整个中国股市都开始暴涨。由于各种原因，我做了一笔不错的投资，但这无关紧要（不过专买一蹶不振的股票，这种方法确实屡试不爽，只是回报不会总是来得这么快）。我无意卖出这些股票，也不知道手中的股票现在值多少。它们是非卖品。我仍然持有这些股票，并且希望永远保留下去。我希望它们能成为我的遗产。当然，中国在未来的道路上会经历一些挫折，就像英国和美国在崛起道路上经历过的一样。但除非我是白痴，才会卖掉这些股票。这就好比是在1903年买进纽约的股票，而在1907年就卖掉。

目前，买入看跌期权是一种很复杂的赚钱方式，需趁某个市场崩溃之机获利。

中国人了解货币、金融、资本主义，中国人也精通经济学知识，与之形成鲜明对比的是，小布什这种人显然一无所知。从他最近的讲话可以看出，他不知道下调币值与货币贬值之间的区别，这太丢人了，亏他还是上过商学院的人。忘记他是美国总统而非中国的领导人吧。

不要误会我的意思，并非只有小布什如此。近几届的美国总统没有一位是了解基本经济学原理的。比尔·克林顿甚至不知道几十年来最大的股市泡沫发生在他的任期，甚至也不知道泡沫在他的任期破灭了。我在他们分别代表的民主党和共和党身上都能挑出污点。

1999年春，我来到北京，彼时即将迎来新中国成立50周年庆典。正是在1949年10月1日，毛泽东宣布中华人民共和国成立。为了准备庆典，天安门广场暂停开放——官方消息称，这是为了翻修，为庆典做准备。其他著名景点，如长城和故宫都正常开放。在佩奇的提议下，同时也令我十分懊悔的是，我们去了北京的硬石餐厅。她不顾我的反对，在那里买了一件T恤。

彼时，美国正在轰炸塞尔维亚，我们刚刚惊险地逃脱了这场战争。而在我们逗留北京期间，美国轰炸了中国驻南联盟大使馆。北京立即爆发了反美游行。看媒体报道，你会以为全中国都燃烧在怒火中。事实上，游行虽然规模壮大、群情激昂，但主要限于美国大使馆周边地区。我们原计划要开一场新闻发布会，约有70名中国记者会到场就这次旅行采访我们。但由于担心美国人的公开露面可能会引起骚乱，这次发布会被取消了。

佩奇指出，中国人既然这么担心我们的安全，甚至不惜把我们送走，那一定是有道理的。

"情况很严峻，吉姆，"她说，"许多中国人对美国很愤怒，而且也完全有理由这样做。"

虽然我们的美国人身份没有引起任何麻烦，但在这种情势下继续留在北京仍然会引起不安。

当然,"这次轰炸只是意外"的说法一听就很可笑,我在当时撰写的一篇文章里提到过这点。在我看来很可怕的是,美国媒体从不质疑政府的说辞。直到 6 个月后,以英国为首的西方媒体才开始披露真相:美国轰炸中国大使馆是有意为之。当然,不论是谁,都很难撕破脸皮承认真相。

在北京的一天晚上,我们同袁先生、他的妻子和他们 5 岁大的儿子宛山共进晚餐。这个孩子几乎没吃一口,他的父母对此毫不意外。儿子要了 3 份甜点,袁先生也没有感到意外。我和佩奇都以为这是在开玩笑,但袁先生和他的妻子却纵容了儿子的需求。

"天哪,袁先生,"佩奇说,"我父母肯定会让我吃完一块甜点,再点另一块。"

我提到这件事,不是因为我觉得溺爱儿童本身有太多值得一提的地方,而是为了探讨一下中国儿童群体的现状。我注意到,许多孩子都被宠坏了。

这就是计划生育政策的一个影响。计划生育政策于 1971 年开始实施。研究表明,独生子和第一胎通常比其他儿童更加聪明、更加勤奋,也更加成功。当然,他们通常都会被溺爱。在中国,你会发现整个国家多是独生子。所有人的孩子都是独一无二的,都更加聪明、勤奋、成功——起码父母是这么认为的。(重男轻女的现象,在去韩国后更值得深究。)为了培养这些"独一无二"的孩子,满足其父母为他们提供最好教育的需求,整个中国出现了难以计数的私立学校。这些学校的出现略微有些变革的意味。在这里,具有创业精神的年轻教师正在开创史无前例的事业。

中国是个有史以来一直与邻为善的国家,多次来中国旅行后,我发现未来的中国更加不可能施行外侵政策。

如果说19世纪属于英国，20世纪属于美国，那么21世纪将成为中国世纪。但在这成为现实之前，中国还要迈出极其重要而伟大的一步，即允许货币在世界市场上自由兑换和自由交易。如果没有一套人民放心、可以自由使用的透明货币、一套公开的交易体系，这个国家永远无法崛起为世界头号强国。

当时，人民币的汇率是固定的，这是当时仅有的几个币值无法自由浮动的货币之一。人民币与美元挂钩。美元的汇率会上下浮动，但人民币与美元每一天的汇率都固定不变。固定汇率在过去行不通，将来也行不通。没有哪个固定汇率的货币可以保持币值。

中国货币并不是完全可以交易的，没有实现自由兑换，这是50—70年代社会主义国家的通行做法。实现自由兑换的那一天越来越近了。美元、欧元和日元是目前唯一有资格用作世界货币的三种货币，如果说有任何可以服众的货币能够替代这三种货币，那一定是人民币。为什么？中国人口众多，经济规模庞大，且一直在增长。中国如今是世界上最大的商品进口国之一，2003年在这方面的规模攀升数位。所有人都愿意找中国客户。中国的出口规模比进口规模还要大，而且还拥有大量的外汇储备——外汇储备额仅次于日本。美国则相反，是个负债国。我们没有外汇储备净额，只有巨额债务。当时，中国是世界第二大债权国，而第一大债权国日本却存在严重的问题。日本背负着巨额的内部债务，人口日益老龄化。日本当时有25%的国内生产总值都用于政府开支，比1991年的20%有所上涨。世界或许欠着日本人的债，但日本人也欠着自己人的债。日本政府欠了日本公民巨额债务。中国不存在这样的问题，中国既没有巨额的国内债务，也没有国际债务（是净债权国），而且还拥有世界上第二多的外汇储备。

中国央行官员明白实现货币自由浮动，让国际市场决定人民币的币值势在必行。过去,他们不敢这样做,因为害怕国内民众会纷纷将资金转移到国外,大量国外投资者跟风效仿,会导致人民币崩溃。20年前,他们这样想没错。但如今的中国不同了,这不是1984年,也不是1994年。任由货币自由浮动吧,让那些想抛售人民币的人尽管抛售。反正我会选择买进。而且这样做的投资家绝对不止我一个。所有那些投资祖国的海外华侨也不会停止投资。实际上,会有更多的资金流入中国。资本总是更有可能流向没有货币操纵措施钳制的地方。

我在中国的时候,中国还没有加入世界贸易组织。现在,中国的申请已经通过,实现货币可自由兑换成了中国的义务。世界贸易组织的前身——关税及贸易总协定(GATT),于1948年正式生效,最初成立的原因是人们意识到刚刚结束的战争很大程度上是20世纪30年代世界经济崩溃造成的后果。而引发大萧条的是世界各国实行的关税、配额和贸易限制。每个国家都想拖垮邻国,于是开始封锁经济,最后却在相互僵持下,自己纷纷垮掉了。如今,战争的幸存者也已离世,大萧条也已经过去,那些反对全球化和世界贸易组织的人忘记了先人付出惨痛代价才得来的历史教训。

中国当时实行的——同时也是全球化抗议者所支持的——汇率掌控和贸易限制政策很大程度上就属于这种国际行为。

当然,中国并不是唯一一个想要鱼与熊掌兼得的国家。

例如,美国最近对加拿大种植的番茄开始征收关税。看地图你就会发现,加拿大虽然没有全境被冰雪覆盖,但也仍然不是发展农业的首选之地。但不知是何原因,种植番茄的美国农民就是无法像加拿大农民一样生产出成本低廉的番茄。实际上,美国政府因此宣布:"我们知道两国有自由贸易,资本可以自由流通,我们也想购买最低价的商品,但我们必须保护种植番茄的佛罗里达农民,让他们免受来自加拿大农民的竞争。虽然后者生活在寒带,而我们生活在亚热带,但他们生产的番茄就是比我们的便宜。我们会想出对策。不过不要担心,这只是临时的。"

这种限制政策总会被标榜为"临时措施"。

但如今,由于加拿大番茄要负担关税,只能涨价,我若是美国农民,就没有必要勤劳工作了——我可以去海滩游玩,可以每天3点便收工——而且还知道所有的番茄都卖得出去,因为没有竞争。如果我偷一点懒,收入下降,涨价就行了。纵观历史,放眼世界,这种例子数不胜数。

50年来,美国的钢铁行业就是这么过来的。每隔几年,该行业便会游说政府保护美国,抵挡国外竞争。"我们需要重组。"但政客并没有进行行业重组,没有提高效率,也没有研究国外商家的先进经验,只是在不断地提高保护门槛。小布什自称伟大自由贸易的支持者,却再次让我们经历这样的轮回。美国有超过2.75亿人口,为了论述方便,假定钢铁行业从业者及其家属有50万。为了给他们增加几美元的收入,我们这2.75亿人就得承担更高的钢铁价格。现在,我们多数人之所以没有上街疾呼,是因为我们并没有注意到有什么不对头。等我们注意到了,就得是一两年之后了,那时汽车价格会开始上涨。但政府会告诉我们,这是临时的,而贸易保护主义总是有好听的借口。我们保护这个国家的大米,保护马海毛,为的都是"国防"。

所有的美国公民承担着更高的米价,为的是救济一小撮稻农。如果我们给每一位稻农发固定工资、一艘游艇和一栋海边别墅,作为条件,让他们停止种植水稻,我们的生活会更好。

畸形的贸易保护政策总是会产生连锁效应。由于稻农的高额收入有了保障,他们会购买更多土地,从而抬升了耕地价格。然后,他们会以这些高价土地为由，再次要求得到保护。这些土地可能更适合种植谷物或棉花，但享受更高补贴额的稻农抬高了地价，进而抬高了种植这些作物的成本。

这种畸形效应不断地波及整个社会。大学生会选择学习农业，而非护理和语言，因为前者有钱可挣。

这种荒唐的局面会改变吗？令我既又惊又喜的是，小布什总统在 2002 年提议在 2015 年之前废除所有制造业关税。这是历届美国总统提出过的最激动人心的提案之一。美国需要自由贸易和资产的自由流动，否则我们将永远无法偿还债务。目前，美国的关税有 10 200 个类别，关税高达 48%。不幸的是，孟加拉国等贫穷国家成了这些关税首当其冲的受害者。全世界的关税总额约为每年 3 000 亿美元，而且近年来又开始上涨。如果总统的提案能够实施，我们的生活会更加富裕，但我不认为这能成真——美国连小扁豆和鹰嘴豆都要保护，预计未来几年人们喝的汤还是会很贵。

纵观历史，这种局面不断重演。20 世纪 30 年代，由于流动资金和贸易的枯竭，世界经济崩溃了。资金无法流动，无法买卖商品，最终催生了如今世界贸易组织的前身，该组织将发展贸易奉为宗旨，开始推行贸易扩张。近 50 年来，国际贸易大幅扩张——平均国家关税水平从 1945 年的 55% 降到了如今的不到 5%。这都要归功于这个曾经把中国拒之门外却终又接纳其为成员的组织。加入世贸的一个要求，自由贸易、开放社会的一个必要条件，就是资金可以自由出入。

由于人民币与美元挂钩，由于人民币无法自由兑换，这种货币自然会存在黑市买卖。实际上，凡是被官方管制的商品，都存在黑市买卖，这是举世皆准的道理。无论是小麦、黄金、货币、酒精还是大麻，总有人能想出方法钻空子，投机倒把。想知道一个国家是否存在问题以及问题的严重性,或者说为这个国家"把脉",去参观一下当地的黑市会很有启发性。不论到哪里旅行,这都是我很喜欢做的事情之一。这也是我来到中国后一开始就在做的一件事。

在中国西部城市乌鲁木齐——我们离开哈萨克斯坦后的第二站,我去调查那里是否有黑市。在我看来,中国正在经历积极的转型,而黑市能告诉我中国的转型进行到何种程度了。寻找黑市的一个方法就是去银行,因为黑市贩子常常在银行附近转悠。钱在哪里,他们便在哪里。在土库曼斯坦的时候,我在阿什哈巴德那家五星级酒店外的黑市换了钱。很多行李生和服务员都熟悉黑市,他们自己也常常会换钱,但汇率并不是很有竞争力。有几次,我是在警察的带领下找到黑市的,但只有那些还没到垮台那一步的国家才会出现这种情况。在有的国家,是银行职员带我找到黑市的。自然,在乌鲁木齐的中国银行门外,有大约15个人,年纪轻轻,在那里坐等换钱的买卖。

他们的价格并不高,和他们谈买卖简直是浪费时间。和几个人讨价还价了一番却毫无结果后,我放话说要去银行换钱。一如既往,一名负责的头儿当天恰巧在场,一个年轻人指了指他,所以我又去见他。他拒绝加价后,我走向了银行。这是我迟早会做的事。我总会在银行里换一部分钱。有时黑市会换到假币,而从银行换到的钱是合法货币,我需要用后者来做对比。

我走进了银行,那位倒钱贩子也跟了进来。他就站在柜台窗口前,公然劝我不要跟银行兑换,而应跟他兑换。我想,无论中国正在经历什么样的转型,情况都不会太糟糕。我刚刚在街头的经历使我了解到,黑市并没有在以极高的价格兑换外币,其价格只是稍高一点,政府似乎根本不担心——这件事或许是有参考意义的。人民币的态势很强健,将人民币换出国相当方便,于是黑市价格只是稍高一点而已。否则的话，黑市价格会高得离谱，黑市贩子也会谨慎得多。

中国的变化是有益的吗？有时，我还会惋惜一去不复返的旧上海。我记得我曾在一天清晨，去公园里，混迹在人群中，看着船只划过水面来到岸边。来自乡下的农民下船，来到码头上，背上扛着大量鸡蛋。这种情景不会再发生了。我每一次都会回到那个公园，那座码头，但再也没有载着农产品的船只驶来了，这一切结束了。这不再是曾经的上海了，也不是曾经的中国了。我在上海抓拍了一张一位年轻女子骑着小型摩托打电话的照片。她的穿着打扮和纽约、巴黎或米兰的任何女子一样入时。我想起了任山，一位生活在西部城市乌鲁木齐的17岁男孩。他毕生的唯一梦想就是到NBA（美国职业篮球联赛）打球。他卧室的墙壁上贴满了美国篮球明星的照片，而我对他们却一无所知。比起20年前，这是好是坏？谁知道呢？不论是好是坏，这就是如今的中国。

亚洲新危机——女孩短缺

我对韩国的第一印象是,这是一个极其现代和富裕的国家。以多数标准衡量,韩国都是世界上最富裕的20个国家之一——其国内生产总值是印度的8倍,是朝鲜的15倍。而且韩国本身也拥有非同寻常的成功故事。毕竟,直到1965年,韩国还比朝鲜贫穷。

韩国的成功及高速发展有很大一部分要归功于美国国防部。除了出色的公路系统,美国国防部还在这个国家——一个仅稍大于印第安纳州或匈牙利的国家——修建了37座军事基地。美国军方虽然向韩国投入了数十亿美元,但在近50年来的多数时期,资助的都是该国严苛的专制体制。这正是导致该国经济和社会封闭的原因。而韩国实行的尤为严苛的贸易保护主义获得了巨大回报,但愿这不是长久之计。

韩国人的贸易保护政策就是不断地拒绝你。虽然准备好了一切,但我们还是花了两天时间与官方交涉,才得以进入韩国。虽然我们最终得到了政府的批准,成为历史上首次携车从中国进入韩国的人,但这中间还是费尽了周折,缴纳了高额的费用。在韩国,你几乎一眼就能注意到这里没有索尼电视、雪佛兰汽车,甚至没有丰田车——所有商品都是国产的。这个国家不引进日本电影或日本音乐。在上海，我曾遇到一位在韩国生活和工作过的国际商人。他告诉我他更喜欢在中国做生意，因为他在那里可以得到他想要的一切。韩国却不同。如果他的工厂需要什么零件，他只能找人来专门定制。当然，他在韩国可以生活得像一个国王，但一个国王想要的东西，他却很多都得不到。

韩国的繁荣是虚假繁荣，是需要付出代价的。不论你在报纸上读到什么，千万不要将韩国当作生活和经商的好地方，也不要将韩国当作投资的好地方。只有在强大后台的支撑下，有美国军方资金源源不断地流入韩国经济，这种体制才能成功。即便如此，也无法做到万无一失。韩国在世界市场上的表现完美地证明了，一个国家采纳刚才所说的贸易限制政策会带来巨大危害。这些限制政策与美国番茄农民所享受的政策大同小异。

韩国企业由于享受保护政策，自然会日益扩张，盲目自大的情绪会悄然萌生。他们以为自己比世界上其他人更睿智。"我们可以和日本人抗衡。"他们告诉自己。其实，他们之所以可以和日本人抗衡，唯一的原因是日本人无法将产品出口给韩国。韩国企业能够继续向美国出口电视，向欧洲出口汽车，但在国内，他们却自鸣得意，大举外债，因为他们自以为不会失败。怎么会失败呢？如果换作是你，经历过20年的顺风顺水，你也会开始相信自己像西方银行一样出色，《纽约时报》也是这么说的。这些企业实际上忘记了自己有经济壁垒的保护。

因此，这些企业不断地扩张规模，不断增加借贷的数额，却越来越懒惰，越来越缺乏竞争力，背负着越来越重的债务。1997年，亚洲金融危机爆发，一切开始崩溃。泰国、马来西亚、韩国……所有这些国家都在借短期贷款。它们都违反了金融界最简单、历史最悠久的一句格言：不要借短期贷款，不要做长期承诺。危机爆发后，这些国家的企业无法偿还贷款，制鞋技术再优良也无济于事。你有多聪明并不重要——过度扩张就是过度扩张。

公司开始出现内部腐败后，许多亚洲企业虽然在国内取得了成功，在世界市场上却缺乏竞争力。而且某些国家的货币同美元挂钩，这十分不利于这些国家的企业。实行同美元挂钩政策的时候，美元的市价极其低廉。由于各种原因，美元的涨势越来越强劲，这就意味着泰铢等货币也越来越昂贵。因此，一方面亚洲企业的内部出现了腐败——越来越缺乏效率和竞争力，另一方面其本国货币也开始不断升值。由于这两大原因，其商品在海外市场上越来越昂贵。

我再次重申：货币挂钩政策永远无法取得长久的成功，不论与其挂钩的是哪种货币。

于是这些国家全部遭受重创。一切开始崩溃，许多企业破产了。泰国遭遇麻烦后，马来西亚也受到牵连。为什么？因为西方人以为泰国人和马来西亚人是一回事——西方人以为他们差不多都在同一个地区，都生着黄色面孔。韩国人会说："不对，我们离泰国有三四千公里远，是不同的民族，讲不同的语言，信仰不同的宗教，奉行不同的风俗，有着不同的经济模式。"日内瓦的人并不了解这些，也不关心。《时代》杂志声称这10年将属于亚洲，大叔大婶级的人物会迫不及待地投资东南亚共同基金。而只有在出现差错时，他们才会问："亚洲究竟在哪儿？"

我们需要明白的一个道理是，所有的泡沫都是一样的。

假设我的母亲投资IBM（国际商业机器公司）或富达共同基金赔了钱，你是否认为她会仅仅因为某些"专家建议"，就说"那我就卖掉IBM的基金，投资马来西亚吧"这种话？她投资IBM或富达赔了钱会非常生气，但IBM的门店大街小巷随处可见，富达每天都会出现在报端——你认为她会卖掉IBM的基金，环顾世界，然后说"我听说科特迪瓦是个投资的好地方"吗?这听起来或许很疯狂,但每当有某个市场开始呈现繁荣迹象,"专家"又开了金口时,这种事就会发生。

1997年便发生了这样的事情。

实际上,韩国的状况稍好于一些邻国——由于贸易壁垒,韩国并未深陷债务泥潭。它不像某些国家,它没有遭遇收支平衡的危机。而与之相反,在曼谷,似乎所有23岁的都市男女都在买劳力士或保时捷。你若是觉得互联网泡沫时期的硅谷牛仔太过火了,就该看看泰国。大量的资金流入这个国家,而在这个国家,民众挥金如土。

大举外债本身并没有错——不论是国家、家庭还是个人,只要你能将钱投入生产性资产,为未来做建设就可以。19世纪,美国向全世界——主要是欧洲——借了巨额债务(美国曾是一个负债累累的国家)。美国将这笔钱用于生产性基础设施的建设,如铁路和工厂。至1914年,我们得到了回报。美国有史以来第一次成了债权国。当时的美国是世界上最大的债权国和最强大的国家。我们大举外债,但合理投资。然而,如果一个国家大举外债,却用钱去购买劳力士、保时捷和豪宅,或捐献给慈善组织、福利组织,抑或过多地用于军费开支,那么这个国家是不会取得长久繁荣的。(战争,无论是胜是败,都会葬送国家的大量财富。)在1997年金融危机之前,香港一个车位的售价是150万港币——超过了大伦敦[①]一整套房子的售价。这种借债方式总有一天会适得其反。

韩国越来越富裕,人们有钱出国旅行。在卫星电视上看到的那些东西——迷人的日本花海、中国发生的翻天巨变、美国灯红酒绿的生活,他们都有钱去亲身体验。年轻人会去纽约皇后区探亲,你

[①] 大伦敦,包括伦敦市区及周围的卫星城镇。——译者注

会看到他们开着丰田车、雪佛兰开拓者,听着在首尔听不到的音乐。(韩国人口的年轻化程度在世界上排名第四,22%的人口年龄处于15岁以下。以这一标准衡量,这一榜单上排名前三的国家分别是墨西哥、冰岛和新西兰。)越来越多的人去西方旅游,越来越多的人闷闷不乐地回到祖国。他们会推动韩国开放大门,结束官僚资本主义,结束由独裁者、银行和少数几个大资本家掌控的经济,这些人沆瀣一气。

因此,情况已经开始改变。目前,该国已经有一些领导人试图在国内实现对外开放的承诺。但这仍是一个享受保护的经济体。正因为如此,我不想在韩国投资。如果这些企业总有一天要面对激烈的竞争,那将是一次艰难的考验。我认为它们无法挨过这次考验。

当然,要在这种局势下挣钱,做短期投资,快速地买入卖出,我的能力并不输给任何人,但这从来都不是我的风格。我认为交易和投资不同。交易员都是注重短期收益的人,其中不乏在这方面能力出类拔萃者。我在这方面则一窍不通——大概是世界上最糟糕的交易员。我自视为投资者。我喜欢购买并长期持有某些股票。我在投资方面取得的成功,通常都要归功于收购价格低廉的股票,或者说是我自认为价格低廉的股票。即便判断失误,由于进价很低,也不大可能赔掉很多钱。但仅仅是价格低廉还不够——股票可能一直便宜下去。你必须能在这些市场看到积极变化的迹象,而且要先于其他人两三年看到这些迹象。

投资与交易之间的差别就是沃尔玛创始人山姆·沃尔顿和美国共同基金之父罗伊·纽伯格之间的差别。前者很少出售自己的沃尔玛股份,而后者则每隔几分钟便会卖掉手中的股份。罗伊·纽伯格是一位传奇交易员,我年轻的时候曾在他手下工作过。他会在股市开盘前5分钟开始上班,阅读《纽约时报》,然后突然对我或办公室里的其他员工说:"交易所会有 10 万股 IBM 出售,以 89.625 美元收购。"

我们会坐起身来面面相觑。我们会想,他怎么知道?他不过是坐在那里,看着《纽约时报》,但他就是具备这种第六感。股票价格收报机在房间的另一端运转着,不知怎的,他似乎从跑马灯①上的变化就能洞悉一切。

于是我们会到交易所核实。真的会有 12.5 万股出售。他只要坐在那儿,无论手上在做什么,总会从待售的股额中收购几千股,进价总是接近最低价。我们从来没见他看过一眼跑马灯。他有种直觉,有某种超能力。50 年后,他几乎蒙着眼也可以做到。

我对此一窍不通。如果说我确实有什么本领,那就是关注令所有人失望的某个行业或某个国家,尽管所有人都告诉我,我这样做是疯了,但我还是能鼓起勇气,动用智慧,凭着一股子傻劲儿收购股份。如果人们一听到你说要买进某只股票,便极力反对,那这很可能就是正确的选择。激烈的反对是很有用的征兆。所有人都赔了不少钱,于是卖掉了这些讨厌的股票,结果其价格变得十分低廉。传统思维对于我们的唯一用处,就是要反其道而行之。如果我和 100 位投资家同处一室,而他们多数人出门的时候说,"天哪,这是目前最棒的股票",我一般会选择卖空。信息与判断之间总是有差距的,而我想我能听出其他人充耳不闻的信息。而且,既然多数投资者已经拥有了这种股票,那有谁会去买呢?

所有人都喜欢随波逐流。如果你走出那个房间后说皇帝没穿衣服,所有人都会用鄙夷和怜悯的目光看着你:

"你听到那个人的话了吗?他说皇帝没穿衣服?他疯了。我们

---

① 证券业常用"跑马灯"来显示不断变化的股票行情。——译者注

都知道皇帝穿着衣服。"

"没错，别担心，我也买那只股票了。"

他们相互佐证各自的观点。他们打电话给皇帝，皇帝告诉他们："当然，我穿着衣服。"

他们打电话给安然公司，得知："这里一切正常。"

他们相互打电话："一切正常。我打电话给安然公司的一个员工，他告诉我一切正常。"

然后又会有三个人在电视上宣布，皇帝的一切都好得不得了。

虽然股价低廉，但我仍然没有投资韩国，因为并非一切正常。直到 2002 年，《纽约时报》的国外版编辑还在大肆宣传韩国充沛的外汇储备，但实际上韩国的多数外汇储备都是借来的。与典型的交易员不同，我不喜欢在交易现场赌博，不论赌涨赌跌，都不想每天在华尔街紧盯着股票价格收报机。已经 99 岁高龄的罗伊·纽伯格仍然每天在华尔街做着交易。这是他的兴趣所在，这已经融入了他的灵魂。我选择了不同的道路。不夸张地说，我选择了亲自踏上道路。

韩国东部和北部为山地，西部为广阔的平原。大部分人口集中于首都圈。韩国总人口为 4 600 万，其中的 1/4 都居住在非军事区以南 30 英里的首尔。这个国家目前较为紧要的人口问题并非人口过剩，而是人口结构。我们在 5 月到达韩国，恰好赶上了学校放假，正值野餐和家庭旅行的季节。我们在旅行中见到不少孩子，所到之处均能见到他们成群出现。

但女孩比较少。

纵观历史，大自然在生育比例方面一直偏向于男婴，比例大概为 51∶49。当然，实际的人口比例却向相反的方向倾斜——世界上的女性人口多于男性人口。这很可能也正是自然选择倾向于男婴的原因。出现这种差额，是由于男性的死亡年龄更早，男性参战、相互残杀以及酒后驾驶摩托车撞墙的比例更高。但就总体的出生比例来说，差距只有2%而已。在韩国，我注意到女孩的数量相对较少，经过打听得知在当时的韩国，12岁儿童的男女比例为6∶5，即20%的差距，这属于严重失衡了。实际上，这一数字是正常数值的几倍多。

直到不久前，人类的生育观念还是子女越多越好。在过去，这样做能为家庭提供劳动力，符合农业社会的需求，能让父母老有所依，也是平衡当时高死亡率的必要做法。如今，在全世界，人类有史以来第一次，出于文化和经济因素的考虑，有意地减少子女数量。养儿育女要耗费大量金钱，而照顾孩子所需要的时间与精力也严重威胁到了现代夫妇的自由。许多国家，出于各种原因，如全社会有计划地摆脱人口危机，选择了主动降低生育率。在中国，这在不久之前还是官方政策。

（中国当时的计划生育政策实际上就是独生子女政策。在某些情况下，比如夫妻双方是农村户口，而第一胎是女孩，那么还可以生第二胎。但无论在何种情况下，第三胎都是禁止的。）

在韩国，夫妻生育子女的数量减少，是出于个人原因，而非社会原因——他们是自愿这样做的，而非为政府所迫。但其结果与中国的情况无异，中国目前的新生儿男女比例为117∶100。实际上，男女比例失衡是亚洲许多国家或地区的普遍问题，比如日本和中国台湾。在亚洲的一些国家，妇女是二等公民，仅仅是丈夫、父母或婆家的仆佣。而且你不必处死或送走女婴（过去在某些国家曾发生过这种情况），就可以让人口比例偏向男性。

如果第一胎是男孩，那就不再生了。即便那些已经生了一个男孩的人再生第二胎，也有一半的概率是男孩。这本身就改变了人口比例。如果第一胎是女孩,就再生第二胎。如果第二胎是男孩,就不再生了。如果第二胎是女孩呢?许多女孩被抛弃、被人收养了。但许多夫妻会使用超声波技术——尤其是在怀上第二胎的时候,是女孩就直接堕胎。在韩国,这个问题十分严重,政府只得禁止使用超声波技术来判断胎儿性别。于是准父母便到国外进行检测。

这一切会发展到何种地步?1 000年前,在上一个千禧年之际,欧洲出现了同样的情况。原因有很多,主要是社会将女性视作经济负担。人口比例男多女少。于是女孩突然之间变得极其珍贵。当时是男方家庭提供嫁妆,因此一个19岁正值青春年华的少年,如果家境不好,无力承担嫁妆,会很难讨到老婆。我相信如今这些12岁的韩国女孩,过10年左右,就会意识到她们几乎可以得到想要的一切。韩国女孩如果碰到不尊重自己的追求者乃至丈夫,大可以考虑其他众多备选人。由于男性死亡率的降低,这20%的差距还将进一步拉大。现在,韩国女性构成了将近40%的劳动力,其中有1/3在家庭农场工作。她们会在未来要求更高的独立地位。各种职位将向她们开放,总的来说,高等教育将降低门槛,离婚率无疑也将逐步上升。各种各样的社会巨变都会接踵而至。

因此,我改变了自己关于投资韩国的观点。我努力思索如何从即将到来的重大变革中谋利。我和佩奇探讨了女性的生活会发生什么样的变化。我没有找到任何保健俱乐部或教育机构,却找到了生产避孕药的公司。由于文化方面的原因,亚洲很少有人服用避孕药,这和西方过去的情况很像。(实际上,在日本,避孕药直到2001年还是非法药物。伟哥合法化只用了6个月,而避孕药合法化却用了几十年之久,这令日本女性出离愤怒。)这种产品的市场非常有限,这些企业在亚洲金融危机中已经破产。但可以预见,重大的积极变化即将到来。而且显然,这些破产企业的股价十分廉价。我记得在当初的美国，女性终于开始服用避孕药的时候，这类企业行情大涨。因此，我开了一个账户，购买了所有3家境遇不佳的韩国避孕药药厂的股票。

我观察到的这种人口学现象会成为推动朝鲜半岛统一的重要因素。韩国的男青年需要伴侣，那么能去哪里找呢？他们和其他国家的人一样，都想娶同胞为妻。在皇后区和洛杉矶的美籍韩裔居民中，他们能找到的伴侣屈指可数，而唯一一个真正可以找到语言相通的姑娘的地方就是朝鲜。

我也曾短暂地考虑过在首尔投资房地产。汉江将首尔一分为二，由于人们对战争的恐惧，南岸的土地比北岸的土地贵得多。所有人都认为朝鲜军队可以非常轻松地穿过30英里的中间地带进攻首尔，但会被汉江阻隔在北岸。近几届韩国政府在人民的支持下，一直在努力与北方邻国建立正常外交关系。我相信和平与统一终会实现，但我并非房地产投资者，所以只能万分遗憾地放弃了。朝鲜人应该尽其所能多收购汉江北岸的廉价土地，然后便可以宣布"和解"，坐收暴利。

我们为期两周的韩国之旅在釜山市画上句号。在登船前往日本之前，我在那里还有最后一件事要做。我追求冒险，而冒险有很多种形式。如果不品尝一种传奇佳肴，我这次冒险就算不上完整。

韩国人——实际上是很多亚洲人——吃狗肉的历史已经有几千年了。自然，我必须尝试一下。有些韩国餐馆实际上是专门做狗肉的。在釜山，我被带到了市里最好的一家狗肉馆。在那里，餐馆上了一道非常美味的瘦肉，似乎是当天的特色菜。我询问了狗肉的品种，而令我惊讶的是，我吃的并非大街上捉来的野狗，而是专门饲养供食用的肉狗，大概是杂交品种。老板热情地向我介绍，最新研究表明吃狗肉十分有益于健康。即便如此，也知道狗肉很美味，我也不想尝试第二次了,这或许是因为良心不安。正是因为良心不安,佩奇从一开始就拒绝吃狗肉。狗肉入口易嚼,吃起来像羊肉,不像鸡肉。而就在我品尝这道特色菜的时候,佩奇却在回忆她心爱的史努比和恺撒。佩奇还拒绝吃蚕蛹,这在我看来是个巨大的错误。街边很多摊贩都在卖烤蚕蛹,我觉得很好吃。每个蚕蛹大概有指甲盖那么大,肥美多汁,盛在杯子里出售,我百吃不厌。到目前为止,在这一路上(在哈萨克斯坦,我们吃过马肉),我只拒绝过猴肉——血缘太接近了。

我们从釜山出发,乘车、渡轮,跨越朝鲜海峡,前往日本,于6月1日在本州岛西北岸的萩市上岸。我们用近5周的时间驾车穿越该国,途经广岛、姬路、奈良、静冈、横须贺、东京以及京都(佩奇的父母在这里与我们会合并同行了一周)、箱根、金泽和伏木港。我们甚至登上了富士山。

日本是个风景如画的旅游大国,除了丰富多彩的文化和历史,还拥有耗资巨大的现代化基础设施。公路上设有电子显示屏,上面可以显示到前方各个城市的预计驾驶时间。计算机根据天气、交通状况、交通事故的影响及当时的限速得出这一数据。限速也显示在电子显示屏上,人们可以根据不同状况做出调整。很多人——包括我们——多多少少都会超速,而这种电子产品使用的软件在设计时一定考虑到了这种因素,预计时间于是有所延长。所有主干道铺设平整的路面上都嵌入了闪光灯,以便司机能提前看到前方的转弯。

在某些日本城市里,许多人行道两旁的建筑物都搭了雨篷,方便行人在恶劣天气里自如地继续忙自己的事,这在大型购物区尤为明显。红绿灯即将变色的时候都会有铃声提醒,不仅方便了懒得抬头的行人,也造福了盲人。造福盲人的还有人行道上雕刻的平行纹路——步行接近交叉口时,你可以感觉到人行道上有某种类似盲文的东西，提醒着交叉口快到了，并引导盲人穿过交叉口。

这个国家的富有不只是令人称叹，简直是令人眼花缭乱，目之所及的几乎所有东西都能体现出财富。诚然，以传统标准——外汇储备——衡量，日本是世界上最富有的国家。但不消细看，你就能发现这个经济大国正处于长期困难之中。日本作为一个可悲而无助的大国，面临着严峻的问题，而其之所以会走到这个绝境完全是自食其果。

日本的问题首先来自人口。日本是世界上生育率最低的国家之一，也是平均年龄最高的国家之一。如果这种趋势继续下去，21世纪结束前，日本人口将会减半。日本的巨额国内债务在世界上排名前列，且还在继续增长，而为偿还债务做出必要贡献的人口数目却在持续减少。当然，欧洲也出现了同样的人口问题，但在反对移民方面，欧洲人不像日本人这么严苛。日本的种族主义倾向非常极端。举例而言，连第三代的在日韩裔也无法取得公民身份。如果你只是在日本出生，却没有日本血统，就算你父母、祖父母都是在日本出生的，你也没有选举权。现在的选举人不惜以日本衰退为代价，投票反对外来移民。现在的儿童一代没有发言权，却要在未来承担这些决策的后果，到那时他们必定会非常不满。

令这一问题雪上加霜的是，自1955年便在日本掌权的自民党政客进一步增加了债务，建造了上千座"毫无意义的桥梁"和公共建设工程。这些工程没有任何有益的经济目的，只是在讨好当地的选民和选区政客。大量的金钱和选票都来自富有的日本稻农，这也解释了为何日本的米价甚至比美国还要高几倍。不过，日本人无论如何也不会承认这一点。他们会告诉你，日本大米之所以受到保护，是因为日本大米与其他大米不同，因为日本人的消化系统不同，日本的管道系统也不同。他们还会辩称，如果日本人都开始食用外国大米,不仅国民健康会垮掉,日本的管道系统也会崩溃。不仅仅是口是心非的自民党政客才会这样说,这种观点我在日本的学术界听到过,从博士口中也听到过。很难相信日本人想出的这些观点——如食用特殊大米是日本文化、历史和社会的一部分——都是为了给农业补贴和贸易保护找借口,其真正的原因是自民党要争取选票、工作和资金。

为了登上前往西伯利亚的轮船,我们一路向西,穿过了一望无垠的稻田。如我们所见,水稻种植业创造了大量财富,很容易理解为何该地区的地方议员能够呼风唤雨。壮观的公路通向这些村庄,这些公路对任何人都没什么实际用途,只不过又是回馈给这个地区的政治好处。与这些自民党政客相比,身在华盛顿的美国大亨简直是政界的门外汉。日本有40%的国家预算都用于公共项目,而美国只有9%。这种体制扰乱了整个社会的正常秩序。日本房价达到天文数字的原因之一就是地价极高,这很大程度上又是因为米价极高。没有哪个农民会在可以种植宝贵水稻的土地上建楼。

在神户,我们吃了举世闻名的昂贵菜肴——神户牛肉。在日本,人们会告诉你神户牛肉之所以达到天价,是因为神户牛的饲养方式是特殊的——有人为牛按摩,抚摸牛,以便牛的肌肉纹理以合适的方式生长,而且这些牛也不会干重活。这些都所言非虚,顺便提一句,神户牛肉是我有生以来尝过的肉质最嫩滑的牛肉,唯一一种入口即化的牛肉。但神户牛排售价高达100美元的主要原因却是,国产牛肉在日本是受保护的。如果日本实行自由贸易,这种闻名遐迩的菜肴仍然会很昂贵,但售价会是现在的一半。100美元的牛排或50美元的瓜显然荒诞至极,碰到这类事情总要去寻找其中的真实原因。

日本这种荒唐的贸易保护主义会继续削弱其在世界上的经济地

位。在我们拜访日本之前不久，为了保护两座煤矿免于倒闭，政府强制东京电力公司以 3 倍于世界水平的价格购买国产煤炭，并将成本转嫁给消费者。煤炭行业在政界拥有举足轻重的影响力，但从事该行业的员工毕竟是少数。就为了保护一小撮人的利益，1.25 亿公民和整个经济体就要承担高额电价。

多年来，日本能够取得成功的原因之一，就是其与世隔绝的特点。这个岛国得益于其单一的人口构成，种族特点鲜明，国民思维模式整齐划一。日本人一旦决定要做什么事，通常会齐心协力完成。在如此集权化的社会里，人们鲜有异见。这种国民性格的负面影响就是高度僵化，形成一种无法逾越的顽固势力。

我去过富士山附近的一家餐馆，点了一碗米饭就菜吃。第一件令我吃惊的事是，在一家日本餐馆里，服务员告诉我菜单上没有米饭。我指着列着大量寿司的菜单告诉服务员，当然有米饭。没有米饭，她坚称，菜单上没有列出来。我点了一打金枪鱼寿司。寿司上来以后，我让服务员拿来一个碗，这次她倒是很乐意地拿来了。我把寿司里的金枪鱼拿掉，将米饭倒进碗里，向服务员解释道："瞧，你们是有米饭的。"我这样做并不是为了羞辱这位女士，我讲这个故事也不是为了贬损她。但我的解释毫无效果，她仍然转不过弯来。没有米饭，她告诉我，菜单上没有。

我希望这一切都是我的信口雌黄。这个国家曾经以了不起的创业能力闻名世界，如今却为顽固势力和过度管理所累，推动这个国家走向伟大的创造力和创新力正在迅速消失。日本人走到了美国人曾经走过的岔路口。彼时，沾沾自喜的美国垄断了电视和汽车制造业，而日本却凭借更加优质的电视机和汽车，在市场上挤掉了大量美国生产商。日本不会破产，但在如今这样一个壁垒森严的日本社会，战后一代拥有的干劲与精神却极度匮乏。

日本是世界上最富裕的国家，在世人眼中科技领先于全世界的国家，一个血液中都流淌着商业基因的国家。日本本应是我们所要惧怕和追赶的国家，但驾车穿行于日本的高速公路之上，行驶在日本昂贵的收费公路上，你却发现，公路收费站和加油站口口声声鼓励使用信用卡——万事达卡、维萨卡、美国运通卡、大来卡，实际上却只收在日本银行可以兑现的信用卡。

这个国家僵化到了何种程度？我想开一个经纪人账户，很多证券经纪公司都告诉我不行，我最后只能直接打电话给证券交易所。对方告诉我，外国人开账户做股票交易是完全合法的，但只有一家经纪公司——东洋证券——最终同意了这样做。而实际上，最后这家公司的客户管理副总裁声称他不知道怎么把美元兑换成日元，也不愿动脑筋去想。从我的经历来看，论以五花八门的理由拒绝别人的能力，日本人绝对属世界一流。

听我说过这么多后，你可能会问，我为何要在这样一个地方开设经纪人账户？

我上一次来到这个国家是在10年前，那次我驾驶摩托车穿越了全国。其后，我卖出了日本市场的期货，挣了一些钱。我现在想要再次投资日本的主要原因是，几乎全世界都相信这个国家正处于困境。正因为如此，其股价非常低——比14年前低了75%以上。当然，这并不意味着股市不会再下跌75%。但日本市场的确出现了触底的典型征兆，至少就中期来看确实如此，也就是说，未来几年会出现反弹，但不会延续几十年。目前，日本举国消沉。自杀率创造了历史新高，而出生率却达到了历史新低。人们出于经济方面的担忧，不再生儿育女。一项针对大学生的调查显示，最受欢迎的职业是进入政府部门就职。所有人都慌张无措，缺乏安全感。

我相信日本经济已经达到了短期内的最低点，繁荣时期——称其为反弹也未尝不可——即将到来。我想寻觅买进一些股票作为中期投资。另外，日本银行宣布将开始印钞票，这是历来做法，但经济效果不佳。政府一旦加印钞票，这笔资金首先会流向的地方之一就是股市。我相信在短期内，日元对美元汇率会出现上涨，而后者的根基更为薄弱。因此，不仅仅是某几只股票会涨势良好，该国货币也会随着股市上涨而升值，合力推动我这笔投资升值。再次强调，我所说的只是中短期投资。在我看来，日本股市并不是一个可以投资一二十年的地方。日本将陷入风暴的旋涡，而不是乘风破浪继续前进。

出现转机的希望仍然存在，尽管十分渺茫。经过10年的裹足不前，整个体制日益腐朽，日本选民会发现其不堪膨胀和腐败的重负，行将崩溃。近来，选民——尤其是基本未从体制贪污中获益的城市选民——向政界发出了一个信息。新任首相了解问题所在，也言之有理。他能否取得成效，十分值得关注。

外国各界一直在督促日本强制破产公司清算并命令银行取消其所担负的毫无价值的贷款，以整顿体制。讽刺的是，在鼓吹日本应该走这条路的各方声音中，美国是最积极的一个，而美国联邦储备委员会却完全是在背道而驰。美联储大幅下调了国内利率、加印钞票，让银行能够继续向大量业绩不佳的企业借贷。经济学家约瑟夫·熊彼特教导我们，资本主义的奇迹在于创造性破坏，病树前头万木春，但日本和美联储却一直在阻挠更新换代的过程。

我们在日本游历了5周。以日本在世界上所占的国土面积来讲，这算是很长的一段时间了，但以日本在世界上的重要性来讲，这并不算长。我们陶醉于其古老的寺院、艺术、音乐、舞蹈等文化成就，日本中世纪城堡之行令我们流连忘返，不知满足。我们分别花了几个小时的时间观看了一场职业棒球赛，参观了大阪海游馆①。广岛之行坚定了我的反战之心，也令佩奇潸然泪下。但从太平洋到斯堪的纳维亚半岛还有很长一段路，那里才是我们的目的地——穿越西伯利亚之路极其漫长，我们得上路了。我们不想在隆冬时节到达斯堪的纳维亚半岛，这并不是因为我们无法挨过恶劣的天气，而是因为我们1月另有计划。2000年1月1日是新千年的第一天，也可以说是旧千年最后一年的第一天，这要依计算方式而定。那一天，我和佩奇将举行婚礼。不过，我们还没有决定地点和形式。

上一次从日本到俄罗斯，我搭乘的是一艘乘客及车辆渡轮。这艘轮船每月一趟，从横滨出发，但它已经被取消了。我和佩奇最终订到的轮船从伏木出发，只在夏季开放。这艘船主要是用来运输二手车的，只搭载了几名乘客。

日本颁布了一项法律或者说是多项法律，制定了极其严苛的汽车检查和改良标准，使得日本公民每隔两三年换一辆车的成本要低于继续驾驶旧车的成本。制定这些苛刻至极且人为操纵的标准，是为了保证该国汽车工业的繁荣（一如既往，以牺牲全国公民的利益为代价）。结果，使用了三年的汽车在日本非常便宜。实际上，这些旧车根本一文不值。由于这些车售价低廉，保养费高昂，将这些车卖到世界各地在日本形成了一整条产业链，利润非常可观。

举例而言，这些汽车出现在了许多非洲国家，这着实令人震惊。这些车的特征很多，很容易辨认，比如方向盘位于车辆的右手边。（在日本及英国，车辆是靠左行驶的。）我们这一路上，在全球各地都能看到方向盘位于右侧的小型货车，车身上还印着某些东京家具

---

① 大阪海游馆，世界上最大级别的水族馆，并以拥有巨大的鲸鲨而闻名于世。——译者注

店或大阪肉市的日文广告。

　　西伯利亚的中间人倒卖这些二手车，生意非常兴隆。我们乘坐的轮船便运载了将近100辆二手车，这已经是这艘轮船的运载极限了。我们连人带车一起挤上了船，然后便出发了。40个小时后，我们穿越日本海，到达符拉迪沃斯托克（海参崴）。

数字蒙古

离开日本之前,我们料理了一些自驾游途中的琐事,其中包括我接种了最后一针乙肝疫苗。乙肝疫苗分三针注射,第一针和第二针间隔 30 天,第一针和第三针间隔 6 个月。佩奇的注射时间稍早于我,已经在釜山接种了第三针。在这种旅行中,我们接种的疫苗比多数人一辈子接种的还要多。回到美国后,佩奇的防疫接种证上总共有 24 次接种记录,第一针在出发的 6 个月前便接种了。

我们这一路上积累的东西不仅仅是疫苗。我和佩奇在所到之处总要逛一逛当地的市场,这算是了解不同社会的一种途径。我有收集癖,我们两人很快便把汽车行李箱里的麻袋装得满满当当,这些东西我们买了却无法直接通过各种商船托运回家。几乎在每一个途经的国家,我们都会腾出时间去当地邮局,不断地把贴着"寄回"的包裹里的东西邮寄回家。有时碰到特别紧要的东西,我们会用 DHL,但多数时候,我们都是直接走进邮局。每一家邮局都能告诉我们一些有关其所在国家的事情。(在蒙古,邮局在显要位置上摆设了待售的简易日历。哈萨克斯坦的邮局员工花了几个小时的时间亲手缝制包裹,将所有东西用蜡密封。俄罗斯禁止邮寄电影碟片,甚至禁止邮寄套娃,因为他们认为这是文化工艺品,但却可以把这两样东西开车带出国或带上飞机。）而日本的邮政服务可想而知，非常便捷。

我们在东京领到了俄罗斯签证。如果在美国申请，等到需要的时候就已经过期了。实际上，申请时间长达一周，每个签证交了 65 美元的费用。但人在路上，签证是你不得不处理的事情之一——逃不开的琐事之一。而像我们这样旅行，你更是要对此上心，可能得提前两个国家就要寻找时机申请。对于跨国自驾游旅行者来说，提前申请签证和保养汽车一样都是常常需要费心的事。在日本这种地方，尤其是下一站就是落后的苏联地区，汽车更是要接受精心的养护。在日本的时候，尽管旧轮胎完好无损，我们仍然换了一整套新轮胎。谁知道西伯利亚会是什么情况呢？

在符拉迪沃斯托克（海参崴）——俄罗斯太平洋舰队基地及太平洋沿岸的主要港口，我们花了 29 个小时的时间处理驾车进入俄罗斯所需的大量文件。在那里，我们与一位老朋友重新会合，他精通英语和俄语，曾在从格鲁吉亚到中国边境的路上与我们同行。在那个夏天余下的时间里，他跟随我们走完了这段 7 500 英里旅程中余下的大部分路程。

从符拉迪沃斯托克（海参崴）到哈巴罗夫斯克（伯力）[①]的路长 400 英里，是最后一段柏油马路。那年夏天翻越乌拉尔山之前，我们再未遇见这样的好路。在哈巴罗夫斯克（伯力），我们在国际旅行社登记入住，我上次穿越西伯利亚在这里住过。登记时，我们注意到大厅里有几十个俄罗斯年轻人走来走去，穿着光鲜，以为他们在办生日派对，或其他类似的活动。我们穿过人群，又见到了一群

---

① 哈巴罗夫斯克，亦称伯力，位于黑龙江、乌苏里江汇合口东岸，是俄罗斯的航空、水路和铁路重镇。——译者注

已经登记完毕的日本游客。几分钟后,店方告诉我们已经没有空房,我们这才发现所有的俄罗斯年轻人都是女人,而所有的日本游客都是男人。

这家旅行社已经被6位本地鸨母包了,以服务前来买春的日本游客。同样被鸨母预订一空的旅馆不止这一家。多年来,日本游客一直习惯到曼谷或菲律宾等地买春,但从日本到西伯利亚和太平洋远东地区的路费比上述地区便宜得多。西伯利亚的旅馆也便宜得多,而由于这些妓女是新手,要价也便宜得多。降低价格向来是刚刚开放的新市场惯用的手段。据说,一名妓女的要价仅为一晚100美元。

自由贸易终于普及了。在俄罗斯,经过几百年的束缚后,人们如今终于获得了自由,却无以谋生。这些年轻的妓女一晚上挣的钱相当于她们做普通工作一个月的工资,况且前提还得是她们可以在这个国家找到工作。根据官方统计,俄罗斯的失业率是12%,但要我看却和美国大萧条时期出现过的20%差不多。

要是没有这些日本人,哈巴罗夫斯克(伯力)的旅馆会无人问津。看起来所有的旅馆都订满了。恰巧某架东京的航班取消了,我们才总算在城里订到房间。随后,另一架满载着日本游客的飞机即将着陆,我们又被赶出房间,不得已只能离开这座城市。

除了卖淫行业,哈巴罗夫斯克(伯力)与我上次来时相比,基本上毫无变化。城里有几家服装店在卖西方品牌,但佩奇一眼看出那些都是假货。哈巴罗夫斯克(伯力)作为一个临近海岸的大城市,提供了一些勉强可以使用的便利设施,再向西深入西伯利亚,就见不到这些东西了。我知道,在向西的路上,各个方面的条件都会越来越艰苦。西伯利亚城市——包括哈巴罗夫斯克(伯力)——在苏联时期已经年久失修。而苏联解体后,这些城市变得愈加破败与颓唐。

哈巴罗夫斯克（伯力）以西120英里便是犹太自治州。斯大林在20世纪20年代提出建立该自治州，为犹太人提供家园（这是他将犹太人口从苏联遣至西伯利亚的一种手段）。建立之初，自治州受到了广泛欢迎。彼时，全世界的犹太人对此反应热烈——真正动身搬到西伯利亚的犹太人却见识了西伯利亚的真面貌，整件事就是一场骗局。如今，虽然自治州的名称得以保留，但其人口中至多只有1%是犹太人。州内仍然竖立着一座孤零零的犹太教堂，一座矮小的木结构建筑。我们到达那里时，恰好有一些趁苏联解体大发其财的寡头或政客要修建一座教堂，一座东正教教堂，建成之后的规模将是犹太教堂的6倍。

在该州首府比罗比詹，我们在一家旅馆登记入住，那里的妓女没多久便找上了我们，提出每晚只收15美元。

布拉戈维申斯克（海兰泡）是一座工业城市，也是阿穆尔州首府，位于黑龙江河畔。黑龙江是中国和西伯利亚分界线。自我上次离开后的9年来，这座城市变了。苏联解体后，中国人蜂拥而至。这些中国人很像中亚国家的那些机会主义资本家。他们进入当地，以低廉的本地价格收购所有能收购的东西，然后卖到世界市场。随着俄罗斯人逐渐参透了奥妙，这种曾经红火的生意已经销声匿迹，但仍有迹象表明，河流对岸的中国人仍然不断地投资，其中就包括建了一座中国游乐园。

目前，中国劳动力和日本资本填补了西伯利亚出现的经济空白。西伯利亚的广阔荒地贮藏着难以计数的原材料资源。该地区北部布满了金矿、钻石矿和钯矿。中国原材料稀缺，什么资源都需要。而西伯利亚却急需劳动力和资本。该地区几乎杳无人烟，而中国却每天都有几亿人口一早醒来，就需要份工作。日本正在将大量的资本输入西伯利亚，再加上中国的过剩劳动力，共同开发该地区的丰富资源，这将成为 21 世纪的一大开发热点，尤其是如今，克服严寒天气的科技已经取得长足发展。毕竟，现在的美国甚至可以在北极圈附近开采石油。

即便是在远离边境线的北部城市克拉斯诺亚尔斯克，也有一些俄罗斯人埋怨中国人夺走了他们的一切。他们的意思其实是，中国人穿过边境，发现了机会，运用他们惯有的勤劳精神与商业嗅觉开始经商。相比之下，中国人则会提醒见到的所有人，早在俄罗斯这个国家建立之前，就已经有中国人在贝加尔湖湖畔定居了。贝加尔湖的名称起源于"北"和"海"这两个汉字，汉语意为"圣湖"。[1]

西伯利亚全境——包括太平洋远东地区，如今的中国人也在逐渐涌入这个地区。19 世纪之前的多数时期，黑龙江以北地区几乎只有中国人定居。沙皇俄国将囚犯流放到西伯利亚，扩张军队占领面积，开始向东扩张国土。19 世纪，中国国力衰微，欧洲人乘虚而入，俄国人占领北方地区，随后便建成了西伯利亚大铁路[2]。19 世纪至 20 世纪初，趁中国国力衰微、战争迭起之机，欧洲人在事实上瓜分了中国，对中国展开了剥削。

在布拉戈维申斯克（海兰泡），我们在旅馆门前停下车，看到穿着光鲜的年轻姑娘站在门外——并未像哈巴罗夫斯克（伯力）的妓女那样站在大厅里。

在斯科沃罗季诺市与车尔尼雪夫斯克之间是一片茫茫无边的沼

---

[1] 贝加尔湖一词来源于古肃慎语（满语）"贝海儿湖"，中国汉朝时候称其为"北海"，英文"Baikal"（贝加尔湖）一词为汉语音译，俄语名称"Baukaji"源自蒙古语，是由"saii"（富饶的）加"kyji"（湖泊）转化而来，意为"富饶的湖泊"，而早期沙俄殖民者亦称之为"圣海"。此处或系作者理解有误。——译者注

[2] 西伯利亚大铁路是横贯俄罗斯东西部的铁路干线，起自莫斯科，终于符拉迪沃斯托克（海参崴），全长 9 288 公里，是目前世界上最长的铁路。——译者注

泽,没有道路可以穿越通行。要想穿过这片沼泽,你必须乘火车走西伯利亚大铁路。我上一次在这里旅行的时候就已经知道这一点了,那次花了两天半的时间才登上一辆平板货车走完了这段路。这一次,到达斯科沃罗季诺后,我和佩奇直接开车去了火车站。

"记得我吗?"

老站长安纳托里·皮罗格看到我很是惊讶。

9年前我见到他的时候,他一副典型的官员模样,如今的他并无变化。1990年,我们的翻译敲响了他的门,走进了他的办公室,说了一句令他忍俊不禁的话:

"我这儿有几个美国人需要一辆平板货车。"

"当然,"他想着这肯定是某种玩笑,于是说,"带他们进来。"

我们便走了进去,吓得他从椅子上跳了起来。从来没有人骑摩托车穿越过这个国家。而如今我再次来到这里,这一次,他仍然对我们的出现深感意外,难以置信地摇着头。

"这次我不是骑摩托车了,"我告诉他,"我有两辆车、一辆挂车,总共五个人。"

当然,价钱也涨了不少。他提出让我们乘坐另外一种价钱不算昂贵的车以替代货车。

"我可以为你们找一辆导弹车。"

"什么东西?"

"导弹车。"

"那是什么东西?"

他带着我到铁道边参观导弹车。当然,我完全应该猜到,他所说的车指的就是曾用来运输导弹(苏联为了对付美国制造的洲际弹道导弹)的车。

导弹车是全封闭车厢,没有车窗,而且做了伪装。车身外涂上了类似邮递车厢的符号。可以想见，如今的俄罗斯拥有大量导弹车。站长之所以推荐这种车，不仅仅是因为价格便宜，也是因为在他看来，这种车还算舒适。在车厢一头，有四个床铺，过去是供看守货物的士兵睡觉用的。此外，车厢里还有卫生间。但总体而言，车厢的居住条件非常恶劣，与我们穿越里海时乘坐的轮船不相上下。我们选择了平板货车，且无论何时都会做此选择，因为我们想在路上欣赏西伯利亚的风景。既然没有带车窗的火车，我们便准备露天旅行。

  下一步是拜访管理排队之事的维克多。在俄罗斯，凡事都要排队，处处都有队伍，而找货车也不例外。你出的价越高，等到货车的速度就越快。这可以说是最坏的资本主义，也可以说是最好的资本主义。我们陪有前科的维克多喝了很多伏特加酒，送了他一些礼物，便排到了队伍前方。佩奇去找水井，用手摇泵装满了我们的四个水袋。这是她第一次从井中打水。我们订好了下一班有空位的货车，将各种各样的食物和一个用来方便的水桶装上车。我们订到了全部66节车厢的最后一个——也可以称之为守车。其他有些车厢载着我们在穿越日本海的轮船上见到的二手汽车。夜里行驶时，我们睡在平台上的汽车里，惊喜地发现我们赶上的是一辆快车。我本来完全做好了这段路会像9年前一样走两三天的准备，但这列火车很少停靠，用了24小时便行驶了约400英里。我们到达车尔尼雪夫斯克时精神抖擞，于是再次上路了。

  在广阔无垠的西伯利亚荒原，村庄稀少且相距甚远。仅有的一些人口主要集中于唯一的一条马路两侧。这条路沿铁路而建。多数路段都未铺柏油，在这上面开车非常危险。你可能会以100公里的时速开在铺设平整的路段，却突然间毫无预兆地遇到弹坑，或道路中断，似乎这条路的设计初衷就是要毁掉你的车。就在赤塔市郊外的一座军队前哨站,我们的车爆胎了,挂车刹车失灵,挂车的板簧折断了,而这只是其后一连串故障的第一次。

虽然我得承认自己确实有些惊慌失措——附近没有奔驰车维修店,但事实上,若不是在远离修车点的地方遇到了这些严重的车辆故障,我们永远都不会遇到大名鼎鼎的尤金。尤金在俄罗斯拥有很高的名望,家喻户晓、备受尊敬。但在向诸位介绍尤金之前,让我暂且岔开话题,简要说一说这辆千禧年奔驰车挂车的板簧何以烂到这个地步。

这款环游世界的混合动力车由格哈德·施泰因勒设计,他与加州一家名为金属大师的公司合作。这家公司是顶级的一次性汽车和概念车生产商,业务包括为电影公司制作大量的道具。如果有电影公司需要炸毁一辆车,或者奔驰公司需要一辆概念车来参加底特律车展,他们常常会打电话给金属大师。

参展用的马匹和干活儿用的马匹是有区别的。在马展上骑上漂亮的坐骑是一回事,用来耕田的马则是另一回事。金属大师的人培养出来的"参展马匹"堪称出类拔萃,但培育的"耕田马匹"却是一塌糊涂。我需要一匹高品质的耕田马,而他们却没有能力保证我所需要的品质。

"听着,这辆车可以在任何地方行驶,"他们告诉我,"我们在土路上测试过了。"

整个加州都很难觅得一条土路,而加州所谓路况糟糕的公路在世界上多数地方都算路况不错了。

"我们在加州的沙漠里测试过了。"

其实,加州的沙漠就是个笑话。

"任何地方都能开。"

当然,加州的任何地方。

金属大师在那辆车上安装的几乎所有部件都至少坏过一次，坏两三次也是常有之事。还没等旅行结束，我们就开始称其为"金属毁灭者"了。奔驰的所有部件都完好无缺，几乎完美无瑕——我这么说可不是因为他们塞了广告费给我。这家加州公司几乎所有的部件都出了故障。我们弄坏了11副挂车板簧及挂车车轴。汽车的备用油箱？接缝在3个不同的地点总共裂开过3次。为了增加跑车的感觉，我们要求对车辆本身的减震装置做了改装。他们制作了特殊的板簧，但结果却证明这些板簧太软，无法应付阿塞拜疆的公路。我们撞到了什么东西，车弹了起来，车轴撞到了油底壳。所幸是奔驰的油底壳，换作其他任何品牌的油底壳，在时速100公里的情况下撞到车轴都会坏掉。在中国，我们把板簧换成了原装的，换上了"谅你也撞不坏"的G级板簧。这些板簧支撑过了余下的路程，现在仍然在用。直到到了澳大利亚的达尔文市，我们才总算找到人一劳永逸地解决了挂车板簧的问题。

连神通广大的尤金也束手无策。

尤金身材瘦小却结实，50岁，在莫斯科生活和工作，是俄罗斯奔驰公司的头号修理师。我们在赤塔附近找不到奔驰修理师，于是便打电话询问莫斯科的奔驰总部。而由于奔驰在俄罗斯有协议，无论车主在哪里，它都必须提供路边修车服务，公司于是派尤金从莫斯科飞到赤塔——比从洛杉矶飞到夏威夷的距离还长——帮我们修车。

尤金陪伴我们一起在西伯利亚度过了几日——我们喜欢有他在身边，而他也喜欢远离莫斯科的清闲时光。他随身带着一张卡，证明他是切尔诺贝利的志愿者。切尔诺贝利核电站爆炸后，他是几名赶往那里提供援助的人之一。其中许多人已经死于辐射中毒，而侥幸存活的人——包括尤金——也是挨过一日算一日。他是我们遇到的第一位滴酒不沾的俄罗斯人——他不能喝酒，因为他为保命吃的各种药物都忌酒。政府为表彰他的英雄事迹，发给他一张身份证，他可以凭借这张身份证插到所有队伍的最前面——前文已经提过，俄罗斯不论哪里都排着队，而且长得望不到头——并享受其他特权，其中非常重要的是可以享受政府津贴。

尤金并未浪费工夫修理挂车刹车，而是拆掉了事。

"你们不需要这些，"他解释道，"还会坏的。"

他拆掉了坏掉的板簧，换上了从一辆俄罗斯军用吉普上拆下来的板簧。我们从附近的军事基地买到了这个二手零件，基地的人从停在那里的一辆汽车上直接拆下来给了我们。

如今，将军或中士可以把俄罗斯军队拥有的一切拆下来贩卖。洗劫而来的军备不断地从军需官办公室里运走，士兵却一分钱都拿不到。

可想而知，俄罗斯的吉普车既不新，保养得也不好。在我们继续环球之旅的路上，这个板簧也像其他几个板簧一样坏掉了。

返回莫斯科之前，尤金把他的名片给了我们。

"要是在俄罗斯碰到麻烦，出示这张名片就行。"他向我们建议道。

尤金是一流的奔驰修理师，俄罗斯所有重要人物都认识他。叶利钦总统的车出故障时，克里姆林宫会打电话给尤金。克格勃的G级车坏掉时，也会打电话给尤金。黑手党也是一样。

他的名片是你在整个苏联曾经的领土上能搞到的最好通行证。佩奇在后来的两个月里一直把它带在身上。

（尤金告诉我们，车臣战争的交战双方曾宣布停战，就为了让他飞到当地，为交战双方修车。他一走，战火便重新点燃了。我们最初并不相信这个故事，但随后莫斯科的人证实了。当然，我们也知道双方的领导人要是开拉达车①早就一命呜呼了。）

由于俄罗斯的航空运输也像俄罗斯其他服务一样滞缓，尤金花了三天才从莫斯科飞到赤塔。我们充分利用了滞留的这段时间。无巧不成书，城里恰好来了一个马戏团，我们便去看表演。我们与跳舞的熊合了影，在赤塔不论做什么都留了影，玩得非常开心，流连忘返。我们还观看了一场跆拳道比赛——赛间有女人进行业余的脱衣舞表演。在当地黑手党头目的建议下，我们去了几家很有意思的夜店。

这名头目名叫阿列克谢，绰号"巴拿马"。我和他很快成了朋友。他的绰号来自他掌管的一家酒店——巴拿马城酒店，我们恰好在那里住宿。我一直没弄明白这家酒店为何要起这个名字，但现在我猜想这与俄罗斯黑手党在巴拿马做的洗钱生意有关。我们两年后去了巴拿马，我那时才恍然大悟。我们在那里遇到了几十名俄罗斯人，他们牵扯进了大量非法交易：毒品、卖淫等。

俄罗斯黑手党都是一个模样，他们穿着标志性的欧式剪裁黑色西装。在西伯利亚，他们全部剃光头——他们称之为夏季发型。在赤塔那家酒店的餐厅里，他们都坐在同一张桌子旁，离我们的桌子不远。约一个小时后，其中一位走到我和佩奇的桌前——后来才自报姓名为阿列克谢——问我们怎么没有向任何人交过保护费还能如此畅行无阻。

"你怎么知道我没交过？"我问，想着或许能靠虚张声势瞒天过海。

他毫不犹豫地说："我知道你没交过，因为我查过。"

---

① 拉达，俄罗斯最大的汽车制造厂伏尔加旗下的汽车品牌，2009年2月正式停产。——译者注

一听到这个，我立即害怕了。俄罗斯最有效率的组织就是黑手党，而这位就是负责俄罗斯这片区域的头目。我的第一反应是请他喝酒。我陪他和他的朋友喝了不少伏特加，接下来的两三天里，我们成了很好的朋友。佩奇同他们中的几位跳了舞。尤金的到来令情况更加有利，我们因此在黑手党面前更加理直气壮了。离开赤塔后，尤金与我们同行。与疯狂的美国朋友一起驾车穿越西伯利亚，他很开心。他得到了奔驰公司的准许，可以自由行事——毕竟他可是他们的王牌修理师。此外，他还有那张切尔诺贝利卡片。

我们准备离开赤塔时，阿列克谢把我拉到一旁。此时，我已经去理发店剃了头——剃了夏季发型，这样和我的新朋友比较搭。

"我已经提前打过电话了，"他说，"你不会遇到任何麻烦的。"

他给路前方两三个城市的手下打过了电话，为我们摆平了道路。

"要是遇到麻烦，就告诉我，"他说，"不论是谁，我们都会干掉他们。"

他是认真的，这可不是夸海口。（在美国痛快玩一晚上的钱，够你在西伯利亚雇杀手干掉一个人。而在如今的西伯利亚，杀人似乎才是更为常见的事情。）所以我们有了黑手党的庇护，有尤金同行，称心如意地继续向西前行。

我们的下一站是乌兰乌德，布里亚特共和国的首府。这里是布里亚特人的故乡，他们是成吉思汗的后裔，也是苏联126个官方语言、种族和宗教族群之一。佩奇看过地图后指出了一个位于俄罗斯南部且近在咫尺的国家。

"为何不去蒙古呢？"她提议道。

这是我从未考虑过的事，9年前经过这里的时候也没有想过。不知为何，我在路上一直对某些地方视而不见。

"好主意。"我说。

毕竟，这可不是美国运通安排的随团游，而是一次亲临当地、想做什么就去做的冒险。我们找到了蒙古大使馆，交了一点费用便立即拿到了入境必需的签证，然后便开车前往蒙古了。

这个国家曾被称为外蒙古。外蒙古1921年宣布脱离中国而独立，1924年在苏联的支持下，成立了蒙古人民共和国。1937年，斯大林对外开放边境，但外国人只能乘坐火车过境。彼时根本无道路可言，也没有车辆通行——当地人经常步行过境。即便是如今路已经修了起来，这里仍然无法改掉其官僚式作风。如今，虽然有马路穿过边境，但外国人却无权驾车走这条路。受制于过时的法律——又一项长期实行的临时法规，外国人仍然要像1937年那样乘火车过境。

在这种荒唐的制度下，一门小型的生意蓬勃起来。许多当地人自谋生路，有偿帮助外国人驾车过境。外国人则登上火车，用8个小时的时间走25英里的路，这可是整整一个工作日的时间——这就是俄罗斯的官僚思维，这里是边境，什么都要一而再再而三地检查。最终到达目的地后，你再去找那位帮你开车的当地人。

不用说，我才不愿意这样干，我不会把车交给任何人。

"那找辆平板货车，自己把车装上去，我们会让你通过的。"

"装卸站台在哪儿？"我问道。

"没有装卸站台。"

我不想半途而废，无功而返。

上次骑摩托车经过乌兰乌德时，我认识了一位朋友，这次我又联系到了他。他名叫维克多，年轻时做过记者。1990年，我从他手里买了一些走私品。他卖给我一件在阿富汗沙漠里穿的苏联军装和一顶坦克指挥官头盔，我喜欢收集这类东西。我和他一起喝过伏特加。他现在是报社编辑了，但他仍然对负责管理边境的军队上将有一定影响力。我向他解释了情况，维克多便打电话给那位上将。

"让他们开车过境。"他说。

一切就这样解决了。

我忽然悟到了某种奥威尔式的道理。我并不是在对抗这种体制，而是在体制内办事，因为俄罗斯体制的腐朽性在于其面临僵化的官僚作风时所做的通融。这种体制的目的就在于失败即成功。

过境时，我们拿出了宝丽来相机，为汽车和士兵拍了照片交给了他们——实际上，我们前后左右都拍了照片。我们给他们递烟，以确保我们几天后返回边境时，他们还能记得我们。宝丽来相机在这种情况下，派上了大用场。

蒙古的面积大致与伊朗或阿拉斯加州相当，即相当于美国南部48个州总面积的1/5。其总人口为260万，大致相当于堪萨斯州的人口。超过1/4的国民生活在首都乌兰巴托市，余下的人散居于这片广阔的土地。令人难以置信的是，直到14世纪中期，蒙古人还统治着欧亚大陆的大部分地区，东起高丽，西至匈牙利。彼时是他们打下这片江山的100多年后了。中国始建长城也正是为了抵御蒙古部落的侵略①。蒙古本也有侵略日本之意，但无奈被突如其来的台风打翻了船只，只得作罢。日本人从此便开始使用"kamikaze"一词，意为"神风"。②马可·波罗自称从威尼斯出发，游至蒙古帝国。蒙古人之所以能横扫世界，是因为他们是那个时代的卓越骑手，一项简单的发明让他们威力大增。彼时，他们使用马镫驾驭快马，

---

① 长城始建于战国时期，最初是为抵御匈奴等北方游牧部落的侵略。此处系作者理解有误。——译者注

② "神风"就是现在所说的台风。1281年，元军第二次攻打日本时刮起了一阵足以摧毁元军船只、兵甲的台风，日本人相信是天皇显灵，打败了元军，所以称之为"神风"。二战时日军的"神风突击队"的名字也是源自该典故。——译者注

而其他人仍然主要让马匹驮负重物。最终，所有人都掌握了这种新技术，而蒙古人则被新一代的技术赶超，消失在了历史长河中。

如今，外蒙古这个名字几乎就是"与世隔绝"的代名词，会令人想起偏远、倒退、举步不前的概念。然而，蒙古首都乌兰巴托却或许算得上是世界上科技最先进的城市，实现了完全数字化。苏联解体后，自由而独立的蒙古得到了大量国外援助，由于根本没有基础设施，所以无须更新换代，蒙古直接跨越三代，利用了最新科技。乌兰巴托接入了光纤，城内几乎任何手机都能上网。

这在俄罗斯是无法做到的。在那里，连打电话到国外都颇费周折。要想在俄罗斯发电子邮件、上网很不方便，你必须亲自去一趟网吧——我们一路上一直如此。实际上，俄罗斯所有稍具规模的城市里都有一家网吧。网吧通常是一间破旧的屋子，里面有五六个穿着邋遢的年轻人盯着屏幕。我们一进去，就发现他们看到来自遥远西方的游客又惊又喜。

"连你们的网线怎么收费？"我们拿着笔记本问道。

每小时一美元，他们狠狠地宰了我们，但能更新网站，我们已经欣喜若狂了。若没有这些个体户，我们会一连几周与朋友及亲人失去联系。这个例子再次证明了世界在短短10年的时间里发生了多么翻天覆地的变化。

数字时代带来的另一大变化，同时也是对世界旅行者更为重要的一个变化，便是便捷的取款方式。我和佩奇已经去过22个国家，令我惊讶的是，我很少遇到上次旅行中在钱方面遭遇的问题。上一次，不论是入境还是出境，我在过境时总得把现金藏起来，以瞒过想让我填写特殊表格对现金进行申报的边境警察。（当然，许多边境警察只是想收受贿赂而已。）彼时，我把现金藏在车架里、鞋子里、头盔里，藏在任何我以为边境警察不会检查的地方。为了避免携带大量现金,我会让别人将钱电汇到首都城市的银行里,待我去取,这样我才能有钱买食物、订酒店和加油。在这次旅行中,这些都没必要了。我无须携带大量现金。如今,在新千禧年即将来临之际,维萨卡、万事达卡、大来卡和美国运通卡在世界各地都可以通用。走在科技前沿的乌兰巴托自不必说,就连俄罗斯,我们也可以在需要的时候,去最近的自动取款机取钱,想取多少取多少,有时甚至能取到美元。不过得小心。在西伯利亚,我有一次取钱的时候,先拨出了信用卡,取款机便把钱吞走了!我花了两天时间才要回了这笔钱。

在蒙古这种地广人稀的国家架设电话线不仅在技术上会成为一场噩梦,在经济上也会变成一场灾难。因此,这个国家直接推广了数字通信,这是另一个实现科技跨越式发展的例子。在蒙古,人手一部手机。这个国家的牧民骑在马背上在全国迁徙,手中拿着手机。多数蒙古包里都有一部手机。

几百年来,科技的跨越式发展一直左右着历史的进展。19世纪初,美国城市狂热地兴建运河,以成为贸易线路上的热点。而那些不幸没有运河流经的城市则直接建设了新式铁路。不久,旧有的运河线路消失了。(还记得伊利运河吗?)然后便出现了州际高速公路网,对公路的影响视而不见的传统铁路枢纽城市逐渐没落。如今,圣迭戈成为美国的大城市,而新墨西哥州的图克姆卡里作为一大铁路枢纽,却不尽如人意。所以想想什么会替代高速公路吧,趁着所有人都在争夺新州际公路之际,另辟蹊径走腾飞之路吧。

在去往乌兰巴托的路上,我们看到有牧民在迁徙营地,连人带马、骆驼和山羊迁往新的牧地。这些就是成吉思汗的后代,他曾在马背上横扫了整个大草原。我们注意到,巾帼不让须眉,女人同样也骑术精湛。我们开始拍照片。在拍摄一座蒙古包的时候,女主人邀请我们进去。她让我们参观了她简陋的家,并用咸奶茶招待我们。在这片土地,我惊讶地发现,他们不在茶里放糖、蜂蜜或牛奶,而是放盐。(当然,蒙古向来不产糖。)又一次新奇的美食体验。

我们想用宝丽来相机为她和她年龄各异的 8 个孩子拍几张照片,并送几张给这一家人。她把最小的一个孩子拉了过去,让我们等一下。然后,就像世界上任何地方的任何一位母亲一样,她帮这个孩子梳了头,换了一件衣服,然后才让他站好拍照。第二件衣服比第一件稍微干净点儿——她想留下他最好的模样。人性是相似的,这样的母亲可以出现在蒙古草原上,同样也可以出现在康涅狄格州的格林威治。

我们到达乌兰巴托时,奔驰车行刚刚开张。德国人劳伦茨·梅尔歇斯和来自洛杉矶的律师戴维·赖纳合伙开了这家车行。梅尔歇斯几年前曾同父亲一起来蒙古做过生意。那时他便注意到了我们现在注意到的现象:在我们自东向西穿越西伯利亚的路上,看到的奔驰车越来越多。但凡留心的人,都能看出这些车多数(几乎是全部)是偷来的。世界各地大量失窃的豪车——部分是宝马,多数是奔驰——被卖到了俄罗斯和蒙古。自苏联解体以来,这种蓬勃而起的非法生意便一直在进行。

这位年轻的德国人找到奔驰公司,告诉对方他想在蒙古开车行。显然,他并不指望马上就能卖掉大量的新车。他怎么可能同黑手党竞争呢?但以已经出现在该城市的奔驰车数量判断,会有成千上万的老化车型无法更换零件或得不到维修服务,而且据他预计,会有大量外交官进入市场购买新车。于是他便劝服奔驰公司将经销权出售给他。他的设备预计将于我们见他后的第二周送达。

我们在俄罗斯逗留期间,俄罗斯的奔驰车数量据估计为 10 万辆,多数都是从国外盗窃而来的。两年后,我们在巴西南部时,那里的奔驰经销商告诉我们有一辆在里约热内卢失窃的车出现在了西伯利亚。这辆车被运到了克拉斯诺亚尔斯克的奔驰车行那里，他将车辆的序列号输入了电脑，这是寻找匹配零件的常规手段。根据电脑上出现的报告，这辆车于4周前在里约热内卢被盗，在短短的4周时间里从巴西南部漂洋过海来到了西伯利亚，这效率堪比电脑数据了。

苏联解体后，奔驰车才开始在俄罗斯大量出现。之前，没有人有钱购买这种豪车。在西伯利亚州最大城市新西伯利亚，我见到了当地的奔驰经销商奥列格·叶季诺夫。他在这个行业里相对来讲还是新手。在他店面的后院里停着一辆顶级的S600，车主是一位"新俄罗斯人"，即新型黑手党的自称。他们以及其他机会主义者搜刮着旧经济体制的残余价值。我们所提到的这位黑帮成员对车的保养丝毫不上心，甚至连油都懒得检查。他一直把这辆车开到引擎报废。他将这辆车交给这位经销商，说："这辆车坏掉了，给我再找一辆来。"他从这位经销商手中买下了一辆新的S600，还付了钱让经销商为这辆报废的车换一部新引擎，但他却一直懒得来开走。

在"旁门左道的资本家"的新世界里，金钱就是在以如此见不得人的方式流动。

这些"新俄罗斯人"是如何暴富的？他们和我的新朋友、在阿塞拜疆请我们吃晚餐的纳米克十分相似，都是强占了他们掌管的工厂、储备和原材料资源，在苏联解体后的最初几年大量甩卖给西方。出售这些商品得来的多数收益——高达几十亿美元——都存在了瑞士银行账户里。这些"新俄罗斯人"就是新千年里的旧时代军阀，他们的封地即是炼油厂、铝厂、大农场、油田、金矿和工厂，此外还有私人雇佣军。

我听说，莫斯科拥有的顶级奔驰车数量超过了世界上的任何一座城市。就算是保守估计，假设俄罗斯有 10 万辆奔驰车，每辆价值 1 万美元，进口这些车辆合计也需要 10 亿美元的硬通货。这些钱是从哪里来的？这些钱是从国际货币基金组织和世界银行流入的，而这两个组织的资金来自全世界纳税人的腰包。1998 年俄罗斯卢布崩溃后，美国国会计划再次紧急援助俄罗斯，我当着国会的面公开直言称国际货币基金组织和世界银行都应该解散。

这些成立于二战之后的官僚机构虽然保持着自己的生命力，并且在不断壮大，但早已背离了其初衷。它们的分析无可救药，给出的解决方案更是离谱。没有独立的外部审计机构来评估其计划的长期效果。其项目的最大受益人就是就职于这些机构的 1.2 万名员工及其资金充足、享有保障的养老金机构。我多少懂点分析财务报表的知识，但却从来没见过世界银行或国际货币基金组织给出过一份我能理解的财务报表，也没有遇到过有谁能解释清楚。我每一次发现有企业出现这种状况，其常常都是出现严重问题的征兆。

国会最终不顾我的力劝，再次将数十亿美元的资金通过这些机构投进了俄罗斯的无底洞。

俄罗斯声称其拥有国际贸易顺差，而西方银行家和学术界就这样上钩了。我从 10 个不同的地方穿过俄罗斯的边境，我去过西伯利亚，我去过蒙古，又回到了俄罗斯，我可以肯定这些说法都是谎言。走私者随处可见。你想要的东西，不论什么都可以带过境。进口奔驰车的 10 亿美元硬通货来自你我的腰包，是我们将这笔钱交给了国际货币基金组织和世界银行，而俄罗斯银行家得到这笔钱后又将其转出俄罗斯购买这些失窃的豪车。盲目轻信者或许会接受"官方"数字。所幸货币市场更明白个中道理——历史上的货币市场向来能看穿统治者的花言巧语。而华尔街人士也明白真相，这就是为什么卢布会一路下跌。

不仅仅是俄罗斯人、国际货币基金组织和世界银行均需要外部审计。所有国家都需要，即便是以严谨著称的德国。德国国家就业机构多年来一直宣称德国的就业率提高了51%，但一份独立的审计报告显示，实际上的就业率只提高了18%。

重新出境返回乌兰乌德的时候，我们没有遇到麻烦。士兵都记得我们。我们第一次入境时值班的士兵都跑了出来，想再拍一些照片。没有人再提要乘火车过国际边境的事。

我们从乌兰乌德出发，途经深不见底的贝加尔湖，向西前往伊尔库茨克市。以水量计，贝加尔湖是全世界最大的淡水湖。我和佩奇计划在那里与我的父母会合。

婚礼

1996 年 10 月，我的父亲确诊为癌症晚期。但面对这一诊断结果，他决不屈服，没有接受治疗，却仍然活了下来。他是一个不屈不挠、意志坚定的人，在我的印象中，他并不是一个喜欢旅行的人。但我宣布我要开始这次旅行时，他却告诉我这是他一生中最羡慕的事情之一。

"不论你做什么，"他告诉我，"不要为了我回家，不要中断行程或改变计划。"

他告诉我这些的时候，我很是惊讶。我没想到他也有这么深的旅行情结。他总是告诉我他不需要旅行，因为他已经在二战时旅行够了。他说他已经见过欧洲了。过去，他曾拒绝过同母亲一起旅行的机会，母亲只能同一群朋友一起去了俄罗斯。还有一次，在没有父亲的陪同下，母亲带着我的一个哥哥驾车去了加拿大和西海岸。

由于不知道他还剩多少时日，我自从离开纽约以后就经常打电话回迪莫波利斯，比我之前打的电话都要多，而且一直在请他加入我们。我们本希望劝他到中国与我们会合，但没成功。不过我们继续不断地邀请他，最终总算说服他在俄罗斯会合。于是 82 岁高龄的他和我 81 岁的母亲从亚拉巴马州迪莫波利斯出发，前往西伯利亚的伊尔库茨克市。

他们到达伊尔库茨克后不久，我们去了当地的市集，发现那里有许多佩戴着勋章的老兵在散步。这是俄罗斯随处可见的现象。父亲在那里同一位 82 岁高龄的俄罗斯坦克部队的老兵一起聊了一会儿。这位俄罗斯老兵于二战期间在俄罗斯前线服役。我的父亲曾在西线服役，向他讲述了有关他当时见过的一些俄罗斯士兵的往事。在战争结束之际，他们和美国士兵相聚一堂，交换伏特加和巧克力。在伊尔库茨克这样一个美好的夏日，两位曾经的盟友，两个属于行将就木一代的人，弥合了横亘 50 多年、跨越 7 000 多英里的距离，重温他们战胜希特勒的记忆，回忆他们的青春时光。

我的父母随我们一起在西伯利亚旅行了 10 天，走完了从伊尔库茨克到克拉斯诺亚尔斯克的约 1 000 英里路。说起西伯利亚，人们总是会想起某些特定的东西，比如监狱、俄罗斯貂皮，或许还有伏特加，其他方面却无人关注。当然，提起俄罗斯的任何地方，人们都会想到伏特加。在伊尔库茨克，我们参观了一家伏特加工厂。那里没什么游客，所以经理弗拉基米尔·科莫洛夫欣然接待了我们。（我们在对方的邀请下喝了很多伏特加酒，参观结束离开的时候引起了一些混乱。我之前还不知道伏特加也分这么多品种。）这家工厂于 1905 年在沙皇统治时期建成，后被共产党接管，苏联解体后又被经理乘虚而入。尽管有垄断优势，且产品需求旺盛——我们在俄罗斯到处都能看到醉汉，晚上有，下午有，早上也有——但工厂依然只轮一次班。

我们随后又参观了一家皮革厂。我在那里以几乎白送的价格买了一顶貂皮帽子给我母亲。这家工厂、伏特加工厂及俄罗斯大量其他工厂，均管理不善、效率低下，这令我想起了纽约的改装旧厂房。这些地方在 50 年前居然是纺织厂。如今，这种工厂的电梯落后，楼道狭窄，原材料或商品的加工成本高昂，没有哪个现代老板承受得起。这种地方的经营状况极差，机器极端原始，甚至根本算不上机器。女员工的工作条件极度恶劣，若换作纽约，老板会因此锒铛入狱。这家工厂加工野生貂皮和猞猁皮，猎人和捕兽者的酬金价目表贴在墙上。这些大衣同俄罗斯的所有商品一样，质量低劣，价格低廉。在苏联时期，质量并不重要，能生产产品便足矣。如果靴子的缝线非常蹩脚，或者水桶会漏，苏联人或波兰人会将就使用。这种心态如今仍然非常普遍，在将来的几十年里会继续阻碍俄罗斯在世界市场上获得份额。

来自伊尔库茨克的朋友谢尔盖说服了当地的监狱长瓦莱里·瓦西里耶夫让我、佩奇和我的父母参观监狱，我至今仍然不知道他是怎么办到的。一座西伯利亚监狱，我内心暗想——没有比这更有意思的地方了。我们为囚犯福利基金捐了2 500卢布（合100美元），便欣然接受了这次机会。

我不知道应该对西伯利亚监狱有何期待，但我所见到的景象并不出乎意料：绝望的脸上是无动于衷和毫无生气的表情，凹陷的脸颊上一双双空洞的眼睛望着前方。我没有去过美国监狱，但想必那里的画面也大同小异。

令我感到意外的并非囚犯，而是监狱本身。在西伯利亚，我们在所到之处都能看到俄罗斯行将崩溃的征兆。在所有的城镇、市区和村落，到处都是野草、尘埃、污泥、剥落的油漆和坍塌的水泥建筑。许多楼房的阳台都快塌了，换作其他多数国家，都会被勒令停止居住，但在这里却仍在使用。在俄罗斯的多数公共建筑里，没有一样设施是可以正常使用的，也没有人有一丝一毫的修理意向。然而，伊尔库茨克的监狱却是我们见过的状况最佳的建筑。

"这里就像一座花园，"佩奇说，"所有地方都保留着原来的颜色。"

这座建筑刚刚刷过漆，不仅干净，而且比我们光顾过的餐厅、酒店更加高档。我向监狱长表达了我的惊讶之情。

"我有很多廉价劳动力，"他说，"他们言听计从。"

囚犯在院子里建了一座白色的小教堂，一座俄罗斯东正教的小教堂，他们引以为傲。显然，在苏联的统治下，教堂是被禁止的。1990 年的俄罗斯，我只看到了一点宗教复兴的萌芽迹象，而这一次我却看到俄罗斯在修复大量的教堂。每周日，教堂都会点燃祷告蜡烛，举行礼拜仪式。除了这些俄罗斯东正教教堂，我们还看到一座天主教教堂和一座犹太教教堂，后者的顶部光明正大地竖着大卫之星[①]。俄罗斯的佛教寺庙也在复苏。

在克拉斯诺亚尔斯克，我们在谢尔盖和娜塔莎·伊万诺维奇（我们遇到的一个本地人）的帮助下，以极低的价格，雇了一架俄罗斯军用直升机——一架巨大的运兵机，趁着周末飞了约 300 英里，进入山区，在高空掠过西伯利亚荒原，前往一个名叫熊湖的地方。在那里，我们享受了一番西伯利亚式的俄罗斯浴。没有洗过俄罗斯浴就称不上是生活在西伯利亚的俄罗斯人，而所谓俄罗斯浴大体上就是桑拿浴。这不是我们第一次洗俄罗斯浴，但绝对算是最舒服的一次，而且洗之前，我们还坐着一架来历不明的直升机飞了约 300 英里。洗浴房里不通电，所以我们将伏特加和啤酒浸入清澈透明的湖水，加以冰镇。我们在这个周末得到了放松，之后，我们便回到了克拉斯诺亚尔斯克，送我的父母上飞机回国。

我们到达西伯利亚时，我和佩奇已经缩小了婚礼地点的选择范

[①] 大卫之星，又称大卫之盾，犹太教标志，由两个等边三角形交叉重叠组成的六芒星形。——译者注

围。根据我们 2000 年 1 月 1 日预计可能所处的地方，我们将范围缩小到了摩洛哥、葡萄牙、西班牙和英国。佩奇在路上便开始研究这几个地方，并逐一排除。例如，摩洛哥规定必须有 6 个月以上的居住时间。在自己家乡筹办婚礼已经很难了，在外国筹办婚礼则更加复杂。在外国筹办将在另一个国家举行的婚礼简直比登天还难。而在西伯利亚筹办婚礼……

佩奇毫不气馁。

我们到达伊尔库茨克时，已经决定在英国举行婚礼，理由很多，其中之一便是，按常理讲，英国更加方便。伦敦西北部的泰晤士河畔亨利镇——亨利皇家赛舟会的举办地——是我和佩奇相爱的地方。1965 年，身为牛津大学学生的我作为团队的舵手在这里创造了纪录，赢得了金牌。1980 年从华尔街退休后，我经常去亨利镇。赛舟会在每年 1 月的第一周举行。就一周的休假而言，这里是世界上最好的去处之一。乘船游客与宣传员，香槟与飘仙酒，草莓与奶油，盛装现身、着长裙、戴花哨帽子的女子——这是维多利亚时期英格兰硕果仅存的遗风之一，而我也总能在那里见到不少老朋友。

之前已经提过，在我们的初次约会中，我问佩奇是否愿意同我一起环游世界。第二天，我打电话给她，邀请她去观看为期一周的亨利皇家赛舟会。她同父母商量之后，同意了。我们去了亨利镇。两个人若是在亨利皇家赛舟会都无法擦出火花，便永远也不会有相爱的可能，因为这里是你所能想到的最超乎寻常、最不可思议、最与众不同的浪漫之地。这里就像阿斯科特赛马会，只是时间更长。对于这样一个来自北卡罗来纳、很少离家的美国姑娘，你若无法博得她的芳心，那这段恋情是永远不会有结果的。所幸我成功了。在那一周，我们相爱了。

我们决定在亨利镇结婚。此后的 6 个月里，从蒙古到莫斯科、斯堪的纳维亚，在穿越西伯利亚和整个欧洲的一路上，佩奇或是打电话，或是发邮件，一直在筹备婚礼。

在乌法，我们穿过乌拉尔山脉，离开亚洲，重新回到欧洲。随着越来越接近莫斯科，路况逐渐好转，途经的城市也越来越大，越来越密集。我们似乎不断地遇到婚礼，我想一个原因就是婚礼和婚宴总在酒店里举办，而我们又经常住在酒店里。新娘的母亲总是大摇大摆地将我们拉进婚礼，伴娘或伴郎会好奇地盯着我们的车拍照，然后我们便不知不觉地被卷进了婚礼人群。

外国人如果只去过莫斯科（或许还可以算上圣彼得堡），会误以为莫斯科是一个真正的国家。12年前，在莫斯科找个地方吃一餐简单至极的饭都十分困难。而如今的莫斯科却拥有大量的餐馆、音像店、时髦店铺和路边咖啡厅。富裕的游客甚至可以住莫斯科的一家五星级酒店，不过酒店的老板和经营者很可能是德国人。苏联解体激起了消费需求的浪潮。

但并没有新的生产性资产的影子。我们见到的所有拖拉机都是用打包钢丝修补起来的老旧车型。工厂疏于照看，我们甚至不知道里面是否还在生产。有新的商店，却没有新的农业工具；有新餐馆，却没有新的工厂机器；克里姆林宫焕然一新，却没有合理经营的商业银行。不仅没有新建任何基础设施，旧有的设施也没有翻修。

俄罗斯是第一个证明使用柴油机是个正确决定的地方。在西伯利亚的某天晚上，任何类型的燃料我们都找寻不到。第二天早上，奇迹出现了。一位本地人叫醒了我们，要卖给我们90加仑柴油，我们二话不说便付了钱。

"我们不想知道这些柴油的来路。"佩奇说。

后来我们才知道他是用虹吸管从当地的火车头里把柴油吸出来的。

实际上，俄罗斯是一个第三世界国家，地大物博，国民教育水平高，工业基础雄厚但日渐衰退。在从旧有中央计划经济向现代市场经济过渡的道路上，俄罗斯仍将面临巨大的困难。为什么？原因之一就是这个国家希望国内永远不必有企业家阶层，而另一个原因则是俄罗斯人本性使然，他们仍然不信任也不理解市场。除非遵守最基本的经济法则，否则俄罗斯将仍然是一个第三世界国家。资本定律像万有引力定律一样不可抗拒。只有俄罗斯开始尊重资本定律，为资本流通提供保障和环境，资本才会流入俄罗斯，助其腾飞。资本洞悉一切，不会帮助窃贼。俄罗斯的市场经济改革之路可能需要数十年时间，而且结果很有可能以悲剧收场。

当然，前提是将来仍然会有俄罗斯这个国家存在。某天晚上，在莫斯科豪华的马涅日购物中心，我们正在吃晚餐的时候，附近发生了一起炸弹爆炸事件。此前3年里发生了十几起炸弹爆炸事件，西方对此鲜有报道。我们离开俄罗斯之前，莫斯科市区及附近地区又发生了5起炸弹爆炸事件。

当时，政治动乱和叛变是俄罗斯的常态。莫斯科对国内其他地区的控制力微乎其微，整个国家可能进一步分裂。所有相信俄罗斯军队能够维持国家统一的人都应该到这个国家驾车周游一两次。

我们离开俄罗斯之际，遇到了一个人。后来我们又在列支敦士登相遇，那里是个遍地银行的国家。他跑过来问："记得我吗？"我们问他为何会出现在那里，他一脸紧张地转换了话题，说起了车子。

我们在8周的时间里从符拉迪沃斯托克（海参崴）到莫斯科，开了7 000英里路，又用3周的时间离开了曾经的苏联地区——从莫斯科到明斯克，穿过波罗的海国家，然后到达圣彼得堡——并于9月中旬到达赫尔辛基。边境警察盖过章放我们入境进入芬兰时，佩奇恨不得亲吻他。

我们从芬兰出发，向南行驶，穿越了瑞典、挪威和丹麦。

由于出生率低、债台高筑，斯堪的纳维亚半岛已经不再是社会进步的典范了。在丹麦，我们到达该国时，库尔德人正在游行抗议全国各地弥漫着的反移民浪潮。曾经宽容、大度、开放的丹麦人和挪威人如今却宣称他们国家的移民太多了。丹麦不允许同丹麦人结婚的外国人获得公民身份——这种结合生出的子女也无法获得公民身份。瑞典是5个斯堪的纳维亚国家中生育率最低的国家，社会正义和社会福利的概念对年轻人毫无号召力。大学刚毕业的这一代人都在质问，为何税收高昂，为何他们必须为沉重的国家债务买单。

挪威拥有500万人口和大量的石油储备，本应民殷国富，但实际上却一直在举借债务，将石油收益用在毫无投资回报的公共项目上。一位记者向我抱怨过最近修建的一条隧道，隧道连接了一座仅有1 000个居民的小岛。（相反，新建的一座长16公里、横跨丹麦与瑞典的隧道大桥将带来积极的影响。如今，这座大桥，再加上丹麦新建的一座长18公里的大桥，使得驾车从芬兰直接跨越斯堪的纳维亚半岛进入西欧成为可能。）最近，芬兰有史以来第一次明文禁止卖淫行业，为的是阻止俄罗斯女性涌入该国从事皮肉生意。

在整个斯堪的纳维亚半岛，人才枯竭现象显而易见，众多精英和顶尖人才常常由于不堪重税，纷纷离开家乡，前往条件更加优越的地方。他们对这种历史遗留问题没有发言权，只能用脚投票。

10月中旬，我们到达德国。10月底至12月末这段时间，我们在欧洲四处游历，参观了多数热门旅游景点，在欧洲大陆逗留的时间超出了最初的计划。若非为了婚礼，我们离开欧洲的时间会早得多。回想起来，我必须说，我很庆幸我们在欧洲多停留了些时日。虽然我已经去过欧洲不少次了，但佩奇却没有，线路是她规划的。在向她展示欧洲的同时，我也得以重新反思自己对于欧元的立场。欧盟经过 3 年试行最终接纳欧元为单一货币。

简而言之,世界迫切需要欧元。但不幸的是,虽然在写作之时,我本人仍然持有一些欧元,但我并不看好欧元能长期使用下去。

世界需要欧元是因为美元从根本上说是有缺陷的货币。美国是世界上最大的债务国,而美国人却并没有将借来的资金投入任何生产性行业。美国的贸易逆差目前为每年 4 000 亿美元,并仍然逐年增长。美国缺乏竞争力。不论政府发布的数据如何,美国并不具备足够的生产力。美国政府每个月都会发布经过篡改的数据,声称美国的生产力相比于世界其他国家,正在稳步增长。但每天的真实数据却表明美国并不具备竞争力,从国外进口的商品越来越多。而由于日本有严重的国内问题,日元也麻烦重重。作为交换媒介,作为价值储藏,欧元都会是完美的解决方案。

世界各国的中央银行有将近 60% 的外汇储备都是美元,而若欧元成为世界的主要储藏货币和交换媒介,这些银行将抛售大量美元,买进欧元。欧盟的经济规模和人口规模都要大于美国。其经济规模和实力足以支撑一种世界货币,而且相比于我们的巨额逆差和债务,欧盟拥有适度的贸易顺差。预计世界上 30% 的贸易将用欧元完成。欧元的成功将提高欧盟的效率和竞争力——助其超越日本和美国,进而推动物价下跌,造福全世界。欧盟为了防止战争、促进贸易和流通而成立,本身就是一个伟大的概念,而一种全新的单一货币也同样伟大。自 20 世纪 70 年代以来,欧盟在这方面已经有过两三次尝试了,但均以失败告终。

1992 年,欧盟成功了。15 个欧共体成员国中,有 12 个签署了《欧洲联盟条约》(又称《马斯特里赫特条约》)。该条约包含使用欧元这一政策。不幸的是,在完成这一构想之时,全部 15 个成员国的金融基础和经济基础参差不齐。有的是债务国,有的是债权国;

有的货币疲软，有的货币强健。将行将崩溃的货币同势头强劲的货币绑在一起是天方夜谭，于是该条约便规定每个成员国都必须整顿经济。这一措施被称为"融合"——所有成员国的国内财政赤字都必须达到并控制在某个目标线以下，如违规，必遭重罚。

那么，对于一个经济困难的国家，再处以罚款无异于雪上加霜。罚款措施越严厉，该国的经济问题就会越严重。但当初签订该条约的政府基本维持着健全的货币，它们了解货币价值，明白货币不会间歇性贬值。而20世纪90年代末期，多数实行健全货币政策的政府都已经被实行放松银根政策的政府取代。该条约规定赤字率不得超过3%，而随着各国政府的最后期限逐渐逼近，它们纷纷开始做假账。例如，法国便提出了一项骇人的提案，计划从全国养老基金中抽调大量资金，用以平衡预算，待次年应付了最后期限再返还给养老基金。实际上，他们甚至高调地公开宣布了这项计划。连意大利人都震惊了——他们可是肆无忌惮地做了几十年假账的意大利人。随后，意大利人又想出了操纵数据的新花招，德国人也不例外。到最后，所有国家都做了假账。

（这和美国的情况如出一辙。20世纪90年代末期，政府每年都会发布报告称有"预算盈余"。奇怪的是，政府的债务却在不断增加。政客声称他们在偿还债务，这倒不假，但他们是在拆东墙补西墙。就真实的货币而言，赤字在不断增加。另外，最近由彼得·费希尔担任副部长的美国财政部发布报告称，美国政府存在未计入账面的隐藏债务，"目前债务总额相比预计收入多出了20万亿美元"。政府的行径无异于向我们昭示交易"透明性"的需要，但这一话题暂且到此为止。）

欧元就这样诞生了。当然，英国连同瑞典和丹麦一起选择了不参与这项计划。

在旧有体制下,一旦出现经济困难,各个国家可以采取几种措施。它们可以印钞票。这会使得货币贬值,但这并不妨碍当选政党的利益。股市会(暂时地)上涨,经济会(暂时地)好转,人们口袋里的钱会(暂时地)多起来,一切都会(暂时地)恢复正常。过后才会付出代价。它们还可以采取的措施是大肆举债。

以欧元作为统一货币后,各国政府无法再选择印钞票这条路了。这些国家必须建立健全的经济体制,提高所有行业的竞争力。以美国为例。目前,如果汽车行业的情况恶化,密歇根州不能印钞票了事。密歇根州州长可以像20世纪60年代的纽约州一样大举外债。纳尔逊·洛克菲勒为了吸引选票在奥尔巴尼市建设的项目可令世界上最壮观的大教堂相形见绌,但这却损害了纽约州的信誉。

预计欧洲也会发生同样的事情。首先,政客会用临时的财政补救措施掩盖问题,这招不起作用后,便会开始推诿责任,将外来人口当作替罪羊——那些邪恶、狡猾的外国人。欧盟总部布鲁塞尔的政客会尤其如此。一旦葡萄牙同芬兰或奥地利的利益起了冲突,或欧盟经过一段时间后不可避免地面临地区压力,究竟会发生什么情况以及如何应对,现在的欧洲领导人恐怕都无能为力。

我如此关注欧元的原因首先是,50年来德国一直是健全货币政策的典范,而欧元在最初提出时被视作换汤不换药的德国马克。到了2003年,这个观念经受了冲击。葡萄牙人并未约束自己的行为,更糟糕的是,德国人同样如此。20世纪90年代中期,德国左翼政党当选。在违反条约最严重的国家中,德国和葡萄牙这两个国家赫然在列。在2002年大选即将开始之际,他们开始无所顾忌地增加开支。在《欧洲联盟条约》的约束下,他们不能再印钞票了,于是便开始肆无忌惮地预支赤字。这在德国是几十年未见的情况。

一条锁链的坚固程度取决于其最弱的一环。若想让欧元坚守其初衷，唯一的出路是所有成员国都施行恰当的经济政策。让12个国家都达到这个目标是不可能的，而一旦情况恶化，我并不看好欧元能存活下去。

目前，某几国政府存在巨额赤字。法国人甚至声称要无视合约。最终会有某个民粹主义政客将自己的问题归咎于欧元和布鲁塞尔方面，并以退出相要挟。布鲁塞尔方面是派坦克镇压、同意退出还是印钞票？无论怎样，这都会损害欧元。尽管如此，我仍然持有欧元，但仅仅是因为该货币的问题略少于其竞争者。

欧元原本是可以成功的。欧盟的成员国本可以先以小规模的试验开始：例如，德国和奥地利本已关系密切，使用同一种货币。在解决完分歧后，它们可以——举例而言——纳入荷兰，其经济及货币也与德国非常相似。然后假以时日再纳入另一个国家。整个过程或许需要一二十年。美国当初就是这样做的——我们缓慢却稳扎稳打地向西推进，将新"成员"纳入国家版图、市场和货币体系。欧洲当初若是选择这种方式，相互之间会形成密切的联系，很难将自身的问题归咎于布鲁塞尔的邪恶官员。

如今，欧元的问题牵扯了大量的国际事件。数万亿美元资金的投资仰仗于欧元的成功。银行系统改了，停车计时器改了，会计制度、免税代码等都改了。欧元一旦失败，复原这一切的工程量将是灾难性的。

欧元假如成功，对我们所有人造成的影响则更为重大。既然有一种健全的货币能够代替美元，整个世界都会抛弃美元。历史表明，随之而来的变革会对美国霸权造成深远而惨重的影响。

在20世纪20年代，英国是公认的世界上最富裕、最强大的国家——一如今天的美国。但其货币作为世界上的交换媒介和贮藏手段，已经存在根本性的缺陷。至20世纪30年代末，对英镑的汇兑管制已经存在了 40 年,而在这 40 年间,英国失去了帝国、霸权以及威望。70 年代,形势极其恶劣的英国已经无法再自由发行货币了,其名誉扫地,无法偿还在世界市场上欠下的债务,只得依靠国际货币基金组织的紧急援助渡过难关。

消除人口、劳动力、资本、智力资本自由流动的障碍,正是欧盟的全部意义所在以及欧元创立的初衷。如果你是欧盟成员国公民,在欧盟内部旅行不再需要签证或护照——和美国公民从田纳西州到得克萨斯州一样便捷。全世界都应该推行此道。

听起来太过激进?几千年来,世界没有护照也过来了。哥伦布没有护照,也没有签证。19 世纪的几次大规模涌入美国的移民也没有拿着护照和签证出现在图瓦卢(埃利斯群岛)。他们就这样来了。假如当初要求签证,我们祖父母这一辈人多数都会被拒签,然后被拒绝入境。没有护照和签证的限制,人们可以自由前往新边疆,伟大的城市、国家和文明才得以发展壮大。这一直以来都有益于社会,如今依然如此。

护照是英国人发明的,目的在于控制其人民及帝国。他们不希望在没有管制的情况下任由大量外国人离开大英帝国的偏远属国,涌入英格兰,甚至自己也无意前往帝国的其他地区。他们最不愿见到的事情就是有色人种出现在自己的祖国。"白人的负担"绝不能出现在祖国。

护照最初的前身出现在中国,也可能出现得更早一些,是一枚指示安全放行的符节,颁发给皇帝的信使或使节等,用以证明符节持有者的善意,表明"请优待他"或"让他通过"之意。经过一段时间后,这个概念不可避免地被扭曲了,使用得越来越广泛,最后发展到每个公民在旅行时都必须携带护照。不久,连这也不够了,又出现了签证,平添了不少管控与限制。

试想一下，有数万人在边境处工作，除了检查护照、检查签证、签发护照、签发签证，便再无其他贡献，他们阻碍了流动、扼杀了创造力、影响了效率。试想一下，若没有他们，会有大量的资源开放给全世界。

我记得有个古巴人将自己绑在木桶上漂洋过海来到了佛罗里达州的海岸，却被立即逮捕了。我很愿意雇用此人为我工作或让他生活在我的城镇里。这些才是美国所需要的人才——敢于冒险、奋发向上、勇敢无畏、头脑聪明、心怀壮志的人。

全世界——特别是美国——过去在没有护照和签证的情况下发展得很顺利，在未来依然可以发展下去。如今，这些措施依然被使用的主要原因是惯性。没有护照和签证的世界，对于大多数人来说是陌生的，原因不外乎是在人们的印象中，世界一直如此。如果你提出这个问题，人们会像看到傻瓜一样看着你。你可能会问国防可怎么办？这不过是政府换了一种方式的说法，真实的含义无非是："我们需要控制人民。对于判断什么对世界有益，我们比人民更擅长。"

纵观历史，反对移民的人总是有同样的说辞，尤其频繁出现的是"这些移民与以前的移民不同"。记得19世纪中期美国人是如何叫苦连天地抱怨爱尔兰人与过去移民"不同"的吗？他们都是"酒鬼和逃犯，他们拉帮结派"。更糟糕的是，他们信仰不同的宗教——罗马天主教。他们永远不可能成为忠诚的美国人，因为身为天主教徒的他们首先会唯罗马教皇是从。170年来，天主教徒当选总统都是无法想象的事情，然后便出现了肯尼迪[①]。随后的几代人又开始以同样的理由批评意大利人、犹太人、华人、东欧人、埃塞

---

① 肯尼迪是美国历史上第一位信仰天主教的总统。——译者注

俄比亚人、古巴人、多米尼加人和越南人。曾有几十年的时间，亚洲人是不能拥有财产的，就因为他们是"不同"的。

　　排斥外来人口的这些说法现在听起来非常荒唐，而目前这套"人种不同论"几年后听起来也会变得极其荒谬。纽约州斯克内克塔迪市市长现在已经开始招募圭亚那人了，因为他们对该市做出了巨大贡献。

　　闭关锁国无法让美国更安全。俄克拉何马城联邦大楼爆炸案[①]提醒了我们恐怖主义不仅是国际问题也是国内问题。麦克维家族世代生活在这里，华盛顿狙击案的嫌疑主犯约翰·艾伦·威廉姆斯[②]的家族同样如此。后者在2002年秋令全美连续数周处于恐慌之中。炸弹客[③]是一名哈佛大学的美国学生。没有哪场战争是因为签证管理过宽而输掉的。相传2001年纽约"9·11"袭击事件的主谋穆罕默德·阿塔[④]是合法入境的。保护国家不受外来者侵害的唯一方式是彻底闭关锁国。我们难道都要辞掉工作到数千英里的边境巡逻防止外国人入境吗？在这种国土安全体制下，我们将禁止外国商人、游客、运动队或艺人入境。披头士乐队将无法进入美国巡演。

---

① 俄克拉何马爆炸案，发生于1995年4月19日，主犯为美国海湾战争老兵蒂莫西·麦克维。当天，麦克维将一辆载满炸药的车开进了俄克拉何马市政府的一座日间看护中心并引爆，共造成168人死亡、500多人受伤。——译者注

② 约翰·艾伦·威廉姆斯，又名约翰·艾伦·穆罕默德，在2002年10月2日到10月24日，与17岁的同伙马尔沃在华盛顿周边地区潜伏于车内对过往行人进行"任意狙击"，共造成10人死亡，3人受伤。——译者注

③ 炸弹客，西奥多·卡钦斯基，美国芝加哥人，曾经被称为哈佛天才，年仅16岁即被哈佛大学数学系录取，25岁博士毕业，然后被加州大学伯克利分校聘为助理教授，但工作没多久便辞职归隐，随后独自策划了"炸弹运动"，共寄出10枚邮包炸弹，共造成3人死亡，多人重伤。——译者注

④ 穆罕默德·阿塔，据联邦调查局认定，他是在"9·11"事件中首先驾驶飞机撞向世贸大楼的恐怖分子。据称，他为"9·11"事件的主谋。——译者注

你愿意生活在这样一个国家吗？我不愿意。我反而建议，为了保护本土安全，我们不要再四面树敌了。

如果说美国确实有个时期处于严重的敌方威胁下，那只能是本杰明·富兰克林时期。彼时的美国遍布着危险分子，有三分之一的人口都属于敌对阵营。连富兰克林的独子威廉都是忠王党（英国保守党）。此外，美国处于四面受敌的位置。这个新生的国家与好战的印第安部落以及英格兰和西班牙的殖民地接壤，而英西两国是两大军事霸主——拥有当时世界上最强大的军队。如今，离我们最近的重要敌国也在 5 000 英里之外。尽管如今有大规模杀伤性武器存在，当时美国面临的国内外威胁仍然要比如今严峻。而本杰明·富兰克林对国土安全问题的回应却是："肯为了暂时的少许安全而放弃基本自由者，既不配获得自由，也不配获得安全。"

当然，如果大量的外国人涌入，他们会收取更低廉的工资。而这是个好现象，但华盛顿的议员却不会这样看。如果一个国家达到高度繁荣，吸引了大量移民，某些移民可能会降低工资，或者至少会更加卖力地工作，因为移民总是需要多付出一点辛劳，而这反过来会提高生产力。所有人都会因此受益。移民曾经让我们变得伟大，将来仍然如此。拿着铁饭碗、开着受保护的企业或者享受垄断地位的无所事事者不会因此受益，但其他人会。

在美国的合法移民中，有 21% 的人接受过至少 17 年的教育，多数是大学毕业生或专科学校毕业生。而在美国本国人口中，受教育程度达到这一水平的人口只占 8%。

美国急缺兵源、护士、计算机专家、软件工程师及其他工程师、兽医、医生、门卫、教师、牧师、保姆、管家和雇农。社保基金和医疗基金迫切需要年轻的员工来平衡财政上的债务清偿能力。我们有太多的律师、太多的官员、太多捧着铁饭碗的人。当然，正是他们想要闭关锁国。

  如今的科学家取得了巨大的进展，尤其是在基因研究方面。有朝一日他们会发现所有的官员都有相同的基因——有缺陷的基因。全世界的官员都如出一辙。一有新事物出现，他们要么视而不见，要么畏缩不前。我见过世界各地成千上万的官员，他们的第一反应总是拒绝。

  我们发现在世界的多数地方，婚姻大事都无法随随便便解决——廷巴克图[①]可不是拉斯韦加斯，但在英格兰合法结婚的条件我们是具备的。佩奇于是利用充足的准备时间，在西伯利亚通过电话预订，已经开始策划婚礼上的管弦乐表演了。

  记住，这可是2000年1月1日，千禧年之交。英国的保姆为新年前夕照看小孩的服务开出了一晚1 000英镑的价格，相当于1 500多美元。我们原本希望在亨利镇的红狮酒店——入住并宴请宾客，当初参加赛舟会时，我们就是在这里入住并相爱的。但这家酒店却计划歇业。亨利镇的多数酒店都会歇业，仅仅是因为它们支付不起员工在假期加班的工资。一位婚礼策划给出的最初估价是，如果我们想邀请100名左右的宾客，每个席位的价格是1 500美元。

  由于当天的其他特殊情况，我们最初的宾客名单已经缩减到了1/10。许多人已经早早为千禧年之交的庆祝活动做好了计划。当然，还有很多人不愿旅行——由于千年虫病毒引起的恐慌，人们以为世界各地的电脑都会崩溃，飞机会从天上坠落。鲜花似乎根本无法送达。全世界都出现了香槟短缺。即便佩奇住在英格兰，策划婚礼也非常困难。这和在自己家结婚可不一样，所幸她的母亲确实在遥远

[①] 廷巴克图，西非马里共和国的一个城市，位于撒哈拉沙漠南缘、尼日尔河北岸，历史上曾是伊斯兰文化中心之一。——译者注

的家乡尽了心力。

雪上加霜的是，负责管理亨利镇圣公会的牧师不愿意为离过婚的人主持婚礼，也不允许离过婚的人在他的教堂里举行婚礼——我离过婚。

这只是佩奇所面临的一部分障碍，但她依然克服了这些障碍，筹划了我毕生参加过的最非凡的一场婚礼。

佩奇在亨利镇找到了一家天主教修道院。这栋建筑由克里斯托弗·雷恩[①]设计，位于河畔，景色优美宜人，建筑也美轮美奂。佩奇向这座修道院捐赠了一笔钱，作为回报，她得以在这个地方举办婚礼。雷恩爵士的这座建筑一侧连接着一座小教堂，我们将在那里举行婚礼。当天的天气无疑会是英国1月常有的阴雨天，因而没必要将婚礼地点和婚宴地点隔得太远，让宾客长途跋涉。

直到最后一刻，红狮酒店才同意高价营业。我们苦苦劝了整整3个月，但直到此时，经理才同意我们的请求，让我们包下整座酒店。我们还必须再找一家小酒店，劝老板在假期营业以接待多出的宾客，老板无疑也会收高价。

随着婚礼日期的临近，之前影响婚礼的各种疯狂理由都不再是问题，障碍消除了。由于千年虫病毒带来的恐慌，人们减少了出行。而主要也是这个原因，人们忽然重回岗位，酒店也有了空房，付1 500美元给一位保姆或花15万美元办一顿100人的宴席忽然变得荒唐起来。佩奇找到了一个婚礼摄像、鲜花、香槟和酒席承办商，价格还算合理。我是古老的英国赛艇俱乐部利安德俱乐部的会员，因此俱乐部同意开门让我们在那里举办婚礼前夜的聚会。和世

[①] 克里斯托弗·雷恩爵士（1632—1723），英国建筑师，设计了52座伦敦教堂，其中很多以优雅的尖塔顶闻名。——译者注

界上的其他地方一样，泰晤士河畔亨利镇恰巧也在新年前夕安排了烟火表演。我们通知宾客："我们安排了大型的烟火表演，希望你们在婚礼上尽兴。"

我一直没有插手，是佩奇安排了一切。

后来，她向我坦言："吉姆，想一边在西伯利亚旅行一边筹划婚礼的女人都是疯子。这或许是所有女人梦寐以求的梦幻婚礼，但下一次我建议我们还是私奔吧。"

我对这次婚礼的贡献？我找了个牧师。

我在亚拉巴马州迪莫波利斯长大，我儿时最好的朋友之一是一个名叫拉斯提·戈德史密斯的男孩。他是个犹太人。现在回想起来，对于迪莫波利斯这样一座南方小镇，犹太人多得惊人，连乡村俱乐部主席和市议会议长都是犹太人。镇里有一座犹太教堂，以及一处犹太墓地。直到后来去了北方，我才发现大家都认为犹太人与普通人是不一样的。在20世纪50年代的亚拉巴马州——至少在迪莫波利斯，白人与黑人是唯一的区分，究竟是犹太人、天主教徒还是清教徒，似乎并不重要。我记得参军时，有一次在迪克斯堡排队打饭，我后边的人在挨个问："你是哪儿的人？"他们纷纷回答说波多黎各人、意大利人、希腊人。我不知道应该如何作答，甚至也不知道他是何意思，于是便说："圣公会教徒。"

我40多岁的时候，拉斯提打电话对我说："猜猜我要做什么？"

拉斯提娶了一个信奉长老会的女人，她此前在金融行业工作。我猜他要换工作。

"我一点头绪也没有。"我说。

他说："我要进神学院。我要做一名圣公会牧师。"

我糊涂了。不过话又说回来，拉斯提很可能对我的一些人生选择和职业选择也会感到困惑不解。

1999年秋，我和佩奇正在寻觅牧师的时候，拉斯提已经在伯明翰的一座教堂里当上了圣公会牧师。我和拉斯提几年来很少见面，但我打电话给他的时候，似乎一切都未改变。

"听着，这会非常完美，"我说，"我们一起长大，你是我的老朋友，我从小就是圣公会教徒，而你又是圣公会牧师……"

"而且我马上有一次休假。"他说。

我很惊讶地得知神职人员所受的限制是非常严格的。规则非常复杂，一名牧师必须先填好文件才能出去履行上帝的任务。所幸这些愚蠢的规则是近年来才出现的，否则基督教永远都不可能从伯利恒[①]传播出来。

12月中旬，拿到英美两方出具的很多必需的批准文件后，他飞到泰晤士河畔亨利镇准备为我们主持婚礼。

2000年1月1日，泰晤士河畔亨利镇阳光明媚，这在英格兰是一年四季都少见的好天气，更不用说是隆冬时节了。虽不是夏日，但天气非常温暖和煦——宾客们在走过修道院宽敞的庭院时纷纷脱掉了外套。佩奇坐着白马拉的马车从酒店来到了小教堂，在这半英里的路上，马蹄笃笃地响彻镇里的街道。病入膏肓的父亲特地来到英格兰担任我的傧相，他和我一起乘坐那辆黄色的奔驰。

他说，他当年结婚的时候，傧相告诉他所有傧相的责任都是为新郎善后。他的责任是告诉新郎他可以回心转意并向宾客解释婚礼取消了。他说，他年轻的时候就知道这个道理。这就是教会我要为女士开门、为女士拉出椅子的人。是他教会了我所有的骑士精神。而他现在却像在教我就餐礼仪一样，遵循他作为父亲和傧相的职责，

[①] 伯利恒，又称白冷，巴勒斯坦中部城市，根据《圣经》记载，这里是耶稣的出生地，素有"圣城中的圣城"之称。——译者注

给了我必要的建议。

他还说，如果我和佩奇生育子女，他很可能无缘见到了——我是他5个儿子中的长子，也是唯一一个还没有让他抱到孙子的孩子。这次旅行两年后才结束，其后不久我和佩奇便做出了生儿育女的打算。

"你已经走到今天了，"我说，"要坚持下去。"

我们把车篷放了下来，驾车去了小教堂。

我和佩奇就这样结婚了。

第二天晚上，我们在15英里外的一座五星级豪华度假酒店——四季农庄酒店——度蜜月。在那里，我们在绝美的英国乡村景色中入睡，梦想着非洲。

第二篇

2000 年

走进非洲

我们打开车篷,驾驶着奔驰车穿梭在马德里市,寻找酒店。就在这时,一辆宝马摩托车减速跟在了副驾驶一侧。

车主看了看我,喊道:"你是吉姆·罗杰斯?"

"不是,"佩奇说,"我不是吉姆·罗杰斯,他是吉姆·罗杰斯。"

此人名叫杰拉尔多·泽利格,是西班牙奥运会帆船队的一员。他读过我的书,一有时间就会"骑摩托周游世界"。带我们找到酒店后,他又邀请我们共进晚餐,并在第二天将我们介绍给了他的十几位朋友——其中一位是一家银行的主席,还有一位是西班牙伯爵。多数人都像他一样,是摩托车发烧友,但有一个例外,她便是肖恩·戈麦斯-蒙切,冈萨雷比亚斯酒庄的首席执行官。这座酒庄是一家规模庞大、享有盛誉的西班牙葡萄园和酒水生产商(其产品包括缇欧佩佩[①])。她邀请我和佩奇在南行的路上到该公司位于赫雷斯的传奇酒庄参观,这家酒庄也是西班牙历史最悠久的葡萄园之一。

完完全全出乎我意料的是,西班牙凭借着预算盈余和贸易顺差,如今堪称欧洲管理最完善的经济体之一。该国在各个方面都成为一

---

① 缇欧佩佩,一种著名的雪利酒。——译者注

个极具吸引力的国家,我们甚至一度讨论过定居在这里的想法。

雪利酒这种西班牙烈酒的名字就起源于赫雷斯这座城市。"雪利"意即"赫雷斯的酒"。在那里,在肖恩的带领下,我们参观了该地区的古老酒窖。她告诉我们,16世纪麦哲伦起航环游世界时,便带上了产自这里的雪利酒。

她及其家人准备的丰盛菜肴是这次旅行的一个亮点,令我们难以忘怀。"这位肖恩女士不是一般人,"佩奇评论道,"经营着一家大酒庄,还做得出世界上最美味的西班牙凉菜汤。"后来,一旦对眼前的食物没什么胃口,我们便用想象这道凉菜汤的方式来望梅止渴。

肖恩送给我们两瓶该公司产的千禧年纪念雪利酒,让我们像麦哲伦带着本地产雪利酒出海探险一样,带着它们环游世界。如果我们最终完成了这次旅行,我们会将其中一瓶收藏起来作为纪念,将另一瓶还给酒庄,并陈列在公司的博物馆里。(麦哲伦并没有带着赫雷斯的特产环游世界,而是在途中喝掉了。而麦哲伦也没能活着完成旅行,是他的船员完成了他的遗志。)她还送给我们一瓶该公司1968年产的雪利酒,这一年正是佩奇出生的年份。这样一来,我们这两个麦哲伦的现代追随者便能本着真正的探索与发现的传统,在路上享受美酒滋味。

婚礼之后,我经常打电话到迪莫波利斯的家中询问父亲的状况。2月从西班牙打电话回家时,他第一次告诉我他胸口有痛感——癌细胞显然在扩散。我们头一次讨论了是否要让他住进疗养院,为的只不过是帮他减少疼痛。我力劝他这样做,而他的反应则是言辞恳切地向我重申:无论发生什么事,都不要回家看他或中断行程。他似乎是想说,他希望我能不仅为了自己,也为了他,来完成这次旅行——实现我们两人的愿望。

就这样，在环游世界的路上，在与父亲相隔约 3 000 英里的情况下，我想起了自己的第一辆车便是他送的。我 17 岁时，他为我买了一辆 1948 年产的普利茅斯汽车，条件是我得自己支付这辆 11 年老车的全部保养费用，而这只是他帮助我树立责任感的方式之一。

"我会的，"我答应道，"我会完成旅行的。"

旅行了 59 周、驾车行驶了 6 000 公里后，我们终于到达西班牙最南端的直布罗陀海峡。这里是通往非洲的门户。我们越过直布罗陀海峡，眺望着 15 公里外、我们即将亲身体验的辽阔大陆。这可能会成为这次旅行中耗时最久的一段，也将成为穿越世界第二大陆的一场精彩旅行。这片土地的历史、文化和风景之丰富多彩、神秘莫测超乎想象。我在上次为期两年的旅行中已经骑着摩托车穿越过非洲，而再次踏上这片大陆，我内心仍然激动不已。我和佩奇站在那里，满怀憧憬之情，面对所有无法预料的事情，内心既激动又有些许害怕。

在此之前，我们对计划拜访的每一个国家、计划停留的每一座城市总是能提前熟悉。我们对第二天的行程及路线一直都有所计划，连西伯利亚也不例外。在非洲，一切计划都将作废。西方媒体对这里发生的事件报道得并不详尽，我们必须亲自一探究竟。我们的理想计划是驾车沿非洲西海岸南下，绕过非洲之角，回到东岸，最终前往埃及。这个计划看起来不错，但沿途有许多地方正经历着战争，从扎伊尔[①]、安哥拉和刚果（布），到苏丹、埃塞俄比亚和索马里，战火跨越了国境，四处蔓延。某些邻国存在边境纷争，因而禁止过境。例如，阿尔及利亚和摩洛哥之间的边境已经关闭了 6 年，任何平民都不得通过（而两国之间的天然气管道却畅通无阻）。

[①] 扎伊尔，1997 年 5 月 17 日后改名为刚果民主共和国。——译者注

除了战争的危险，还有传染病和自然灾害。前一年发生的重大洪灾淹没了非洲东南部国家莫桑比克的一部分地区。据说有一位孕妇被困在了树上，被迫在树上分娩。10 年前已经结束的内战在该国遗留了大量杀伤性地雷，这些地雷在洪水中被冲了出来。

我和佩奇在欧洲花了大量的时间在领事馆和大使馆。从法国到英国再到比利时，我们一直在尝试申请计划要去的某些非洲国家的签证。最终，我们花了一个月的时间只申请到了 10 个。不幸的是，其中多数的有效期只有 3 个月，不少在我们到达的时候就已经过期了。我们会在邻国试着重新申请，不过成功与否就不得而知了。

疾病是另一项值得担忧的问题。我们已经注射了破伤风疫苗、伤寒疫苗、狂犬病疫苗等，第一段旅程上注射的多数疫苗都是为了预防外国疾病，而如今最大的危险是疟疾——非洲死亡率最高的疾病。为了保护自己，我们购买了甲氟喹片。医生建议我们在进入非洲前两周就开始服用这种药物，一直到离开疟疾传染区两个月后再停药。用药说明也明确指出，该药物至多只能服用 3 个月的时间。但我们要在非洲待至少 9 个月。甲氟喹片的副作用可能会非常严重，包括神志不清之类的症状。医生警告我们一旦出现这种症状就要立即停药，于是我们带上了替代药品以防万一。（药品制造商后来又宣布还可能会产生另一种副作用——自杀。）

我们重新补充了药箱，购买了大量医药用品：皮下注射器、抗生素、绷带、止泻药和退烧药。我们还检查了净水装置以及配套的过滤器和药品，这些在这种旅行中是绝对的必需品。非洲的水肯定是需要净化的——自来水是无法直接饮用的。我们检查了露营装备，帐篷、睡袋、炊具和毯子都检查了。我们并不指望在每天晚上停留的地方都能找到酒店。我们还为车的每一个部件（千斤顶、轮胎、牵引杆）都购买了备用件。我们有两部铱星电话，一部装在车内,一部随身携带,但对于这两部电话是否在非洲的所有地方都能使用,我们便不得而知了。为了保险起见,我们还有两部全球移动通信系统电话。这两部电话在摩洛哥和南非等西方化的国家肯定可以使用,但在其他地方便不得而知了。除了通话,我们还可以用这两部手机接收数据,包括电子邮件——希望如此。

在伦敦,我们买了一套新的全球定位系统,并把它安装到车上。旧的全球定位系统是由阿尔派生产的,很好用,但可惜只能在欧洲使用。最后,我们还有四部短波收音机,三部是便携式的,另一部装在车里。这些收音机非常重要,因为要想及时了解路途前方的情况,最好的途径就是收听BBC(英国广播公司)。BBC能提供有关非洲的确切消息,且在非洲也可以收听得到。我们可以利用这些收音机及时跟进消息。

1989年柏林墙倒塌后,整个非洲大陆只有大约三国开放了市场。如今这样的国家多达数十个。许多国家想要开设证券交易所。某些富有远见的国家领导人想要吸引西方资本,开放国内市场,享受全球的繁荣潮流。非洲这个拥有8亿人口的大陆是一支无法被忽视的经济力量。

我多年来一直在投资非洲国家,如加纳、博茨瓦纳、赞比亚和津巴布韦,还在尼日利亚有间接投资。令我欣喜的是,这些投资都很成功。我相信原材料市场将会呈现牛市,而非洲拥有极为丰富的原材料资源。原苏联地区本是未来的一个自然资源出口源,但经济状况却持续恶化。看到这种情况,我对非洲的前景更为乐观了。博茨瓦纳盛产钻石,加纳盛产可可和黄金,摩洛哥磷酸盐矿颇丰。有许多国家我都想去很多次,如盛产绿宝石和铜矿石的赞比亚和盛产石油的喀麦隆。我迫不及待地想要拜访那些上次旅行无缘去到的地方,如非洲南部的马拉维,当然还有马里共和国的廷巴克图市。我期待着第一次拜访加纳，不知是否能在那里见到我的投资经纪人。相隔数千英里的我们已经做了10年的生意，却从未见过对方。

最重要的是，我期待惊喜。

我们在摩洛哥游历了数周时间，拜访了丹吉尔、非斯、拉巴特、卡萨布兰卡，以及唯一一座仍然保留着过去法属殖民地浪漫异域风情的城市——马拉喀什。这里的集市上还有耍蛇人在卖艺。我们越过阿特拉斯山脉，穿过柏柏尔人[①]聚居区，向南行驶，前往西撒哈拉。

摩洛哥是非洲最发达的国家之一，拥有完善的基础设施，人口约为2 700万，磷酸盐矿储量约占全世界的2/3——磷酸盐矿资源对于摩洛哥的重要性堪比石油之于委内瑞拉。磷酸盐矿是制作化肥等化学制品的关键原料，摩洛哥在该资源的世界市场上占有主导地位。我想新国王即位后将会面临许多困难。他需要的不仅仅是父亲收藏的500多辆豪车、10多座秘密王宫和一座巨大、空荡荡的清真寺，这些耗费了全国数亿美元的资金。西撒哈拉，原西属撒哈拉，是非洲人口最稀少的地区之一，多数地区为沙漠，于20世纪70年代被摩洛哥的统治者占领，他们觊觎的主要是磷酸盐矿。从那以后，一支名为波利萨里奥阵线的游击队便一直在顽强抗争，争取从摩洛哥取得独立。自1975年以来，联合国一直在尝试举行公投决定西撒哈拉的命运，自20世纪90年代初向该地派遣人员以来已经投入了将近5亿美元。

我们见过几十个联合国高官开着内置空调的四轮驱动车，用公款在昂贵的餐厅里吃着精致的美食，住着上等的酒店，过着舒适的

---

① 柏柏尔人，是西北非的一个讲闪–含语系柏柏尔语的民族，由众多文化、政治和经济生活相似的部落族人构成，主要集中在摩洛哥和阿尔及利亚。——译者注

生活，让我们多少料到了即将在非洲其他地区遇到的很多事情。这些阿谀奉承的官僚随处可见，其中有不少已经在那里居住了数年。他们是国际社会的寄生虫，仰仗着正在发生的地区冲突谋利。他们巴不得让冲突继续下去，而不是结束冲突。

旅行结束之际，三番五次经历过这种事情令我坚信，联合国是个失败的机构。全世界投入了数千亿美元，但联合国却很少——甚至是从未——有成功阻止战争的时候，而这可是其成立的初衷。我的理想主义情结绝不亚于任何人，但让我们面对现实吧，看一看60年来投入的成本和低下的效率。即便是"人道主义"任务的执行也糟糕至极、代价高昂。目前，我见过为联合国服务的承包商和次级承包商赚的钱比华尔街的投资银行家还多。

到达西撒哈拉南部后，由于游击队在该地区比较活跃，我们无法独自上路，只得由军队护送。这支护送队伍从尘土飞扬、面积不大的西撒哈拉港口城市达赫拉出发，每周执行3天任务。我们就这样聚在一起，同许多南行的人一起在烈日下等待。其中不少人都是商贩，他们开着庞大的卡车或老旧的汽车，上面装满了货物：锅碗瓢盆、食用油、食物、毯子。护送队4个小时后出发了。这是我平生见过的最奇怪的护送队。

所有人都驶离了公路，开进了沙漠。士兵很快便没了踪影。所有人都各奔东西，我们对此倒不介意，因为这些军方护送队非常危险。他们会将你的意图用电报发给敌方。"你们要想袭击的话，下周四3点，我们会走这条路，有100个人，载着满满的货物，带着大量的贵重物品，可能还会带上几个西方人。"

顺便提一句，达赫拉是一座非常棒的城市，有不错的海鲜餐馆。有人垄断了酒水销售，只有两家餐馆可以买到酒。喝着冰镇啤酒，吃着美味的海鲜，坐在撒哈拉边缘，俯瞰着大西洋，这种感觉无与伦比。我很想回到那里——如果能卖冰激凌和啤酒就更好了。

在南部边境,我们必须重新集合起来扎营。我们再次成为完美的攻击目标。从那里开始,我们被移交给了毛里塔尼亚的军队和警方,他们的任务是带领我们穿过毛里塔尼亚境内的大片雷区。毛里塔尼亚境内的路途非常漫长,每个人都要接受定期检查,以确保没有人掉队。我们听说曾有逞能的欧洲人独自开进沙漠并被炸飞。这些故事是真是假不得而知,但一定会有人说:"我要跟着军队走。"

最终,我们到达了努瓦迪布市,毛里塔尼亚北部海岸的一座主要港口。我们已经进入了庄重肃穆的伊斯兰国家,一位神情肃穆的年轻人告诉我们任何人提供啤酒、协助他人获取啤酒或沾染啤酒都会遭到天谴——除非他是韩国人。我们立即找了一家韩国餐馆。

似乎早在毛里塔尼亚政府开始准许世界各国的舰队在该国海域打鱼以来,韩国人便来到了这里。(我们到达时,海岸边停靠着 60 艘俄罗斯轮船和约 100 艘欧洲轮船。)其中一些渔民——包括我们光顾的这家餐馆的老板——上岸定居在了这里。随着韩国结束其长达数十年的封闭状态,将来或许还会有更多的韩国人来到这里定居——如果新的油气勘探取得进展则更是如此。韩国人垄断了毛里塔尼亚的啤酒生意。这并不是因为有大量游客经过努瓦迪布,而是因为任何人想喝酒或吃一顿美餐都得去韩国餐馆。那里供应中国菜,却没有人想吃韩国菜。

非洲有千百万种面貌,但人们总是笼统地将其分为两部分:北非和撒哈拉以南非洲,即白非洲和黑非洲。我们在韩国餐馆里点中国菜,我们用法语交流有障碍,老板殷勤地带来一名说得一口流利英语的洗碗工。她是一名非裔黑人女子,来自 1 000 多英里以南的加纳,在毛里塔尼亚已经生活了三四个月。和她情况类似的人还有不少,有男有女,我们在非洲西北岸旅行时经常遇到。她代表着北非大规模移民的一种模式，就像毛里塔尼亚的许多劳工一样，凭借着工作一路向北迁移，穿过撒哈拉，试图进入欧洲。她说，她的最大障碍是地中海。有传言称有数百人——每天晚上8到10人——在横渡直布罗陀海峡的偷渡过程中溺死。实际上，西班牙海运船一直在海峡处巡逻，并且抱怨他们成了整个欧洲的挡箭牌。许多欧洲国家的反移民情绪已经深入骨髓，时常引发暴力事件。

（罗马尼亚的安全部门会抱怨被"新一代的音乐垃圾入侵了"，这些音乐由南联盟的婚礼歌手和匈牙利及克罗地亚的马戏团管弦乐队广为传播。）

这位女士从加纳出发，一路向北闯荡，经历了各式各样的审判和困难，却仍然不屈不挠，一心要北上穿过撒哈拉和地中海，前往欧洲，那里有机会等待着她，而事实上，那里也急需她这样的人。鉴于西班牙和意大利等国目前的出生率，换作我一定会向她这样的人颁发过境的许可证。她正是美国数十年来一直在引进的人才，也是我们目前急需的人才。

3月初，我和佩奇从努瓦迪布出发，进入广袤的撒哈拉沙漠。

撒哈拉沙漠拥有完美的黑夜。夜晚，所有的光源都消失了，只剩下苍穹。空气纯净而清澈。那里没有任何形式的污染，空气中也没有湿气。我和佩奇处于这寂静之中，一边酌饮着从西班牙带来的1968年产的雪利酒，一边沉醉其中。由于这寂静太过完美，我们过了片刻才察觉到皮肤的触感。

"是清风。"我摸着脸说。

风总是有声音的，在任何其他地方都听得到，但在这里，在撒哈拉沙漠，没有什么东西在阻碍风的流动。沙漠中鸦雀无声。

"天哪，"佩奇说，"是清风。"

我们距离努瓦迪布大约200英里，距离毛里塔尼亚的首都努瓦克肖特也有200英里。无论到哪个方向的文明城市，都需要一天时间的路程，而到最近的道路需要穿越数百英里的撒哈拉沙漠，一片除了茫茫沙丘便别无他物的地方。我们距离最近的电源有数百英里。这里从未有过文明，除了环绕我们的沙漠，从未有过任何外物。数千年来风蚀成的沙丘绵延无际。很难想象还有哪个度蜜月的地方能比这里更加浪漫。这里超乎你的想象。这样的夜晚无法用金钱买到，将我们带到这里的时光也无法用金钱买到。

明天我们就将到达首都，一周之内我们便将踏上这次旅行最值得期待的一段路。我们将横渡塞内加尔河，进入撒哈拉以南非洲。

但在此之前，我们会沉醉于这样的夜晚，坐在帐篷之外，迎面感受从西边不知多远以外的大西洋吹拂而来的清风。我们坐在这个无人知晓的地方，品尝着拥有32年历史的雪利酒，而海风则开始吹过3 500英里宽的非洲大陆，穿过沙漠到达红海，一如无数个古老夜晚之前第一支商队经过此地时的情景。

除了沙丘的轮廓，一切都未改变。

在入睡之前，我们要先下载电子邮件。

我们一整天都在沙漠中行驶。没有路，我们只能自己走出一条路来。由于有人先于我们来过这里，我们沿着能寻觅到的任何踪迹前进，但这可不是一条经常有人走的路。有时，我们能看到胎印，希望留下这些胎印的人知道自己要走的方向。

我一直对沙丘的起伏曲线非常着迷。从来没有哪个画家能勾画出这种性感的线条，从来没有哪个雕塑家能够雕刻出如此具有诱惑力的形态。从来没有哪个女人能像这样既娇柔优美又性感撩人。令我又惊又喜的是，佩奇在初次见到这些沙丘时轻声感叹道，她从未见过有谁的胴体拥有如此非凡脱俗的曲线。如此优美迷人，却又远离人烟。我们只在撒哈拉沙漠、纳米布沙漠①和阿拉伯半岛广阔沙漠的部分地区见到过这种景象。

有一次,夜幕即将降临时,我们遇到了一片有十几座帐篷的露营区,它们就像海市蜃楼一般,驻扎在前不着村后不着店的地方。这是一群游牧民。营地里没有男人,只有妇女和儿童。我们走了过去,做了自我介绍,询问是否能将帐篷扎在他们附近。他们看到我们流露出的惊讶之情不亚于我们见到他们的惊诧,同时也很兴奋。他们带我们进了帐篷,请我们喝了茶。几个小时后,我们吃过晚餐,喝过雪利酒,用手机和笔记本下载了邮件,实际上已经准备入睡了,但那些妇女鼓足了勇气,走过来触摸我们的帐篷。他们从未见过我们这种双人小帐篷。她们询问是否能看看里面,我们当然同意了,但参观过她们的帐篷后,我们感觉多少有点自卑。

这里是世界上最浪漫的地方——来这里的路途非常艰辛,但只要你最终能到达,这里会是完美的蜜月之地。第二天,我们一觉醒来看到了比沙丘本身更加壮观的景象。我们打开帐篷,走了出来,发现自己被150头骆驼包围了。夜里的某个时刻,男人们领着骆驼,从忙碌的地方回来了。一会儿,女人们回到了我们的帐篷,为我们带来了早餐——新鲜的骆驼奶,还带着骆驼的体温。

"消过毒了吗?"佩奇的母亲在听我们讲了这件事后问道。

整个遭遇是我在异域经历的又一次离奇事件。当天上午晚些时候,看着游牧民队伍的身影消失在奔驰车的后视镜里,我努力想象着这次遭遇对他们来说想必也同样奇特。

在向南行驶的路上,我们沿着路线又回到了海岸边。潮水退去

---

① 纳米布沙漠,位于非洲西南部、大西洋沿岸干旱区、纳米比亚和安哥拉境内,是世界上最古老、最干燥的沙漠之一。——译者注

了，我们在沙滩上行驶了一段时间。这里有很长的一段路，这段路既平坦又光滑，在大西洋硬实的沙滩上延展开去，潮水敲打着一边的风挡玻璃，而来自美丽沙丘的干燥沙砾则吹打着另一侧。

涨潮时，我们被迫开回到了沙漠中。

3月21日，我们横渡塞内加尔河，进入了撒哈拉以南非洲。在这里，黑非洲与白非洲交汇，边境从来都不是十分安定，整个地区危机四伏。塞内加尔的国内局势更是令事态雪上加霜。由于塞内加尔大选引起的暴力威胁，我们被迫推迟了行程。显然，大选临近，1981年以来一直任总统的阿卜杜·迪乌夫很可能落选，舆论怀疑他不会将权力拱手相让，而反对党的支持者威胁称一旦出现这种情况，他们将组织暴动来奋力反击。有关方面劝所有人切勿入境。我们将行程推迟了一天，等待大选结果。出乎所有人意料的是，迪乌夫在落选后非常大度地让出了权力。法国人在"法属非洲"的控制力远超过英国对前殖民地的影响，而无疑法国外交部对迪乌夫下达了命令。我认为这个迹象再次证明我对非洲未来的乐观态度是有道理的（而且获胜的阿卜杜拉耶·瓦德是唯一一个与罗伯特·穆加贝断绝盟友关系的非洲总统，后者在津巴布韦推行种族清洗政策。）

圣路易，我们在塞内加尔的第一站，是进入非洲后遇到的第一座法式风情的城市，一座非同寻常的前法国殖民地非洲老城。多数法国殖民地城市不论大小，都有一间面包房、一间糕点店、一两家法式餐厅，圣路易也不例外。在这样一个充满了非洲元素的地方，这带来了一丝法式风情。有一个场景是我们在接下来几个月里经常会见到的，我们开车经过时，看到路边有一大群秃鹫在分食一匹马的尸体。这在撒哈拉沙漠很罕见，那里根本没有多少动物，自然不值得秃鹫如此成群结队地光顾。随着我们到达河流较南端，沙漠逐渐消失，取而代之的是灌木、树木和各种各样的鸟类。

塞内加尔，除了50英里长的海岸线，半环绕着前英属殖民地冈比亚（一个面积小于康涅狄格州或卡塔尔的国家）。我们要驾车进入这个国家，必须横渡冈比亚河。而由于移民潮造成的阻塞，我们错过了末班船。我们在一家豪华度假村订了房间，我不想错过在冈比亚的哪怕一个晚上。

"听着，"我对工作人员说，"你打电话给船长，让他回来接我，我会付给他200美元。"

此人听了两眼放光。最后，我花了400美元，在半夜乘上了我的"私人渡轮"，船上搭载着我的两辆车和一台挂车。我并不想花不知多少钱在不知道名字的地方过夜。当然，船长来接我的时候，其他所有错过渡轮的人也都挤了上去。所以说我是替这一帮过河的人买了单，之前，这些人都睡在卡车上、轿车上或地上。

我们坐在那里等船来接的时候，一群小孩和少年过来同佩奇聊天。我们从土耳其过境前往格鲁吉亚的时候，也发生过同样的情况——人们围在车边盯着她看，佩奇那时被吓坏了。现在，她完全应对自如，同孩子们开着玩笑。她非常愉快，用宝丽来相机拍照片，团团围住她的小孩对着她唱歌，用手打着节拍。

对于许多人来说，非洲是个能让你一两天之内便决定是爱是恨的地方。我遇到过飞到非洲却立即搭乘下一个航班回国的人。而我对非洲一见钟情。我一直热爱着非洲，每一次都是如此。佩奇的反应很矛盾，她最初对非洲是又爱又恨，9个月后我们离开时，她才确定了究竟是爱是恨。

冈比亚南北向最长距离为30英里，东西向为295英里，在19世纪末调和英法双方利益后，该国确定了国境线。过去的20年来，该国一直在大力发展旅游业，不过并不是近年来赖以成名的度假旅游。我和佩奇注意到许多度假胜地常有大量的单身女子光顾——来自英国、法国、瑞士、德国的二三十岁女性。不久，她们来到这里的真实目的便浮出水面。

"是的，"一位本地记者证实，"所有这些白人女子来到这里都是为了找一个黑人小伙子伴侣。她们自带安全套。"

这些欧洲女性和本地人出双入对。看得出她们是独自来到这里的，她们一起在同一晚上同约会对象共进晚餐，请这些年轻小伙子吃饭。她们经常来到冈比亚进行"性旅游"。

我们从冈比亚出发，向东北行驶，重新穿过塞内加尔，前往马里。这条路路况极佳，刚刚建成不久，甚至没有列在米其林地图里。进入马里后的第一站是卡伊市。一进入马里边境，铺设过的马路便消失了，我们发现自己开上了平生在世界各地遇到过的最差的路。随着我们继续深入马里，路况越来越差。根据记载，卡伊是非洲最炎热的城市，据说最高温度高达115华氏度（约46摄氏度），从早上9点一直热到晚上7点。

正是在这里，在前法属赤道非洲，塞内加尔与马里的边境，我第一次遇到了当地人所称的"臀舞"——这是我能想到的最恰当的翻译。这种地区特色的舞蹈令我想起了在巴库时令人惊叹的肚皮舞，但论起纯粹的激情程度，却完全超越了肚皮舞。

在一座小村庄里，在一处鲜为人知的地方，我和佩奇偶遇了一场婚礼。正是在这里，我们初次见到女人在跳臀舞。她们上下抖动身体，尤其是臀部，简直违反了生理学自然定律。在成年女性随着鼓点跳舞的同时，他们的年幼女儿在一旁一边观看、练习，一边教最小的女孩跳。在宴席、舞蹈和欢庆的同时，新娘、新郎进了新房，很快又回来了，身后跟着他们的母亲。两位母亲手上捧着喜帕，上面沾染的血迹证明了圆房的完成以及新娘的贞洁。此时，婚庆活动变得更加欢快活跃，我和佩奇用宝丽来相机为所有人拍了照片。

我想有朝一日能回到那个村落，将整个婚礼搬到美国——搬上百老汇，包括音乐、鼓声和舞蹈。你可以找来纽约最优秀的20名舞蹈演员，她们谁也不会有这般精湛的舞技。

西非妇女佩戴精致复杂、五颜六色的头饰，与她们的衣物质地非常相配。这种传统服饰长及脚踝。许多妇女个子高挑，可以非常自如地撑起这些衣服。正因为如此，得知许多马里妇女——据统计有50%——有漂白皮肤的习惯，才更令人伤心。她们所使用的产品包括药物和酸洗液。广告称药物可以让肤色变浅，而酸洗液会烧掉外层皮肤以暂时达到同样的效果。这些产品拥有繁荣的市场，似乎都是在欧洲生产进而运至西非的。由于殖民主义带来的影响，黑色皮肤显然已经不美了。

我们拜访了卡伊、基塔和首都城市巴马科，但在我最初筹划旅行的时候，马里全国的重要之处也不过是其境内有一座传奇城市，而我在上一次穿越非洲之旅中万分遗憾地无缘拜访这座城市。这次我绝不会再错过。如同早在发现新大陆之前的世界各地的人们一样——所有人都听说过这座城市的传说，而我一心想要前往传说中的城市廷巴克图。

廷巴克图位于尼日尔河以北约10英里处，坐落在河滩之上的高地，恰好是古老的骆驼商队路线与尼日尔河在沙漠中交汇的地方。这座只有1.5万人口的城市位于首都东北方500英里，如今交通不便，但曾经却是重要枢纽。

在上一个千禧年之交，廷巴克图从一个骆驼商队的营地，变成了撒哈拉沙漠南缘的一个永久定居点，一个供非洲黑人同沙漠北部柏柏尔人部落交流的文化中心。直到16世纪，廷巴克图还是一个拥有10万人口的城市，一座财富、文化和教育中心，拥有一座世界知名的宗教学校——约有2.5万名学生的伊斯兰教大学。其手稿藏品至今仍然被保存着。这座城市是一个传奇的商业中心，食盐、黄金和奴隶贸易非常繁荣。实际上，发明奴隶贸易的正是非洲人，而非欧洲人，廷巴克图正是奴隶贸易的一大中心。那里有纪念早期到来的欧洲人的匾额，而第一个来到这里的欧洲人成了非洲人的奴隶。

17世纪，这座城市开始了其不可阻挡的衰落之势。实际上，多年来，我一直以为"廷巴克图"只是一种表述方式[①]，没有意识到这是一个真实的地方。人们在新大陆发现了黄金，奴隶贸易成了国际性的贸易。此时，海岸地区对奴隶的需求已经远超内陆。在西非的沿海城市维达，国王凭借奴隶贸易变得腰缠万贯，不仅是其恢宏的宫殿，还有其财富和对进口奢侈品无休止的需求都闻名于整个欧洲。廷巴克图只有三座土砖清真寺保存了下来。这一地区的多数清真寺和其他房子一样，都是用晾干的土砖砌成的，这是这片沙漠之中唯一可用且数量充足的建筑材料。建筑墙壁上会有小块的木头和粗大的树枝凸起，这可以用作梯子，在下雨过后需要重新砌墙的时候可以攀爬。联合国已经将廷巴克图列为世界濒危遗产之一，因为许多建筑的墙壁会由于雨水的冲刷而消失。

在尘土飞扬、寂静冷清的廷巴克图，我看到的是一座正在没入历史的城市，但与此同时，这也使我对未来抱有希望。1 000年前，骆驼商队从撒哈拉沙漠中来到这里，满载着盐与黄金。在茫茫无边的沙漠之中，我甚至找不到我一天所需的水，而这些人却每次都要在撒哈拉沙漠中行走数周的时间。体验了驾驶奔驰车环游世界的艰辛后，我甚至怀疑能有人在500年前做到这样的事情，更别说是在1 000多年前。我并不担忧人类的生存能力。我也知道，不论我们

[①] "廷巴克图"在西方也表示遥不可及的异国之地。——译者注

自认为拥有多高的文明程度，在我们之前都有人也自认为达到过同样的高度。100 年后，人们回顾我们的历史，会说："这些原始的白痴是谁啊？"

在廷巴克图以南，在尼日尔河一条支流的河畔，坐落着杰内古城①。城内拥有一座庞大的清真寺，它是世界上最大、最美的土砖建筑。自一本欧洲杂志在这座清真寺取景拍摄内衣模特写真后，外国人便被禁止入内了。但如果你想在这一地区有一次获益良多的旅行，一定要去杰内。忘记廷巴克图吧。如今已经没有理由再去那里了，除了可以炫耀"我去过廷巴克图"。

正是在穿越前法属非洲殖民地的路上，我们开始遇到猴面包树——全世界我最喜欢的树木。我建议为我们的一个孩子起名为"猴面包"，但佩奇不容分说地拒绝了。（我们到达非洲东海岸时，佩奇已经爱上了金合欢树，提出给女儿起名叫"金合欢"还不错。我再次跟她说起猴面包树。）猴面包树树干粗大，直径长达 30 英尺，上粗下细，其胡乱生长的树冠倒像是树的根系，结出的果实是外壳坚硬、鲜嫩多汁的"猴面包"。整棵树像是倒长的。传说这种树木是被某个愤怒的神明头冲下扔到地面上的。

在整个非洲，殖民帝国留下的基础设施在这片大陆的解放者手中遭到废弃。驾车穿越马里的途中，我们看到了残留的旧铁轨、无人使用的小路和旧奴隶站的废墟，奴隶和黄金曾经就是经由这些设

---

① 杰内古城，被喻为"尼日尔河谷的宝石"，位于马里中部、尼日尔河三角洲最南端，以独特的撒哈拉-苏丹建筑风格著称于世。杰内古城建于公元 800 年，毗邻撒哈拉和多雨的苏丹地区，位于游牧地区和固定居住区的切换点上。它建造在尼日尔河流域一个防御性的小岛上，从河边到廷巴克图只有 500 公里。1988 年，联合国教科文组织将杰内古城作为文化遗产，列入《世界遗产名录》。——译者注

施运抵海岸的。我们向南行驶穿过布基纳法索。这个国家 1983 年之前称上沃尔特，新国名意为"清廉者之地"。自更名以来，事实多次证明这个名字并不恰当。我们过境进入科特迪瓦，经过当时的政治首都亚穆苏克罗时，见识了某些非洲解放者是如何挥金如土的。远在 20 公里外，我们便看到腐败的迹象。自北向南的路上，我们向着经济首都阿比让出发，行驶到一座山头上时突然看到一座和罗马圣彼得大教堂一模一样的复制品。佩奇坚信是她疯了，已经出现了我们正在服用的疟疾药会导致的神志不清症状。

科特迪瓦的解放者及首位总统是费利克斯·乌弗埃-博瓦尼。20 世纪 80 年代，博瓦尼作为一位基督教徒，在一个基督教徒只占人口 12% 的国家里，脑门一拍决定原样复制世界上最大的基督教建筑，并建在他出生的村子里。他随后又将这个村子定为国家首都。（美国原本承认的是阿比让。）在博瓦尼的总统任期内，作为前法属殖民地的科特迪瓦政局稳定、经济繁荣。一旦可可的价格飞涨，博瓦尼便可大获其利，而且挣的还是硬通货。他本打算将该国的大教堂建得比圣彼得大教堂还要大，但遭到了教皇的干预。最终，在罗马教皇的劝阻下，他建成的大教堂比圣彼得大教堂矮了两厘米。此外，他还建了两座主教宫，其中一座占地两万平方英尺，仅供教皇访问该国时下榻，而教皇只来过两次。教堂里还供奉着《圣母怜子像》（由米开朗琪罗创作）的复制品。

正是在参观亚穆苏克罗的大教堂时，我们自离开欧洲后首次见到了雨水。天空仿佛撕裂开来。大雨倾盆而下，非洲的天空向我们展示了两个月来一直没见过的景象，似乎是在提醒我们现在已经到了热带地区。

曾经的亚穆苏克罗村如今已经成为一座拥有 10 万人口的城市，宽阔的公路纵横交错，大教堂可以容纳数千名教徒。可惜整个国家至多只有150万名基督教徒,这个地方从未满员过,甚至在圣诞节和复活节也没有过。我们去到那里时,导游正在长椅上打盹儿。整座教堂都安装了空调,但只用过三次——两次是为了教皇,一次为了1993年的博瓦尼葬礼。博瓦尼死后留下一大笔遗产用以维持大教堂的运转,这笔遗产无疑会被下一届政府挪用。这座大教堂到3000年时还会存在吗?或者会有考古学家考察其废墟,研究其来源及意义吗?

1999年12月,就在我们到达前不久,科特迪瓦发生了政变。这次政变几乎可以断定是法国策划的。博瓦尼的继任者罔顾巴黎方面的势力,不顾国家财力,大肆挥霍金钱。而忽然间,政府被一位将军接管了,他恰好上一个月在法国。在阿比让,有一支规模庞大的伞兵旅驻扎在机场附近,以保障科特迪瓦政府的安全和稳定。政变当日,这些伞兵按兵不动。

科特迪瓦仅次于可可的第二大产品,遍布于经济首都、西非的大都市阿比让,即非政府组织官员。他们在这里大量扎堆儿,即便是就非洲而言也太多了。几百年来,是他们这类人左右着非洲的命运。有人可能会奇怪这些地方为何会有这么多国家的边境线是直的。1884年,在德国举行的所谓柏林会议上,欧洲列强聚集一堂,瓜分了非洲。他们没有顾及宗教、种族、语言、部落、民族或历史差异,例如,科特迪瓦北方占多数的穆斯林人口和南方信仰本土宗教和基督教的人口相互对立。这也解释了为何非洲和平或许仍然遥不可及,以及为何西方官僚总有事可做。

我们来到非洲以来比较愉快的一个夜晚是在科特迪瓦度过的,在小城卡蒂奥拉。我和佩奇一天没吃饭,酒店餐厅的食物太单调,光线暗淡,脏乱不堪,我们只能另觅他处。我们走在熙熙攘攘的街道上,寻找食物,就在这时看到了"芝加哥餐厅"。里面有8张桌子（都是空的），老板的小儿子独自坐在那里看门，扩音器用高音量播放着马文·盖伊[①]的歌曲《让我们兴奋起来》。我们必须试一试这个地方。那个小男孩看到有顾客光临显然非常兴奋，在我和佩奇进门的时候跑了过来。我们告诉他我们想在这里吃饭，他便跑到了他母亲那里。她带佩奇到后院看可用的食材。鸡肉似乎是这家餐馆的特色菜。那位女士消失了片刻，我们后来才得知她是去市场里买米和菜了。在她杀鸡做菜的时候，我们喝着爽口的冰镇啤酒——旗牌啤酒，一个西非品牌。啤酒是从一个冷藏箱里取出的，里面全是一罐一罐的啤酒。最终，老板为我们上了炸鸡、蒸米饭和蔬菜。虽然菜肴简单，但这一餐在我的记忆中仍是我们在非洲吃过的最好的一餐。

在离开科特迪瓦之前，我们去了好几家领事馆。在阿比让，我们申请到了多哥、贝宁、加纳、加蓬、刚果（布）和喀麦隆的签证。惊讶的安哥拉大使让我们快到边境时再申请签证。加纳旧称黄金海岸，最初吸引欧洲人来到这片非洲海岸的便是这个名称。欧洲商人来到这里最初是为了黄金和象牙，但他们的生意最终却扩展到了非洲人从一开始便在向他们推销的商品：奴隶。欧洲没有奴隶市场——封建主义的一大残余就是农奴和农民阶层。但随着美洲大陆的发现，一个市场忽然间在大西洋彼岸形成了，最初是巴西，随后又扩展到其他殖民地。我们最初到达的便是港口城市埃尔米纳。在那里，我们参观了一座旧堡垒。这座堡垒最初是一座葡萄牙城堡，政府希望能利用这座堡垒发展与奴隶贸易历史有关的旅游业。这座要塞曾是一座奴隶市场，是"奴隶之路"的重要一站。"奴隶之路"，

[①] 马文·盖伊，美国20世纪六七十年代的黑人歌手。——译者注

也可称之为波士顿"自由之路"①的反面。

从科特迪瓦过境后不久,在一家银行短暂停留时,我才意识到加纳货币危机的严重性。我在银行和柜员换 200 美元的本地货币塞地,他却从窗口递出一个空的黑色塑料袋。我正准备脱口说出"这是什么"的时候,突然注意到周围所有人都拿着黑色塑料袋,多数都装着满得快要溢出来的现金。在我以前去过的一些国家里,货币大幅贬值,甚至不值印刷所用的纸张钱。而和所有人一样,我也见过德国魏玛人推着装现金的手推车去买面包的照片。我总是觉得这种画面不可思议,很难相信曾经有这样一个时代,这种事真的发生过。直到我在加纳亲身经历了这种事。

刚开始,我和佩奇还担心大庭广众下带这么多现金欠妥。然而,我们不久便意识到即便是满满的一大包钱在加纳也花不了多久。塞地印刷的最大面额仅值不到 50 美分。小偷开一辆小卡车偷走的钱才够买到稍微有点价值的东西。

到我们想跟本地商人做生意的时候,货币问题的严重性才真正显现出来。我们想买一些加纳非常有名的肯特布,即阿散蒂地区手艺人编织的彩色织物。我问一个本地人哪里可以买到最好的肯特布。"上帝知道"是我得到的回答,我觉得这样的回答太不礼貌了。我又问了别人。"上帝知道。"我第二次得到这样的回答。在事情演变成令人头昏脑涨的阿伯特与科斯特洛②喜剧之前,我明白了"上帝

---

① 自由之路是从波士顿公园到查尔斯顿之间的一条由红砖铺成、曲折延伸 3 公里多的街道,沿途多为 17、18 世纪的房舍、教堂和独立战争遗址,是波士顿历史发展的重要之路,也是波士顿政府极力推广的旅游景点。——译者注
② 阿伯特与科斯特洛,美国四五十年代的喜剧组合,发明了"谁第一"的喜剧模式,即设定一场棒球比赛,球员都被冠以"谁""什么""我不知道"等绰号,一人利用这些绰号玩文字游戏,令另一人迷惑不解,从而制造笑点。——译者注

知道"是我要找的那个人的名字。

加纳是个信仰基督教的国家，南部尤甚，所有东西——显然部分人也不例外——都被冠以基督教绰号："赞美马利亚"管道维修、"我爱耶稣"服务站、"圣玛丽"干洗店。城内最优秀的肯特布编织艺人是"上帝知道"赛托奇。

"上帝知道"是个精明的商人。他听说我们在找他后，便采取了主动，在酒店里找到了我们。他的肯特布非常漂亮：各种各样的黄色、绿色、红色和蓝色，编织精美。我们买了一些。但到付钱的时候，"上帝知道"却不肯收我黑塑料袋里的一分钱——他只要美元。很快我和佩奇便知道加纳的商人也不让顾客刷信用卡。就像南联盟的酒店老板一样，他们知道要等一个多月才能收到信用卡公司的支票，而到那时该国货币可能已经大幅贬值，不赚反赔。

说起健全货币与不兑现纸币[①]的对比，加纳是绝佳的例子。

加纳最初是葡萄牙殖民地，后沦为法国殖民地，最后又落入英国人手中。这能够充分揭示为何在如今这个独立的加纳，与塞内加尔、科特迪瓦等前法属殖民地不同，该国货币会濒临崩溃。

我们刚刚离开的科特迪瓦，虽然负债累累，但却拥有整个非洲大陆最强健的经济体。自1996年以来，其国内生产总值每年以6%的速度持续增长。该国是世界上最大的可可生产国和出口国。经济首都阿比让是一座繁华的城市。如果我是一位想要挣钱的非洲企业家，我可能会选择去那里。在阿比让，使用信用卡毫无障碍，本地货币非常可靠。

[①] 不兑现纸币是由政府发行的不能兑换成黄金或白银的纸币，其购买力源于政府的权威和信誉。自金本位取消后，政府发行的纸币都是不兑现纸币，好处在于政府不用再购买黄金、白银，可以根据自己的需要印钞票，没有黄金、白银的约束，可以更加肆无忌惮地发债和贷款，获得高额利润。——译者注

何以会产生这种差异？差异在于英法两国。

在20世纪五六十年代，加纳、尼日利亚和冈比亚获得独立，英国人在很大程度上撤出了这些国家撒手不管，让新政府自生自灭。每个国家都成立了各自的中央银行，印制了各自的货币。与之相反，科特迪瓦等法属殖民地仍然与法国保持着密切联系。在我们去过的每一座法属殖民地非洲城市，法国的影响都显而易见。我们见到许多法国商人，在法国民兵的护送下走在街道上，在豪华的法国餐厅吃饭，购买优质的法国红酒和奶酪。在书店里，就像在法国一样，我们可以买到特别标注"说法语"国家的世界地图，即全世界法语学校使用的地图。法国人仍然在干预本地政治，但更为重要的是，非洲的14个前法属殖民地将非洲金融共同体法郎——简称非洲法郎——作为货币。

该货币以100∶1的汇率与法郎绑定（现在与欧元绑定），由法国政府在这些国家强制推行，对其金融稳定性产生了深远的影响。

曾经的加纳独裁者杰里·罗林斯一旦想要增加货币供应，下令让加纳中央银行加印钞票即可。多年来，他一直是这么做的，也正因为如此，塞地的币值才一路下跌。我们在加纳期间，正值大选。而无论何地何时有选举举行，但凡有此权力的都会印钞票，包括美国。看看2000年下半年美国政府的开支，便能看出大幅的增长。法国人在这方面有过惨痛的教训，深受其害。1982年，他们结束了这种措施。

如果科特迪瓦总统想要增加经济体内的现金流量，他必须向管理所有14个非洲金融共同体国家货币供应的中央银行申请。所有这些国家都接受相似的管制，必须在财政方面有所节制。

话虽如此，这些国家也不是没有问题。由于其领导人不能随意印钞票，它们常常大量借债。科特迪瓦是世界上债务最沉重的国家之一,这使得这个较为稳定的非洲国家面临紧张的局势。在多哥,我们到达该国时,边境警察对我们给他们的所有小礼物都不感兴趣,唯独关心我们能施舍的货币,因为他们已经有3个月没拿到工资了。他们告诉我们,他们宁愿为政府工作,被拖欠工资,也不愿丢掉工作,从此再无拿到工资的希望。

前法属殖民地国家或许会经历经济困难时期,但仍然拥有健全的货币。唯有投资者确信货币不会贬值,经济体才能吸引投资。这种严格的管理和非洲法郎现在同欧元绑定的事实,使得非洲货币更加强健,而这种优势预示着这些经济体拥有美好的未来。这14个国家甚至在探讨建立自由贸易区的可能性。

与此同时,加纳的生活水平却在下降。如果一个国家的货币一直在贬值,是很难吸引资本的。很快,这个国家将无力进口任何东西,因为塞地会变得毫无价值。鉴于加纳非常依赖进口石油,后果可能会非常严重。尼日利亚,另一个前英属殖民地国家,是非洲人口最多的国家,也因为类似的原因面临着困难。在那里,在世界上最大的石油生产国之一,我居然在为汽车加油时遭遇了麻烦。

我期待着在阿克拉与我的股票经纪人见面,与他讨论加纳的政策。

我的加纳经纪人

20世纪60—80年代，多数拥有股市的非洲国家都禁止外国人购买股票，这是"赶走殖民主义者"年代的残余思想。20世纪90年代，非洲领导人开始意识到他们需要吸引资金，于是开始改变政策。当时，我对非洲的前景非常乐观，想参与其中。通过身在美国的加纳常驻联合国代表，我打听到了加纳一位经纪人的名字——加纳招商银行的克拉克森·阿昌庞先生，我通过电话和传真联系到了他，开设了账户，购买了股票。在加纳将这种行为合法化的第一天，我便这样做了。从第一天起，我的资金便进入了加纳。

多年来，我会定期经由阿昌庞先生投资其他项目。我们互通信函，但素未谋面。实际上，由于加纳的电话服务状况堪忧，我们甚至很少通话。我们多数的交流都是通过书信完成的。我在加纳银行和酿酒厂持有的股份全部大幅增值，这也是意料之中的事，因为当初购买之时，这些股票几乎一文不值。我获得的所有股息，都被我用来购买其他股份了。而我与阿昌庞先生不多的交流主要是关于这类事情的："我手头又有钱了，请帮我再购买一些股票。"

阿昌庞先生帮我做投资已经有几年的时间了。我对他一无所知，他只是写在纸上的一个名字而已。我不想错过能见他一面的机会，于是在快要到达加纳的时候，我写信告诉他我在路上了。没有任何特别之处，我的计划只是去匆匆打个招呼而已。这样我们各自都可以将写在纸上的对方名字对应上一副面孔。

令我惊讶的是，我到达他的办公室时，公司的全体员工都在等候我。当然，这并不是美林证券这样的大公司——这家银行的投资部门总共只有约10名员工，但令我惊喜的是，他们都想来打个招呼，聊聊天。

我不知道他们有多少外国客户，但我想我大概是亲自来见他们的少数几个人之一。

阿昌庞先生个头矮小、谈吐文雅、年过不惑。就像全世界的银行家一样，他穿着一身看上去像是伦敦定制的西装。换作是在华尔街也不会有人多看他一眼。这个办公室里的所有投资部门员工都是如此。他们同他一样，都是颇有文化、阅历丰富的人。我们探讨了市场和即将到来的大选。

该国长期以来的军事独裁者杰里·罗林斯终于要下台了，这再次佐证了我对非洲的乐观是正确的。我们讨论了他的继任者以及加纳未来的前景。我向他们解释，加纳货币正在迅速贬值，因为政府试图利用加印钞票的手段来赢得选举。当时，他们听闻此言并不高兴，也不接受这种分析。（现在接受了。）我告诉他们，政府不结束这种货币贬值政策，我便不会增加对加纳的投资。

我们从加纳出发，沿着几内亚湾向东行驶，途经多哥、贝宁和尼日利亚，前往喀麦隆。多哥和贝宁两国最引人注目的一个现象是伏都教活动。两国的总人口中，基督教徒和伊斯兰教徒合计均只占30%。两国剩余的70%人口都信奉被称为本土信仰的宗教。多哥和贝宁的本土信仰主要是指伏都教。在贝宁，我们参观了维达城的蟒庙。庙内十几条蟒蛇基本在睡觉，并不知道自己有多成功、多富有、多有权势。蟒蛇在这种万物有灵论宗教里是精神力量的源泉，于是它们可以自由出入于整座城市，在大街小巷里爬行，可以去到任何自己想去的地方，就像印度的牛一样，无人敢有异议。人们相信，除了人，蟒蛇想吃什么就吃什么——它们似乎从来没有对人产生过食欲。蟒庙的街对面是一座高大很多的天主教堂，但在重要性上与蟒庙相比却相形失色。（贝宁国内各种教派的基督教徒只占总人口的15%。）为了让这座教堂在外观上具备可竞争的实力，教皇认为有必要将其扩建为巴西利卡[①]。

论起恐怖程度，贝宁的蟒蛇完全不及即将进入的尼日利亚。随着我们逐渐接近尼日利亚边境，我越发不安。在这次旅行中，这是我第一次真正感觉到恐惧。我们听说过的所有有关尼日利亚的传言——暴乱、腐败、管理不善、强盗、伊斯兰教徒和基督教徒之间的互相残杀、一场接一场的政变——很大程度上都是可信的。对我个人而言，由于上一次在这个国家旅行的经历，这些传言越发真实。前文提到过，虽然尼日利亚是全世界最大的石油生产国之一，但其主要"出口商品"却是犯罪集团。过境时，我遇到的第一位边境警察说："给我点钱。"

在沿着非洲海岸线南下的一路上，所有人都说："你们应该避开尼日利亚，这个国家会毁掉你们的非洲之旅。"

前独裁者之子在受审时做证，光他一人便为家族将7.5亿美元现金从各个银行账户里取出，装在箱子和包里带出了尼日利亚。尼日利亚德士古公司总裁曾被派往该国处理所有人都在盗窃公司财产的问题。他告诉我们有一天他在中央银行的时候，前独裁者的妻子

[①] 巴西利卡，古罗马的一种公共建筑形式，其特点是平面呈长方形，外侧有一圈柱廊，主入口在长边，短边有耳室，采用条形拱券做屋顶。后来的教堂建筑即源于巴西利卡，但是主入口改在了短边。——译者注

带着一大帮朋友走了进来,每个人都带着手提箱。他们要去欧洲,取光了银行所有的美元。

尼日利亚作为石油输出国组织成员国,拥有大量的油气资源,但这些资源并没有为尼日利亚人带来什么好处。(该国人口约为1.3亿,是非洲人口最多的国家。)所有资金多半都被私吞了,或者说早已被私吞了。尼日利亚有4家炼油厂,我们去到那里的时候,这4家都因为资金不足而停业了。我们在该国期间,议会选举正在进行,议会通过了一项措施,拨给自己2亿美元,供所有议员各买一辆豪车并享受3万美元的家具津贴。

我们并没有在尼日利亚逗留太长时间。入境几天后,我们便离开了,而边境也好不到哪里去。我们为了离开这个国家,去了8座不同的边境站。由于尼日利亚和喀麦隆爆发了严重的冲突,很少有人过境,但那里却雇用了40个人。很明显,这并不是因为那里需要很多人手。我看了记录册,发现当天只有3个人过境。

尼日利亚和多数非洲国家一样,是人为创造的。其国境线的划定毫无道理或原因可言。某些欧洲人大笔一挥:"这就是尼日利亚。"而其国内冲突尤为严重。看一看20世纪60年代中期比亚法拉意图脱离尼日利亚的运动[①],以及最近在伊斯兰教徒与基督教徒冲突中被屠杀的7 000个亡灵,你便能明白该国的政局形势。2001年的世界小姐是尼日利亚姑娘,但2002年世界小姐的角逐却由于宗教动乱而被迫移师伦敦。我并不认为尼日利亚这个国家能够维持下去。

[①] 指尼日利亚内战,亦称比亚法拉战争,是1967年至1970年尼日利亚政府和比亚法拉地区之间的一场内战。油区划分的不公导致比亚法拉地区宣布独立,引发战争。最终,中央政府在西方国家的支持下获胜,但造成了巨大伤亡。——译者注

"吉姆·罗杰斯？"

这一次来的并不是一辆摩托车，而是一辆黑色丰田四驱车，而这里也不是马德里，是荒凉的喀麦隆西部地区。我和佩奇当时正在昆巴市的一家加油站为奔驰车加油，引来了大批群众围观——可以说，很快我们便被团团围住了。就在此时，我听到有人叫我的名字。他开着一辆崭新的运动型多功能汽车，而他在当地的威望之高，远远不只体现在车上。他并未穿正装，但一身便装照样可以出入伦敦的任何鸡尾酒会。他走下车，这群300名左右的本地人——其中最富有的也只穿着牛仔裤——全部退到一旁，为他让路。

他名叫穆凯特·艾卡莱，名字倒没怎么听说过。他的头衔是王子，听到这个我便明白了。穆凯特的父亲虽然是很久之前由英国指派的，且手中的实权不及总统，但仍然是昆巴城周边地区名义上的国王。穆凯特在英国读过书，在伦敦的金融区——伦敦金融城——工作过，阅读过我这些年来的作品——我的文章、专栏和著作。他十分欣喜地记得我曾对喀麦隆的投资前景非常乐观。就在非洲荒原上的一家加油站，我遇到了一位读者。而也是在这片赤道雨林中，我后来还吃过犰狳、野猪和豪猪。

我以为我肯定是疟疾症发作了。

他邀请我们到他家里，位于昆巴市郊外的一座殖民地时代的种植园大宅。我们在那里与他和他的兄弟共进午餐。（我们后来又在喀麦隆首都雅温得见过面，和他们一起吃过几次饭。）见到他的兄弟戈弗雷后，这次经历显得更加离奇了。同样身为王子的戈弗雷是一名伊利[①]——1975级的耶鲁学生。他马上要前往美国参加班级

[①] 伊利为耶鲁学生的绰号，来自耶鲁大学的赞助人伊利胡·耶鲁，耶鲁大学的名称也是为纪念这位赞助人。——译者注

聚会。

　　这次旅行中，有各种各样不可思议的奇遇，这只是其中之一。这些奇遇都很引人深思。我看得出喀麦隆的香蕉、菠萝等农产品拥有绝佳的机遇。在政府的管理下，该国的发展状况十分堪忧，因此我想收购土地，振兴生产。艾卡莱兄弟立即告诉我，在喀麦隆，法律禁止外国人收购土地。我抗议说新的资本和技术能够创造就业，提高收入，为所有人造福，但他们非常严肃地反对这种观点。我于是才明白，地价如此低廉的原因之一便是多数潜在买家都被下了禁令。许多非洲人抱怨他们国家的地价过低，但这是他们自作自受。土地可以为所有人带来巨大的财富，但他们宁愿让其荒废，也不允许"外国人"进入市场。

　　所幸美国并没有在发展的道路上采取这种措施。美国把外国人请进门内，他们愿意买什么就买什么。如果他们想要搬到西部发展，美国政府会分配土地给他们。而美国从一个无足轻重、混乱不堪的小国就这样发展成了世界上最成功、最强大的国家。

　　我之前看好喀麦隆和非洲的一个原因是，我深信新一代的领导人与上一代"解放者"不同，那些"解放者"已经堕落成了腐败的独裁者。上一次穿越喀麦隆之旅中，我十分看好喀麦隆总统的前景。而10年过去了，事实证明他与前任也只是半斤八两而已。他利用语言和种族差异，窃取了大量财富。

　　我怀疑我之前看好非洲的发展，是看走了眼。

　　5月10日，我们离开了喀麦隆，穿过赤道几内亚，在当天便到达了加蓬。在那里，我们多数时间都在想方设法地南行，穿过硝烟弥漫的刚果（布）——避开战事更加激烈的刚果（金）——进入同样硝烟弥漫的安哥拉。

　　在加蓬，我们穿过了赤道，但由于除了本地居民，几乎无人走这条路，我们没有机会纪念这一事件，这与在其他国家穿越赤道的情况截然不同。杂草中竖着一块简朴的牌子，上面写着"赤道"。我们只做了短暂停留，拍了张照片。加蓬这个国家一塌糊涂，大量的石油财富在20世纪70年代被挥霍一空。建筑变得破旧不堪，柏油公路变回了泥土路。我们遇到的前7名官员中，有6名不收钱就不放我们通过。"礼物"是一码事，而这些却是不折不扣的贿赂。

加蓬与贝宁不同的是，蟒蛇不是圣物。我在离开这个国家之前，既吃了蛇，也吃了蟒。在穿过加蓬南行的路上，我们看到有人在卖猴子和鹦鹉。这些死掉的动物被悬挂在路边的棍子上，并不是作为宠物出售的。

在首都利伯维尔，我们去了刚果（布）大使馆。据我们了解，最近的刚果（布）内战正在逐渐平息，但我们仍然想尽可能地打听消息。自从在阿比让申请到签证以来，我们在南行的路上一直在向该国官员核实信息，判断是否能够进入这个国家。

"我们能驾车穿过这个国家吗？"我们向利伯维尔的领事询问道。

"没问题，"他说，"只要你们的签证有效。"

"是有效的。"

"我能看一下吗？"

我们把签证递了过去。

"这不是签证。"

"我们在阿比让的刚果（布）大使馆交钱申请的。"

"我们在阿比让没有设大使馆。"

他告诉我们，在科特迪瓦那间精致的办公室里卖给我们刚果（布）签证的那个人，是个骗子——我们的签证是假的。于是我们又从这个利伯维尔人手中买了签证。谁知道究竟哪个有效呢？

"走吧,"他说,"你们可以向南走了。"

我们于是向南出发了。

澄清一下,有两个刚果。刚果(布)是我们要去的国家。该国原属于法属赤道非洲,其首都设在布拉柴维尔,与法国关系紧密,正处于由内战转向多党民主制的艰难过渡期。但就现代历史而言,该国的动荡程度远远不及原比利时属刚果,即现在所称的刚果(金)。自1960年获得独立以来,刚果(金)便一直在赋予"动荡"一词新的含义。1971年至1997年间,在蒙博托·塞塞·塞科总统治下,该国更名为扎伊尔。就在我和佩奇旅行期间,由于治下政府的腐败程度达到了前所未有的程度,蒙博托不久前已经被推翻下台,而推翻他的内战仍然在继续。

去过利伯维尔的刚果(布)大使馆后,我们又在加蓬运输与旅游部长的办公室里咨询了情况。我们仍然不确定道路是否安全通畅。我总是有多方搜集消息的习惯。我发现多数处在官位之上的人都宁愿编造不实信息,也不愿承认自己一无所知。他们不想承认自己并不知道如何回答某个问题,于是便撒谎了之。

"南边的路安全吗?"我们问道。

"完全没问题,"他告诉我们,"你们可以开车过去,不用担心。"

"你听说过有关路况的消息吗?"

"加蓬的路很好,刚果的路也很好。"

从此人的说话方式来看,他显然是在信口胡言,而且他撒起谎来丝毫不会有良心上的不安。

行驶了250英里后,在边境以北29英里处,在一个名叫恩代恩代(Ndendé)的小村庄里,我们发现边境封了。

有人告诉我们:"不要往南走了,你们在浪费时间,你们是过不去的。"

不幸的是，这是事实。我们最终从一对法国夫妇的口中证实了这个消息。他们在恩代恩代经营伐木生意，砍伐外国硬木用以出口。

"你们是怎么将木材运出这里的？"我问他们。

他们说，他们用卡车将木材运到海边的马永巴城，然后再装船运往欧洲。马永巴似乎是唯一一座稍具规模的城市。而如果那里有轮船甚至驳船可以运送木材，或许我们可以找到一位船长，求他载两辆车及一对冒险者离境。我们不打算回头，所以只能向西走。

我们最终在马永巴逗留了三四天的时间。我们住在一座美丽的小屋内，小屋位于悬崖之上，俯瞰着峡谷，属于一处日渐萧条的豪华度假村（我们提供了柴油，以供发电）。这处豪华度假村由一位上了年纪的法国人经营，他在那里已经住了40年之久。最终，我们妥当安排了一艘驳船和一艘拖船，得以乘船进入大西洋，绕过关闭的边境，进入刚果（布）的港口城市黑角。

将汽车运上船的唯一方式就是开车驶进船舱，而这只能在退潮时完成。但驳船只能在涨潮时离港，所以从开车上船结束到出发之前有几乎一整个下午的时间。佩奇利用这段时间大肆采购。船员说她可以使用厨房，她高兴坏了。她买了可以找到的最好的食材，到我们准备出发之时，她已经打算要一展身手了。但我们一进入大西洋，她便由于晕船而倒在了甲板上。随后大约20个小时的时间里，她一直躺在甲板上——是我做的饭。

到达黑角后的几天内，我们便过境进入了卡宾达省。刚果（金）境内河流的入海口将卡宾达同安哥拉本土分割开来，而入海口地区于1885年依据《柏林条约》被划归于比利时国王麾下。比利时国王得到了刚果河口，而葡萄牙国王则继续占领着如今被称为卡宾达省的这一部分安哥拉领土（葡属西非）。事实证明，卡宾达省蕴藏着大量的石油资源。我没有告诉佩奇我在BBC广播中听到，当时当地的分裂主义分子正在绑架囚禁外国人。但我们到达该省省会卡宾达市时，形势很快便明晰起来，当地确实处于政治动乱中。我们显然已经进入了战区。酒店被摧毁了，整座城市似乎都遭到了轰炸。我们刚一到达，便开始想方设法向南逃。

我们早已料到穿越前扎伊尔的国境线是不可能的（事实的确如此），于是向驻加蓬的安哥拉大使询问如何从卡宾达前往安哥拉首都罗安达——从该国的一端前往该国的腹地。

"每周都有一趟行程为两天、定期来往的渡轮。"

"那么如果我们发现不能驾车……"

"你们就可以乘渡轮。"

"你乘坐过那艘渡轮吗？"佩奇问道。此时的她已经开始对所有的官方消息起疑了。

"我去年乘坐过。从卡宾达到罗安达需要两天时间。这艘渡轮很不错，不用担心。"他微笑着说。

在被轰炸的卡宾达，我们一找到酒店，便一分钟也不耽搁地开始打听渡轮的时刻表。

"没有渡轮，"我们被告知，"几十年来都没有渡轮。"

我去了卡宾达的"旅游部"寻求帮助，而当然，那里的人非常困惑不解，因为我问："我怎么才能离开这里？"他告诉我卡宾达有着宏大的计划。那里将会建夜店和高尔夫球场，会建餐馆，会建一家舞厅来招待石油工人。

"他们从来不进城，一直待在油田里。"他说，就好像他百思不得其解似的。

"渡轮呢？"我问。

"没有，没有渡轮。"

他没听说过有渡轮这回事，也不知道有什么方法可以逃出这里。

我继续到处打听，最后终于找到了一位年轻的葡萄牙商人胡里奥·佛罗里达·洛佩斯，他在这里开办了一家建筑公司。

"我也许能帮你安排一艘驳船，"他说，"我的原材料就是这样运进来的，但得等两三周。"

他人倒是很诚实，觉得花费太高，有点说不出口。

"5 000美元。"

令我苦恼的倒并不是钱，而是两三周的时间。

我们被困在了交战区（卡宾达人想要从安哥拉手中夺回石油自主权和独立地位），方圆50英里的范围内还有另两场战争（分别发生在前扎伊尔与安哥拉本土），而若放大到100英里的范围内，则有3场战争［再加上刚果（布）的国内冲突］。共有4场不同的战争，而说来也怪，我的打算（第一选择是南行）却是驾车进入其中较为危险的一场。

就在我们开着车四处打听、搜寻线索的时候，经过机场时我看到跑道上有一架巨大的俄罗斯货机。我立即转弯，驾着奔驰车开进了机场，全速穿过柏油路面。装货木板放了下来，人们正在装货。一位安哥拉军队的两星将军监管着整个过程。他要前往罗安达。

"你们能让我们上飞机离开这里吗？"我问道。

他说交400美元就可以。

"我40分钟内就要出发。"他补充道。

我们赶回酒店，收拾好行李，甚至还花时间修好了一块坏掉的电池，最终按时赶到了机场。

"1 200美元呢？"

他知道自己钓到了一条大鱼。但我能怎么办呢？12 000美元对我来说都算少的。我已经知道雇一艘驳船要花费5 000美元，能不能成还不一定，时间也要耽搁很久。安排一架包机来接我们，外加一架足够大的货机来运载车辆——这得花掉多少钱？假设这种事能办成，要5万美元？可能还不止，谁知道得花掉多少？我立即支付了这1 200美元，以免他反悔。

我们驾车登机时，飞机内约有300人。有士兵，有平民，有很有律师派头的老人，有显然一副学生气的年轻人，男女老少都有。这一大群人有的坐在地板上，有的躺在地板上，有的站着，总之是你能想到的各种人体姿势应有尽有。飞机已经开始移动，机组成员开始收起装货木板的时候，他们仍在拉客上机。机内没有座位，没有任何形式的安全措施。除了6名俄罗斯及乌克兰机组成员，我们是机内唯一的外人。其他人显然不是将军的朋友，就是和他有关系的人。他无疑是卡宾达最有权势的人物，他是该地区所有部队的总司令。

45分钟后，飞机在罗安达的一处空军基地降落，我们那时才发现这架货机是俄罗斯租借给安哥拉军队的两架飞机中的一架。我们在空中飞行时，机组成员邀请我和佩奇参观驾驶舱。佩奇接受了邀请，我则等了片刻才进去看看究竟发生了什么情况。我进去时，整个机组成员都在喝伏特加。我拒绝了他们的邀请，没有和他们一起喝。我想总得有人保持清醒的头脑。

（两个月后，我在BBC的非洲新闻中听到这架飞机坠毁了，无人生还。又过了两个月，又有一架飞机坠毁，同样无人生还。）

安哥拉的内战已经持续了20多年，这还不包括1975年结束的安哥拉独立战争。多年来，这场战争一直有两个超级大国拨款维持，交战部队先是来自苏美两国，后是古巴和南非。苏联解体之前，安哥拉一直是意识形态之争的一大战场，迫使美国与种族隔离政府派形成了藕断丝连的合作关系，共同挑起战争来推翻安哥拉的民主选举政府。冷战的结束、两极格局的瓦解本应结束这场战争，但美国支持的一方，争取安哥拉彻底独立全国联盟，再次拒绝接受民主选举结果。这次事件又是一个教训，我们支持若纳斯·萨文比的策略，最终为我们带来的是敌人，而不是朋友。这场"民主与共产主义"之战葬送了许多无辜男孩的性命，他们来自古巴和南非。最初，号召公众参战打出的是情感牌和意识形态牌。如今，这场战争的动力已经转变为更加实际的因素——石油和钻石，这才是自始至终的真相。

罗安达位于一处宽阔的海湾之上，周围风景如画，若不是战争，这里可以成为里约热内卢或斯德哥尔摩那样的城市。但战争却把这里变成了地狱，破旧不堪、一片颓唐，建筑摇摇欲坠，到处都处于破损失修的状态。我们走在以各种英雄命名的街道上，和我们一起走在人行道上的是大批因为战争而逃离农村地区的悲惨人群。目之所及，我能看到一股强烈的创业潮流在涌动，大量的活力与干劲只待开发。

我上次旅行穿越非洲时逐渐开始形成的观点，再次得到了印证。非洲人在西方人眼中的形象是天生懒惰、天性邪恶，或两者兼而有之。我可以肯定，这种观点丝毫不切实际。在整个非洲，我遇到了许多才华卓著、充满干劲、愿意起早贪黑勤奋工作的人，他们的勤劳精神并不比中国人差。

而在驾车穿过安哥拉南部战场的路上，这不过令我们徒增悲伤而已。在沿着海岸线南下的路上，我们脑子里想的是那些为了理想或种族隔离战死的年轻士兵——其中既有黑人也有白人，想的是他们以及那些在这场没有希望的内战中不幸丧命的无辜平民，而他们所支持的理想如今已经基本消亡了。

在罗安达以南不远处的一个检查站，我们得知没有军队护送就不得前行。我们对此早有准备。我们现在已经明白，在许多地方，这不过是常规做法。我们到达检查站后，走进卫兵室，询问下一批护送队何时出发。首都方面的官员称一天有两批护送队，上午、下午各一次。

"护送队人手不足。"那位士兵告诉我们。"你们可以把车停在那里。"他说道，手指着停在路边的一辆十八轮大货车，那也是放眼望去的唯一一辆平民车辆，"我们凑够人手后，会组织一支护送队。"

"你觉得那需要多久？"我问道。

"我不知道，也许下周，也许下个月。"

"吉姆，我们不能在这里坐以待毙。"

我四处打听后得知，已经连续几周没有游击队活动的消息了。我们面临两种选择——一是在这里等，在交战区边缘扎营等待一两周乃至谁也不知道会有多久的时间；二是不等军队护送，独自出发。权衡之后，我们决定继续前进。那位士兵已经睡着了，似乎并不在乎我们做何选择。我们向他确保前路会一切顺利后，他便放行了。

在接下来数英里的路上，我们每隔一段距离便会遇到士兵，其中有的还不满15岁。他们不时地拦下我们，看到我们停到他们的检查站前一个比一个惊讶。这段路上，我们送了不少万宝路香烟，拍了不少宝丽来照片。我们要前往港口城市本格拉，据说那里是由政府控制的。一路上，我们经过了被轰炸的车辆——轿车、卡车、公交车，它们被烧焦的残骸挡在路中央。

"我们一定是疯了，"佩奇说，"这是名副其实的战场。"她注意到路上一辆车也没有，于是又说，"我们除了士兵，什么都没见到。"

在距离城区还有大约25公里的地方，我们正要攀登一座山峰时，一个士兵走到路中央，拦住了我们。我们送了香烟，劝他答应了放行。然而，我们仍然被耽搁了，因为我们的摄影师落后3公里，一直在后方拍摄屠杀战场。通常，我们会用对讲机呼叫他，催他快点，但我们担心拿出通信设备可能会惊动军方。即便面对的是最有经验的老兵，对讲机和摄像机也总是能引起怀疑。

我们等第二辆车赶上来的时候，一位军官下山告诉我们，我们不能往前走了。我们苦苦哀求、费尽口舌，却徒劳无功。我们被迫在路边过夜。

那天晚上，佩奇被吓哭了，这是整个旅行中的唯一一次。她此前哭过，但不是因为害怕。她也害怕过许多次，但从来没有因此而哭过。她坚持要睡在车里，所以我们甚至没有在外边搭帐篷。她被包围在这些士兵中间，他们都是些年轻的小伙子，在黑夜里又笑又叫。她全然不知道他们想要什么，是钱、她、车，还是我。我们尚不清楚他们拦下我们的原因。我们在恐惧中度过了一夜，辗转反侧，第二天一早便起来了。

这里显然是守护城市的基地。如果叛军企图攻击城市，这里是他们进犯的第一道防线。我不得不假设被分派到这个站点的士兵都会十分警觉。正因为如此，当天早晨，我异常谨慎、一步一步地讨好负责的军官，请求他让我为他拍摄宝丽来照片。他答应了，我便为他拍了一张照片，他很喜欢。他欣喜若狂，叫来了手下的所有士兵，让他们围在他周围，手里拿着枪炮、火箭筒等所有的武器，我们拍了一张接一张的照片。最终，他说我们可以走了。而且他想陪我们到山顶，把我们介绍给他的上将。

就在我们到达山顶的时候，事情才算一目了然。在山那边约300米的地方有一座桥。我们被禁止通过的原因是，我们到达的时候，桥上已经铺设了地雷——每晚都是如此。他们在桥上铺设地雷是为防止叛军过桥或在桥上布雷。每天早上，他们会移除地雷。若非上级干预，那位年轻的士兵已经准备放我们通过了。我们若是真的在前一晚过桥，会被炸得粉身碎骨。

我们见了那位上将——又有很多士兵，又拍了很多张宝丽来照片。过桥之后，我们驶进了本格拉，一座美丽的城市，一座鲜有外国人涉足的城市。我们在那里吃到了美味的海鲜。（在这片海岸，你可以找得到世界上最大的螃蟹。由于战争，这些螃蟹没什么人抓，花一美元就可以吃个够。）在继续向南的路上，我们经过了不少美丽的乡村。我们这次旅行中见过不少乡村，而这些算是风景最优美的几个村子，完完全全的世外桃源，没有游客打扰（我想你们也猜得到交战区就是如此）。

过境进入纳米比亚只花了几分钟的时间。报关代理人很热情地接待了我们。移民代理甚至说："欢迎来到纳米比亚，希望你们能带来投资者。"他不知道我就是个投资者。他只是在传达政府政策。该国的开放投资政策是有诚意的，甚至已经普及草根阶层。我们在这里受到的待遇与在马里等国的遭遇可谓天壤之别。在马里，我们见到了一块鼓励投资的广告牌，但我们的摄影师却因为拍摄这块广告牌而被捕了。我们在马里被警方骚扰的次数甚至比在格鲁吉亚和俄罗斯还要多。在纳米比亚，人们似乎是诚心诚意地欢迎我们。

边境另一侧的城市翁丹瓜十分繁荣。安哥拉人来到这里购买国内由于战事蔓延而买不到的商品。这里有仓库、商店、新酒店。在翁丹瓜，一个走私贩子向我走了过来，他认识安哥拉叛军，想要用钻石购买我的车。从他口中，我得知从安哥拉走私出境的钻石在南非约翰内斯堡可以卖到每克拉500美元的均价。他给我看了他的钻石，而我最终告诉他两辆奔驰车都是非卖品后，他提出我可以用现金购买钻石。他说这些钻石值7万美元。我给了他500美元。我非常自豪，身为投资界的夺宝奇兵，我在黑市上又做了一笔老到买卖。

后来一位坦桑尼亚的钻石商人告诉我，这些都是玻璃。

其实，有多少次我告诫别人永远不要投资你并不了解的领域？这是我的箴言："我不会教给你任何窍门。要获得投资的成功，唯一的方式就是了解你所投资的领域，通透地了解。如果你不了解华盛顿苹果园，就不要插手苹果生意。"

于是我就这样买了一堆实为玻璃的假钻石。

这是我在纳米比亚的第一笔投资，也是最后一笔。

出于各种原因，我并不想驾车穿越津巴布韦。从我们得到的各种媒体报道来看，显然暴力冲突已经在该国蔓延开来。罗伯特·穆加贝总统一直在实施其特有的种族清洗政策。他直言不讳地公布了他打算将所有白人驱逐出该国的决定，以没收他们的资金和土地。但我们不应该去还有另一个同样重要的原因，即从各类媒体建议来看，以及我们咨询过的人都告诉我们，在那里几乎买不到柴油。

津巴布韦的外交部长是我的老相识。早在他担任该国常驻联合国代表时，我便在纽约认识了他，彼时我还有该国的股票，都是前些年收购的。但现在该国基本上已经没有国外投资了，而由于货币大幅贬值，资金流向了国外。人们将可以转出去的钱全部转移了出去。若是为了寻找投资机会，这个国家根本不值得一去。

另外，我本打算周游非洲的大部分地区，驾车沿着西海岸南下到达好望角，再沿着东海岸北上到达开罗，希望能成为完成此壮举的第一人。此时若前往津巴布韦，我便只能将南非和莫桑比克从路线中剔除，从而降低了这次挑战的难度。虽然我们在向北行驶时可以向西转道前往津巴布韦，但仍然完全有理由跳过这个国家。

但这个国家也有一个必去的理由：莫西奥图尼亚瀑布。

莫西奥图尼亚瀑布宽一英里多，位于赞比西河，比尼亚加拉瀑布还宽，高度几乎为后者的两倍，在6英里以外的地方都能听到呼啸而下的水声，看到喷溅而起的水雾。这座大瀑布由戴维·利文斯通("我猜是利文斯通博士"①)于 1855 年发现。136 年后,即 1991 年 3 月,我初次见到了这座瀑布。我们立即前往津巴布韦,因为我不希望我的妻子一辈子无缘见到莫西奥图尼亚瀑布。2000 年 6 月 14 日,蜜月开始将近 6 个月后,莫西奥图尼亚瀑布的壮丽美景展现在了佩奇·帕克的眼前。

---

① 戴维·利文斯通是一名苏格兰传教士、著名探险家,在非洲探险期间曾与外界失去联系 6 年之久。《纽约先驱报》派记者亨利·莫顿·斯坦利前往非洲寻找利文斯通,最终于 1871 年在坦噶尼喀湖湖畔的乌吉吉小镇找到了他。据说,斯坦利见到利文斯通的第一句话是,"我猜是利文斯通博士",这句话后来广为流传,但真实性存疑。——译者注

旋转的托钵僧

我上一次去南非的时候,这个国家还处于白人少数党政府的控制之下,实行种族隔离政策。而20世纪90年代种族隔离制度的终结虽然是道德和历史的伟大时刻,但这次旅行中,关于该国我所能记述下来的此类正面事件却寥寥无几。

我们驾车环绕翻修一新的开普敦。这座城市已经成为文化和商业中心,拥有世界一流的酒店和餐厅。我原本怀抱着很高的期望,却很失望地看到到处都有可怕的贫民窟。即便市内建设了新的居民楼,取代了过去的简陋棚屋,生活状况也并未有多大改善。这些楼房成排并立,相互之间非常拥挤,而在整座城市的大街小巷里,所有人都愁容满面。游行是常有之事,开普敦的犯罪率在直线上升。警方无力应付——却腾出时间刁难了我们许多次。

南非的问题很大程度上归咎于期望值的破灭。种族隔离制度被废除后,举国弥漫着一种乐观情绪,但政府却没能有所作为。当时,所有人都以为,新任总统纳尔逊·曼德拉也承诺过,南非不会像几十年来的其他非洲黑人国家一样,犯同样的错误,而曼德拉也竭尽所能履行了承诺。

在整个非洲大陆,前欧洲殖民地付出了惨重的血的代价,获得了新的自由,他们宣称:"我们要建立民主制,我们要举行选举,我们要为人民建设更好的国家。"然而,不消多久,这些自由斗士,这些伟大的解放者自己也沦为了独裁者。他们喜欢手握大权。他们喜欢金钱。他们毁掉了经济,毁掉了整个社会。资本流失了,人才也流失了。

令人钦佩的是,曼德拉在任期届满时,选择了退位让贤。他坚持推行选举制,而他任下的副总统塔博·姆贝基经选举成为他的继任者。(如果我是曼德拉,已经80多岁高龄,度过了27年的铁窗生涯,有一位年轻的新女友,我也不想身居高位管理国事。)但在我看来,目前将南非团结起来的唯一因素是,曼德拉还健在。作为一个象征,他无论身在何处,无论面对何人,都拥有巨大的权力。他可以只身走进一场动乱,动乱便会立即平息。一旦他去世,我对该国前景的看法会悲观得多。

在南非,我同样也能看到贪污腐败和秩序混乱的迹象,其他非洲国家在取得独立后莫不是毁于这两点。南非没有什么产品可以出口到全世界——其主要出口品是黄金和钻石,其基础设施虽然是我们自离开摩洛哥以后见到的最先进完善的,却年久失修。新任交通部长承认该国在维护基础设施方面投入的资金不及所需资金的一半。来到这里后,我可以证实这一点,这自然甚是遗憾。我们在该国期间,政府火上浇油,实行了货币贬值政策。政治腐败的传言不绝于耳。曼德拉和姆贝基虽然从其他撒哈拉以南非洲邻国的失败经历中吸取了教训,却也无力掌控一个需要应对11个官方民族需求的政府。

当前,南非的黑人对于停滞不前的经济状况非常愤怒。他们想要一个由黑人组成的政府,但得到的却与从前并无二致,官员心术不正、无所作为、糟糕至极,与白人统治时期令他们不堪忍受的那些官员相差无几。他们的政府行事草率，在这方面世界上没有哪个国家可与之匹敌。（人们可以交一定数额的钱买到专业证书。听闻理发师和律师资格有"特殊的收费"时，我已经很痛心了，但听到连护士和飞行员执照也是可以买到的，我简直是惊惧不已。）雪上加霜的是，他们还要面对外国人，我们见到许多美国黑人移居到了南非。一旦有新大陆开放，人们总会收拾起行囊奔向那里，这些人也不例外。但他们中有很多人都是南非黑人所憎恨的对象，因为在南非黑人眼中，他们一副狂妄自大、轻世傲物的派头，端着一副自以为比当地人聪明的架子，似乎他们出现在这里，就是所有人三生有幸。本地人一直称他们为新一代的"丑陋美国人"。

南非有三座首都，开普敦、比勒陀利亚和布隆方丹，分别是立法首都、行政首都和司法首都。我们三座城市都去了，所见到的一切都没能改变我对该国未来的悲观看法。在约翰内斯堡，我们见了一个南非白人，他在牛津时便是我最好的朋友之一。他和他的黑人妻子育有两个儿女。她带佩奇参观了她教书的黑人学校。学校位于种族隔离时代的黑人聚居区亚利桑德拉镇。她苦涩地解释道，这所只招收黑人学生的学校在现任政府的管理下，情况还不及种族隔离时代。黑人政府对黑人教育的重视和投入甚至不及白人政府。她的新任校长不过是个二流政客，只关心如何保住饭碗和如何才能以权谋私、填满自己的腰包。他对教育知之甚少，也根本不挂心。来自各个种族的本地人如今都在纷纷逃离这个国家。

我这位朋友的妻子带佩奇参观了约翰内斯堡的一家艾滋病孤儿院，让她亲身了解这种占据了世界各大报纸头条的疾病造成了何种灾难。当晚，我们与一位知名的非洲医生共进晚餐，佩奇讲述了看到这么多感染 HIV（人类免疫缺陷病毒）的孩子面临着和亡父母一样的命运，她是何等心碎。我们都同意，这是降临在非洲及全世界的一种可怕灾难。但他说，不幸的是，关于这种疾病的影响范围，几乎不可能收集到可靠的数据。现行的数据尽管非常详尽——而联合国的数据则摇摆不定，但其所依据的并非科学的计算，而是别有用心的人推算得出并推而广之的猜测数据。这些数据常常会随政策的变化而变化。

他因工作需要走遍了非洲大陆，博闻多识的他证实了我们的所见所闻。非洲一来道路不通、设施简陋，二来缺乏资金和技术，根本无法收集到准确数据。整个大陆的大片地区都与世隔绝，而许多国家除了首都，其他地方的情况均鲜有人知道。没有工具能够统计众多与非洲有关的灾难：肺结核、艾滋病、贫穷、奴隶贸易、疟疾、难民和战争伤亡。许多国家的政府不愿将有限的资源用于此类目的，因为没有回报。即便有人有志于此，也没有可以进行艾滋病测试等实验的途径。

在旅行中，我们没有见过任何收集数据的人，也没有见到所公布数据显示的大规模死亡迹象。在我们去过的国家里，人口并未显著减少。这并不是在有意低估这种疾病造成的灾难。在非洲，我们发现，永远不缺数据，难以找到的是可靠的数据。

离开南非后，我们顺道去了斯威士兰王国。与四面被南非环绕的莱索托不同，斯威士兰一面与莫桑比克接壤。而我们先前去过的莱索托，最初是作为黑人的家园由南非的种族主义者创立的——有人说是黑人自治区，有人说是战俘营。这个国家建立的初衷便是将黑人囚禁在一起，因而其贫穷与萧条的程度超乎想象。我们发现斯威士兰的情况多少要好一些。该国国王在英国读过书，与莱索托国王不同，拥有实权，并在吸引外资方面更有成就。但他所吸引的不只是外资。他每年都会举行一项有数百年历史的仪式，召集全国所有的处女参加。她们全部身着传统服装。在主要是歌舞的庆祝活动中，他会从中挑选一位心仪的少女，娶她为妻。我们在斯威士兰期间，当时仅有32岁的他已经有了7位妻子、7个孩子和两个女友。他最近还下令称，女性18岁前进行性行为是不道德且非法的，然而他有不少内阁成员都和女学生有染。他后来又挑选了一位17岁的少女为妻。

在约翰内斯堡期间，我们去了一趟马达加斯加岛。马达加斯加是原法属殖民地，如今已获独立，是非洲最大的岛国、世界第四大岛，同时也是世界上最贫穷的国家之一。马达加斯加岛从非洲大陆脱离开来，漂入印度洋，同时也带走了各种各样独一无二的动植物品种，因而具有巨大的科学研究价值。在我们到达此地的10年前，科学所知的最小灵长类动物鼠狐猴在这里被发现。我们想要参观雨林，一睹野生动物的风采。我们听说过马达加斯加岛的翻尸节——人死后的4至7年，死者家属会按照习俗聚集在坟墓前，将尸体挖出，整理骨骸，为逝去的亲人裹上新布。悲哀的是，如同许多新独立的国家一样，马达加斯加也深受日益动荡的政局之害。若非如此，这个国家会成为一大热门旅游胜地。

世界银行和联合国的各项统计标准显示，莫桑比克是世界上最贫穷的国家。这个前葡属殖民地集非洲所有缺点于一身，但我却深信那里蕴藏着大量的机会。一切都便宜至极，政府出言明智，长年的内战也告一段落了，而我到达之时恰逢举国人民充满希望与激情之时。

然而我所看到的只有腐败。

大量资金流入该国，以助其应对前一年遭遇的洪灾（这次洪灾确实造成了严重的破坏，但波及范围并不像外界所以为的那样大），但显而易见，这些资金并未层层发放下去。如同众多非政府组织发放的善款一样，这笔资金绝大部分都被各级政客和官僚中饱私囊。

(我倡议取消对非洲的援助,莫桑比克便是最典型的例子。对于非洲大陆的发展,我有一套替代方案,随后再详述。)

我们见到了一位非政府组织的工作人员,他的任务是控制疟疾传播。他带着一个团队来到了莫桑比克。

"洪灾有引起疟疾暴发吗?"我问道。

"没有,"他回答道,"但会引起。"

洪灾是一年多以前的事了。我想,洪灾若真的会引发疟疾,最好抓紧一点。然而,他和他的团队,就在那里堂而皇之地挥霍着总部拨下来的资金,驾驶着四轮驱动车,一边开着空调一边开着窗,享受着舒适的生活。

我对这类人非常反感,当地人对他们更是恨之入骨。

"如果还有人怀疑,那就让那些非政府组织主义者把自己的孩子送到他们为我们所建的学校里来。"一位非洲记者写道。

非洲人称他们为新殖民主义者。他们做事是殖民者的派头,看待这些国家用的也是殖民者的角度。他们懂的比本地人多,手里的钱比本地人宽裕。至少殖民者还是有上级的,这些人却不受任何人的管束。他们住在大宅子里,配有保安、大门和卫星电视。他们驾车到全国各地向那些贫穷的本地人灌输他们有多么愚笨。

"我们在待命。疟疾会暴发。"

如果没有,他大概会去祈雨。

之后,在马拉维,我们订到了马拉维湖度假村的最后两个房间。那一周,整座度假村都被一家德国非政府组织包下。非洲各国的政府部长乘飞机赶来开会,会议内容无非就是非政府组织一贯所做的评估与评价。我们在南非期间,姆贝基总统跟随马拉维总统巴基利·穆卢齐的脚步,公开谴责这种劳民伤财的活动。两人都将禁止手下部长今后再参加任何此类会议。这些会议每年要举办数十次。

姆贝基称，我们不应该再对新南非的未来夸夸其谈了，而是应该着手建设新南非。我们不能再纸上谈兵了，我们已经谈够了。我们浪费了大量的时间参加会议，没有人在干实事。

这些会议完全是在浪费时间、金钱和资源，而这些正是现代公职的内涵所在。非洲各国部长乐此不疲——既然可以住在五星级度假村，对可能的对策高谈阔论一番，为何还要去干实事、改善国家状况呢？而非政府组织对此更是钟爱有加。

姆贝基和穆卢齐在扛着国家迈向21世纪的过程中，究竟面临着多么大的阻力，我们在莫桑比克的最后一个经历很能说明问题。我们在出境前往马拉维时，被边境官员拦了下来。他坚持要我们购买莫桑比克的汽车保险。

"我们要出境。"

"你们没有上汽车保险。"他说。

"入境的时候，我们一切都是按规定走的，"我告诉他，"这里是章——海关的章、入境处的章。我们不是偷渡进来的。"

"你们必须上汽车保险。"

"为什么？我们不会再在莫桑比克开车了。我们要出境，再也不会回来了。"

"你不去那边那个人那里上汽车保险，我是不会让你出境的。"

我们只能购买为期30天的汽车保险，他才放我们出境。

在我看来，坦桑尼亚是非洲最棒的旅游国家。你可以随便挑选任意6个非洲国家，这6个国家加起来所呈现的非洲风情都不及坦桑尼亚。而且享受到这些非洲风情不用费什么周折——该国20世纪80年代之前一直处于伟大的社会主义民族解放英雄朱利叶斯·尼雷尔的统治之下，自力更生，因而并未出现外国游客泛滥的问题。坦桑尼亚的乐趣是丰富无穷的。这里有美丽的印度洋海滩。

这里有神秘而古老的桑给巴尔岛，传说阿拉伯人曾在这里从事珍珠与香料生意，其历史充满了流传至今、令你大开眼界的故事。这里有传奇城市达累斯萨拉姆。这里有举世无双的野生动物保护区，各种各样的动物在这里繁衍。在著名的塞伦盖蒂平原附近，有恩戈罗恩戈罗火山口，附近坐落着奢华至极的火山口度假屋——佩奇形容其为"非洲的范思哲"，浴缸里甚至撒了玫瑰花瓣。就我和佩奇看来，坦桑尼亚是非洲最安全的国家之一，而且物价很低。另外，除了所有这些景点，你还可以去爬乞力马扎罗山。

坦桑尼亚是第一个准许我们开着自己的车参观野生动物保护区的国家。他们甚至允许我们把顶篷放下。那里到处都是动物，没有人的踪影。在南非、纳米比亚等国家，我们只能随导游坐在他们的车里参观，只是偶尔才能看到一两只动物。在到达坦桑尼亚之前，我们的所有野生动物保护区之旅都是从一句免责声明开始的："驾车参观野生动物保护区是要碰运气的。我们无法保证你们一定可以看到动物。"在坦桑尼亚，这种免责声明根本没有必要。到处都是动物：大象、狮子、水牛、鬣狗、猎豹、斑马、羚羊、长颈鹿和鳄鱼。

坦桑尼亚成立于1964年，由坦噶尼喀和桑给巴尔合并而成。合并之前，两国先后沦为德国和英国的殖民地，但最终取得独立。坦桑尼亚结束20世纪80年代的强制锁国政策后，经历了市场经济改革。如今，该国鼓励国外投资，而由于拥有丰富的天然气资源、非洲最优秀的教育体制之一和极高的文化水平，其经济具有巨大潜力。虽然桑给巴尔的阿拉伯人和内陆的非洲人之间仍然存在种族和宗教冲突，但由于遵循进步的经济思想，该国即将迎来一段繁荣时期。政府宣称几年内便会向外国人开放股票市场。旅游业显然备受重视。

阿鲁沙市位于塞伦盖蒂平原东南部的马萨伊草原之上。附近曾有一两百座咖啡种植园，除了6座，其余都被尼雷尔收归国有了。他实施该措施后的几年时间里，除了那6座，所有种植园都停产了。负责接管的官员们发现种植咖啡需要能力、技术和勤劳，于是这些种植园拆的拆、毁的毁，如今已经空无一人。仍然在生产的一座种植园属于达维科兄弟——卡拉多·达维科与鲁杰罗·达维科。他们的父亲来自意大利，1931年开办了这座种植园。卡拉多一直在网上跟踪我们的旅行消息，我们互通过几次电子邮件。我和佩奇穿过阿鲁沙时，顺道来拜访他们兄弟俩。

这座种植园名为蒙杜咖啡庄园，位于蒙杜利村附近的山区，占地1 200英亩。兄弟俩维持着庄园的业务，挺过了坦桑尼亚的艰难时期，这说明他们十分勤劳。他们的成功并未仰仗于政府的扶持，没有利用任何国家基础设施。这座种植园位于城市30公里外，且连接两地的路况非常差，这一家人在过去的40年里一直在负责这条路的维护。这家人长期雇用了120名马萨伊工人，丰收季节雇用的工人会临时增加到1 000人。

相传马萨伊人是一个作战勇猛的部落，以捕猎狮子的勇猛事迹闻名，但他们却给佩奇留下了很差的印象。她发现这些人中，是女人在做所有的工作，头顶着重物爬山，背上绑着孩子，而男人则是闲坐着喝茶。她发现非洲各国的情况都是如此，而她的观点得到了达维科兄弟的佐证。他们认为马萨伊人这种大男子主义的武士道德尤其不利于生产。

如果不住在达维科兄弟位于阿鲁沙郊外的家中，我们在阿鲁沙根本找不到住的地方，除非在车里凑合。方圆100英里范围内的所有酒店房间都被订满了，房客多数是和美国总统比尔·克林顿同行或提前到来的美国人。克林顿要重点访问非洲，此次是美国总统有史以来范围最广的一次出访。他大张旗鼓地称赞过尼日利亚总统奥卢塞贡·奥巴桑乔（现在正在被《纽约时报》无情地鞭挞）的民主政策后，又决定顺道来阿鲁沙参加一项协议的签署仪式，这项协议将终止邻国布隆迪的内战。这次访问不过是为拍张照片。克林顿的目的之一是在国内即将到来的全国大选中为民主党拉选票，希望利用这次机会与南非总统纳尔逊·曼德拉合影。曼德拉一直都在积极推动这项和平协议的制定。

追随而至的人们对于此类国事访问是必不可少的——白宫安保人员、工作人员、随从人员以及如影随形的官员们，更别说美国媒体了。他们封锁了阿鲁沙周边的一切，占用了一整周的时间，但实际上总统甚至都不会过夜。美国特勤局的人切断了该市所有的电话信号，只保留他们自己的，大概还有那些御用媒体跟班的。非洲媒体——坦桑尼亚东北部的本地居民则更不用说——在美国之鹰[①]一手遮天的时候只得暂停使用电话。

美国这种傲慢无礼的外交方式不仅惹怒了坦桑尼亚人，也得罪了所有非洲人，这使得美国在全世界四处树敌。而这种愤怒情绪随后达到了顶点，美国特工处将坦桑尼亚总统本杰明·姆卡帕从豪华轿车里强行拉出，进行搜车搜身，随后才让他进入协议签署仪式所举办的会场。他是独自进去的，他的随身保镖被禁止入内。美国特勤局封锁会场后，更是禁止所有人出入。

试想一下，一个坦桑尼亚的安保人员在白宫外将美国总统从豪华轿车里拽了出来，会是什么场景。

最终，某些派别拒绝签署该项协议，使得这次会议无果而终，整件事情成了一场闹剧。这次行动的失败在非洲媒体上有报道，但

---

① 美国的国鸟为白头海雕，也称白头鹰，因此常用鹰来指代美国。——译者注

在美国媒体上却只字未提。大概可以这么说,白宫记者团甚至没有人知道布隆迪在哪里,更别说关心了。无论如何,这个事件值得铭记的一点是,这仅仅是美国总统非洲之旅的一站,在取得外交成果的同时,还招引了不少仇恨,浪费了美国纳税人又一大笔钱。

后来,访问印度时,这些赌博之旅仅美国一方的成本在国内也有了报道,我们读到了大量装满设备的运输机空降该国,为的只是美国总统的一次国事访问。随行的人员与设备需要26架C–17运输机和C–5运输机、5架C–130运输机和C–141运输机、7架KC–10空中加油机和39架KC–135空中加油机。据《空军时报》报道,为了进行一次为期5天的访问,美国空军派出了1 150架次飞机。所有这些常规物资的调动——且不用说总统到哪里便尾随至哪里的大量官员——不出意外地总是要迫使当地人离开,扰乱了社会的正常秩序。而普通美国人所不知的是,这些兴师动众的访问对美国的海外盟友造成了负面影响。美国媒体大肆报道人群聚集在大街小巷挥舞美国大使馆发放的美国国旗的场景,而国外媒体却在质问:"这些傲慢自大的浑蛋以为自己是谁?"

我们在达维科兄弟家留宿了几天的时间,随后出发前往塞伦盖蒂国家公园。

虽然坦桑尼亚鼓励旅游业的发展,但政府尚未解决基础设施的问题。通往国家公园的路况极其糟糕,挂车的板簧在路上又折断了。我们在路边停了8个小时,让一位"糙手机械师"(他们的自称)将板簧重新焊接上。100公里后,板簧又断了。我们总算明白为何大家都要坐飞机了。一辆卡车将挂车拖走了,在等待新板簧制作完成的期间,我们住进了火山口度假酒店。

数千年前,非洲最高峰并不是乞力马扎罗山,而是位于塞伦盖蒂平原外缘、爆发之后留下恩戈罗恩戈罗火山口的那座火山。火山口度假酒店的奢华程度（以及酒店所处的位置）令我们甚是惊讶——浴缸前的玫瑰花瓣小径、客厅里的雪利酒和自制巧克力、美食——这正是坦桑尼亚积极推动发展的有力证据。这座度假酒店由一家南非酒店连锁企业管理，而许多同类企业正如雨后春笋般涌现，这个国家成了这类行业发展的新天堂。

乞力马扎罗山每天的游客数量是有限制的。攀登到峰顶有许多条不同的路线。我们选择的可以说是最容易的一条，五天四夜，包括上下山。导游可兼任搬运工，并非一定要配备，但就算是做此规定也无妨。单独登山的许可更难申请，但有威尔弗雷德·奥尼奥尼的帮助就不一样了。我们雇用的两位搬运工中有一位名叫赞比迪亚，五十出头，做带人上下山的生意已有34年了，在此期间每个月至少要往返一次。

我们所走的线路是马兰古路线，得名自据大门约两公里远的一座小镇。整个旅程始自1 700米的标记处，沿路有预设的歇脚点，那里建有A字形的小木屋可供露营过夜。我们爬山时正值8月中旬，一道爬山的还有几位单身女子，没有单身男子，但有几对结伴的男女。我们第一天爬了18公里，第二天和第三天都是15公里。最后的6公里，我们是从第四天的午夜开始爬的。

第二天的时候，我们初次真正饱览了山顶——海拔19 565英尺（近6 000米）的基博峰的模样。在登山过程中，我们经历了几种小气候，从森林到茂密的雨林，而在我们接近山顶、气温骤降时，又进入了高山沙漠。最后的1 000米海拔除了沙石便别无他物，山顶覆盖着冰雪。

在这次旅行之前，我参加了最近的3次纽约马拉松比赛。但就在距离乞力马扎罗山山顶还有500米的时候，我一辈子也没有那么气喘吁吁过，完全是在大口吸气。当然，我随后才像个傻瓜一样恍然大悟，我是在海拔 19 000 英尺的高度爬山，大概与高原反应有关。爬完山后，我精疲力竭地回到了营地。总而言之，这是一次收获颇丰的经历，但纵有美景相伴，却并不愉快。我万万不想再经历一次。最棒的一点是可以宣称我爬过乞力马扎罗山了，我有证书作为证明。

马兰古路线，攀登乞力马扎罗山的观光路线，也称可口可乐路线。这个名字大概源自沿路营地面向登山新手出售的饮料。"可口可乐"还被坦桑尼亚人用来表达另一种完全不同的含义，这是我的一段愉快回忆。我连坦桑尼亚的贿赂体系都喜欢，这大概算得上我对这个国家青睐有加的最有力证据。

坦桑尼亚的限速标志似乎是移动式的。我来到这个国家后不久，便发现了一个规律。我意识到，只要看到限速标志，就可以想见不远处一定有一位拿着雷达测速仪的警察。出达累斯萨拉姆这条路的限速是 80 公里/时。我高速驶离这个城市，看到了一个移动式路标上的限速才降下了速度，但为时已晚。两位警察从林子里走了出来，给我看了雷达测速仪上的读数——被抓到时，我的时速是 94 公里。他们告知我，罚款数额为 2 万先令——约合 25 美元。

"好吧，"我说，"当然你们得给我开收据。"

他们两人不会讲英文——倒是会讲俄语——却都懂得"收据"一词。从遇到的本地人那里，我了解到了说出这个词，他们会有何反应。

"可口可乐。"其中一人笑着说。

这在坦桑尼亚意味着"不开收据就半价"。

"好吧。"我迎合道，并交给他们 1 万先令。警察笑了，我也冲他们笑了。"可口可乐。"我说完便离开了。

整个过程耗时不到两分钟。

我再次强调：如果你计划去非洲，想要体验原汁原味的非洲风情，坦桑尼亚便是可以满足你的地方。

坦桑尼亚的一切优点，肯尼亚都不具备。肯尼亚境内的塞伦盖蒂平原动物稀少，却游客如织、度假屋林立。肯尼亚境内的保护区遭到了严重的过度开发。在内罗毕，就在我们到达后，肯尼亚议会宣布将为议员每月增加 5 000 美元的旅游补贴。此前不久，他们已经投票决定为自己加薪 200%。一位试图揭露政府腐败的天主教牧师不久前刚刚遭到谋杀。我们得知，劫车起源自内罗毕。这种罪行最初出现在这座肯尼亚首都，随后被世界各地的罪犯跟风效仿。而奇怪的是，肯尼亚人似乎对此很是自豪。由于北部暴力犯罪十分猖獗——显然是刑事犯罪而非政治犯罪，只有军队护送是不够的。我们还得自掏腰包雇用士兵。这是我们此次旅行走过的最糟糕的一条路。我们遇到了一位 6 次爆胎的卡车司机。前往埃塞俄比亚之前，我们总算做了一件能让这次旅行有些纪念意义的事。在一家野味餐厅里，我们吃了本地的特色菜——鳄鱼和豪猪，两道菜都是骨头多肉少，就像去马赛喝马赛鱼汤、在斯图加特吃鸡蛋面疙瘩一样。①

在离开达累斯萨拉姆之前，我们去了沙特阿拉伯大使馆。自离开纽约之后，我们一直在申请进入沙特阿拉伯的许可。在非洲，每次去首都城市，我们都会去沙特阿拉伯大使馆申请签证，但每次都遭到了拒绝。在世界各地的沙特阿拉伯大使馆——巴黎、伦敦、东京，我们无论是亲自前去询问，还是打电话，只要一说"我们在驾车环游世界，想要穿越沙特阿拉伯"，对话便就此结束了。我们得到的建议是，沙特阿拉伯不存在旅游业，即便存在，政府也不会允许你驾车。通过奔驰的美国分部，我们一直在联系阿布扎比和阿联

---

① 两道菜分别为两地特色菜。——译者注

酋的奔驰负责人。两方在阿拉伯半岛都是举足轻重的人物，影响力不亚于负责整个沙特阿拉伯业务的奔驰经销商，而后者还是世界上最富有家族的一员。然而所有人都告诉我们，这不可能办得到。

我去沙特阿拉伯驻达累斯萨拉姆大使馆的当天，恰好是我们准备离开这座城市的日子。对于究竟是否要去，我们几经犹豫。我们知道他们肯定会拒绝。我们开车来到了大使馆，大使馆的照片（照片上有我们）出现在了该市英文报纸当天的头版上。负责的官员很喜欢我们的车，我们为他和他的助手拍了他们站在车前的照片。佩奇为表尊重，穿了一条长裙，遮住了胳膊和头部。那位官员记下了所有的信息——车牌号、我们的护照号码——并向我们保证他会替我们申请到驾车进入沙特阿拉伯的许可。他让我们保持联系。我从一开始就不相信他能兑现承诺，但我们又有何损失呢？我想，我们会从内罗毕、亚的斯亚贝巴及北上之路沿途经过的地方寄明信片给他。

我们到达埃塞俄比亚时是 9 月 10 日，恰逢埃塞俄比亚人的新年。埃塞俄比亚是世界上少数几个仍在使用儒略历的国家之一。这一历法以儒略·恺撒命名，16 世纪时在许多西方国家被格里历[①]取代。在埃塞俄比亚，当天不仅是新年第一天，而且还是 1993 年的新年。我和佩奇自入境的那一刻起年轻了 7 岁。

埃塞俄比亚自罗马帝国时期以来便是基督教国家。17 世纪崛起的伊斯兰教势力扩散到了埃塞俄比亚四面的邻国，却没能渗透到这个国家中，其中的一大原因是其地理特点。作为一个山地王国——尼罗河有 85% 的水源都来自该国，埃塞俄比亚与世隔绝，不仅没有被伊斯兰教渗透，也没有受到欧洲基督教发展的影响。而

---

① 格里历即现在的公历，而儒略历为格里历的前身。——译者注

相较而言较新式的基督教派却由传教士传播到了非洲其他地区。于是，在宗教方面，埃塞俄比亚不同于其所有邻国，既不是伊斯兰国家，也不是普通的基督教国家。

埃塞俄比亚基督教主要遵守的是最初基督教的教义，相比于西欧基督教国家更接近于犹太教，更加推崇《旧约》，而后者基本上已经发展成了唯《新约》教。埃塞俄比亚《圣经》与标准版《圣经》的早期版本一脉相承。吉兹语——古代阿比西尼亚人使用的闪米特语——仍然用于礼拜仪式，并拥有独一无二的字母系统。

埃塞俄比亚人的基因构成也可以看出闪米特人的影子。毕竟，我们进入了闪米特人的土地，他们遍布于从埃塞俄比亚经苏丹和埃及、穿过肥沃新月地带[①]的伊拉克到阿拉伯半岛的整片地区。如今，我们多次发现，他们对于自己的闪米特人血统很是自豪，对美国误用"反犹主义"一词非常愤怒。[②]他们一直强调，该地区有超过1亿人口。他们坚称，其中有人或许是反以色列分子，但他们自己便是闪米特人，不可能是"反闪米特"分子。

曾经一度美国援助非洲的物资绝大部分都流向了埃塞俄比亚，其所控制的厄立特里亚海岸拥有扼住红海海峡的战略优势。该国与美国的军事关系结束于1976年，即其皇帝海尔·塞拉西一世在政变中被废黜的两年后。于是便出现了20世纪90年代初美国以人道主义援助为名冒险出兵索马里的行动。[③]塞拉西曾于1936年意大

---

① 肥沃新月地带，西亚的古文化发源地，包括西北-东南走向的美索不达米亚，以及东北-西南走向的西亚裂谷带中、北段。——译者注
② 反犹主义一词英文为anti-Seimitic，Seimitic原义为闪米特人。——译者注
③ 指20世纪90年代初美国出兵干预索马里内乱的事件。在那次行动中，美国遭到重创，美国士兵的尸体被拖过索马里首都街道的画面在全世界广为传播，在美国引起巨大反响。——译者注

利法西斯军队入侵该国时遭到流放,因与英军合作共同结束了二战期间意军对埃塞俄比亚的占领而闻名。如今,他的形象已经沦为了一个残酷无情、闭关锁国的独裁者。不过众所周知,取而代之的政府也没有什么起色,最终于1991年被推翻。1993年,动荡的年代最终催生了厄立特里亚的独立——该国承诺埃塞俄比亚可以继续出入红海——以及如今统治着埃塞俄比亚的代议政府。

新宪法承认埃塞俄比亚的种族差异,9个独立的选区均有权选择退出共和国。这种避免内战的机制迫使中央政府顾及所有人的需求。这种先进的方式在我看来非常耐人寻味,也是我如此想去埃塞俄比亚的原因之一。我同样也很想去厄立特里亚,该国已经宣布要遵循自由市场资本主义理论发展经济,不再接受任何方面的援助。不幸的是,两国之间挑起了旧怨,发生了边境冲突,导致厄立特里亚边境关闭,因此想去厄立特里亚是不可能的了。

据世界银行统计,埃塞俄比亚是世界上第二贫穷的国家。许多美国人说起这个国家,都会想到旱灾和饥荒。20世纪80年代300万人忍饥挨饿,我并无轻视这场灾难的意思,但约6 000万人幸免于难这点却并未见诸报端。该国北部为沙漠,整个地区经常遭遇可怕而严重的旱灾,但埃塞俄比亚大部分地区位于高海拔的雨林地区——降水充沛,为尼罗河提供了绝大部分水源——且该国的多数粮食都来自国内生产,几百年来一直能够做到粮食自给。

埃塞俄比亚所欠缺的是将食物分发给需要之人的动力。看到全国各地漏水的水塔,我想起了印度经济学家阿马蒂亚·森获得诺贝尔奖的理论,多数饥荒并不是由食物匮乏引起的,而是源自政府的无能。

我们在埃塞俄比亚首都亚的斯亚贝巴期间,美国国务院负责援助的官员带着团队飞抵该地。他们在世界上最豪华的酒店之一住了

4天，在受灾地点考察了一天，随后便飞回了华盛顿。

亚的斯亚贝巴正北方约200英里便是拉利贝拉古城——上一个千禧年之交时的埃塞俄比亚基督教中心。该城以曾经的君主命名。12世纪，该城君主在梦中梦到了耶路撒冷，但由于被四面环绕的伊斯兰国家隔绝开来，埃塞俄比亚人无法到那里朝圣。他得到神谕，要在拉利贝拉复制圣城，建造一座新的耶路撒冷城。在梦中，他还见到了许多教堂。因此，如今的拉利贝拉拥有数座12世纪的坚硬岩石教堂，这些教堂是人们用了40年时间在山的一侧手工雕刻而成的。在这里，你可以看到橄榄山、约旦河等《圣经》中出现的圣城景象。埃塞俄比亚人竭尽所能将拉利贝拉开放给全世界。该城如今拥有一座机场和一条柏油马路可以通行。

拉利贝拉的集市非常壮观，买卖方式仍然沿袭了1 000年前的传统。有人铸锅，有人做鞋，有人卖柴。我们并不知晓我们到达当天恰逢赶集日，却侥幸赶上了这一天，从而有缘一睹埃塞俄比亚的真正风貌，埃塞俄比亚许久以前的样子。整座城宛如世外桃源，我们甚至能走进一座教堂，请一位牧师拿出一本有800年历史的经书，得到许可自由翻阅并拍照。城内有许许多多的古老圣像，许许多多的中世纪文物。每座教堂都有自己的十字架。我们在埃塞俄比亚全国看到了各种各样的十字架，有的是金的，多数是银的。

自西方媒体首次报道埃塞俄比亚饥荒以来，大量援助的食物被送到该国。我们在拉利贝拉期间，赶上了一月一次的援助物资送达日期。全国各地的人们骑着驴进城——其实并不能说是进城，只是来到城郊。越贫穷的人分到的食物越多，没有人想要炫富，于是所有人都把驴拴在城外3公里的地方，徒步走完剩下的路。城郊有成百上千头驴等着，而市中心有成百上千个人在等着运送食物的卡车抵达。卡车到达后，50公斤一袋的小麦被分发一空，袋子上印着援助国的名字——这一拨中有的来自美国，有的来自德国。

与此同时，拉利贝拉周围美丽而丰茂的田野却变得荒芜，因为再也没有人务农了。整整一代埃塞俄比亚人从小没有学过如何种地。相反，他们只要每个月去城里，把驴拴在城外，领粮食，便可以有米下锅了。我们在拉利贝拉的当天，有些人直接带着领到的粮食去了城里的集市，开始贩卖。因此，除了整整一代从来没有学过怎么种地的人，还有整整一代农民被迫放弃了务农，因为他们的劳动果实再也卖不出去了——免费的粮食是无论如何也竞争不过的。

非洲可以重新实现粮食自给并出口粮食，但受补贴的西方农业和免费粮食带来的竞争断送了这一希望。

"我们去集市瞧瞧你妈妈的教堂捐给非洲的东西吧。"我们到达塞内加尔后，我对佩奇说。

"你在说什么啊？"她问。

我解释了牵涉到美国捐献衣物的大规模丑闻——这些衣物是如何有组织地被人从慈善机构转移到黑市上的。起初，佩奇并不相信我，但我带她逛过撒哈拉以南非洲的集市后，她终于明白慈善不仅从家庭做起，也从家庭终结。这种行当在整个非洲大陆都很普遍，但在黑非洲，证据显得触目惊心——理由很简单，美国人通过当地教堂捐赠物资到外国，给虔诚基督徒的自然比给虔诚伊斯兰教徒的多。

整个非洲大陆到处都有大型集市，里面可以看到一捆一捆的T恤待出售。这些T恤都是由克利夫兰市基督教青年会和夏洛特市第一浸信会等机构捐赠的。这些T恤以及各式各样的衣物是在美国募集捐赠给非洲穷人的，但到达非洲后，却被当作商品卖掉了。这不仅肥了操这门生意的商贩的腰包，也挤掉了当地裁缝的生意。不仅是这些裁缝，还有织布、纺线和种植棉花的人都无法与之竞争，他们的成本都要由裁缝来承担。曾经的非洲，裁缝随处可见，你能在路边看到他们坐在缝纫机后。如今，裁缝变得非常罕见。他们怎么可能同几乎是货源免费的商贩竞争？

　　美国的慈善机构——如将捐赠物品送给非洲教会的浸信会——将物资交给布鲁克林区或杰克逊维尔市等地的集运商，并装入集装箱运往海外。这些物资此时便归集运商所有了。到达非洲后，这些物资被从船上运下来摆放在码头上，会有批发商来看货出价。集运商将钱款据为己有。衣服则由卡车运到内地的本地村庄集市，进行零售。慈善机构什么也得不到。实际上，这些物资一离开北卡罗来纳州，便注定没有好下场了。捐给非洲的其他东西几乎也都无一例外地会落入同一行当。

　　我第一次发现慈善物资的内幕是在摩托车之旅中。这门生意是近10年来不断扩张的行业之一。其中的利润引来了一大批掮客，他们只要去一趟行善积德的美国慈善机构便可以获得一船一船的免费货物，代价不过是去一趟教堂——往奉献盘里放点钱。他们可以打着为非洲募捐衣物的幌子，四处走访教堂。当然，如果我们让非洲的裁缝继续经营，如果我们帮助他们提高生产力、自给自足，我们最终可能会需要进口他们的产品。捐赠衣服给他们，挤掉他们的生意，然后再捐更多的衣服，这总好过让他们威胁到北卡罗来纳州纺织工人的饭碗——正是他们将自己的旧T恤捐赠给了教堂，让非洲的织布工和裁缝丢掉了生意。道理类似美国政府捐赠粮食给拉利贝拉人，让务农技术从他们的共同记忆中消失。

　　在亚的斯亚贝巴，佩奇同在酒店新结识的埃塞俄比亚朋友阿尼娜·阿布拉一起去买阿拉伯长袍。如果我们能获准进入沙特阿拉伯，她需要穿这种从头到脚覆盖全身的传统服装。我们想这在苏丹或许也能派上用场。此时的佩奇已经相当独立了。她已经习惯了经常抛下我，独自出门做她喜欢的事情。她已经适应了非洲的环境。我们到达埃塞俄比亚之时，她已经熟悉了这片大陆。

在非洲之旅的大部分时候，我们都很侥幸地在逆着雨季移动的方向行驶。雨季几乎可以说是一条移动的阵线。4个月前我们进入加蓬时，恰好穿过了正在向北移动的雨季带。现在，我们在穿过埃塞俄比亚北部前往苏丹的路上，再次迎面遭遇了雨季。北上之路非常糟糕，我们花了将近12个小时才走了100公里。很快这条路便基本上无法通行了，几乎变成了一汪大泥塘。夜幕降临，我们却被困在了那里。

我们辗转到了一座小村庄，我后来才得知这座村庄名叫内加德·巴希尔。我从这里往前走了半英里看看路况，寻找最佳的出路。我发现有卡车被困了好几天，司机正在奋力铲挖泥浆。我找到了村长，他又高又瘦，穿着一件深棕色的打猎装，这与佩奇印象中非洲村长的着装风格大相径庭。我告诉他我们被困住了，询问那里是否有地方可以让我们留宿。村子里最好的旅馆也是村里唯一的一座旅馆，只有零星几间简陋的棚屋，茅草屋顶，脏兮兮的地板，没有水管，每一间都很狭小，只够一人住。出人意料的是，这些房间相当干净整洁。实际上，佩奇说，那里的居住条件远远好于我们在格鲁吉亚居住的"四星级"酒店。

"地板扫过了，床单是干净的，毯子没有味道，有水可以洗脸刷牙，我还能奢求什么呢？"她说。

她从外边找了块石头挡门，因为门上连门闩都没有。

我们流落到内加德·巴希尔的当晚，正值埃塞俄比亚最重要的宗教节日之一的前夕——发现真正十字架节。[①]传说，埃塞俄比亚

---

① 发现真正十字架节，也称马斯卡尔节或十字架日。——译者注

的第一任国王是梅内利克一世，以色列所罗门王和希巴女王之子。耶稣被钉死在十字架的 300 年后，梅内利克的一位后裔——一位埃塞俄比亚女王，在梦中得到神谕，指示她前往各各他①，将钉死耶稣的十字架圣物带回埃塞俄比亚。圣物的地点则要待她到达那里后点燃篝火，从升起的烟中得知。每年，埃塞俄比亚人都会用点燃篝火、纵情歌舞的形式来纪念她的成功。

内加德·巴希尔的人们沉浸在欢庆气氛中，期待着节日的到来及篝火庆祝。我们欣然加入他们的庆祝活动。当晚，我遇到了两位年轻的牧师，他们刚刚完成了见习期。我请他们喝了啤酒，这还是他们有生以来第一次喝啤酒。我们用宝丽来相机为一位较年长的牧师拍了照片，我们把照片给他后，他欣喜若狂，因为他很久没有看到过有自己的照片了。我们为很多人拍了照片，其中有些人从未见过外国人，更不用说拍立得相机了。

埃塞俄比亚与厄立特里亚正处于敌对状态，边境关闭，也就是说我们运气不佳，没有机会拜访厄立特里亚了。这也意味着，要想北上，我们必须沿着苏丹的交战区绕行。黑人聚居的苏丹南部与穆斯林聚居的苏丹北部之间的这场战争看似遭到了忽视，甚至为人所遗忘，实际上却是非洲耗时最久的一场战争。这场起义名义上是为了在苏丹建立世俗社会，实际上却是为了争夺南部石油资源的控制权，并且已然升级为南部部落之间的互相残杀。

穿越边境线后，埃塞俄比亚的教堂、《圣经》和十字架被伊斯兰教的符号代替。地貌也发生了变化，突然变干旱了。我们即将进入沙漠，而更加值得注意的是：我们第一次在过境时没有见到货币兑换商。边境处总是会有货币兑换商，你根本不用费心去找他们，

---

① 各各他，位于耶路撒冷，耶稣被钉死在十字架之地。——译者注

他们往往会先找上你。但没有人在这里过境。我们从一座名叫加拉巴特的村庄过境,远离了大路,找不到落脚的地方,最后只能在当地警局过夜。警察很热心地接待了我们,非常好客——尽管美国两年前才向喀土穆发射了一枚巡航导弹,炸毁了一座完全合法的制药工厂。警察在警局外搭了两张床,这是给他们自己睡的,而他们坚持要我们睡在屋内的床铺上。

9月29日,我们到达了喀土穆。我最先做的事情便包括给沙特阿拉伯驻达累斯萨拉姆大使馆的那位官员打电话,询问他承诺会安排的签证办得如何。我此时越来越担心了。我们要前往印度次大陆,如果我们得不到驾车穿越沙特阿拉伯的许可,事情很快会变得极其复杂。

"别担心,"他说,"我告诉你我会帮你申请到签证的。"

我已经在太多的国家听过太多次"别担心"这种话了。我知道在东西到手的那一刻之前,一切都是空谈。而即便到那时,东西也难免是假的。

我在喀土穆打电话给我的父亲。在非洲各地,我不断地劝父亲加入我们一起旅行,现在才终于明白这无法实现了。

"我的旅行岁月已经结束了。"他说。

我明白,他的旅行岁月指的是他在欧洲参军时度过的日子以及在俄克拉何马大学的学生时代。他的父亲英年早逝,一位身为石油公司老板的叔叔送他到俄克拉何马大学读石油工程专业,希望我的父亲能在结束学业后帮他打理生意。然而,战争打乱了这一切。他的这位叔叔在战争中去世,公司被转手。我的父亲从欧洲回到了迪莫波利斯,在博登化工厂担任经理,一直工作到退休。

他生性好强,但现在承受着巨大的痛苦。他加大了所服用的止痛药的剂量,服用止痛药是他生病以来接受的唯一治疗。那一天的好消息是，他体重增加了一磅，此前，他的体重一直在下降。

我们在喀土穆逗留了一周的时间，在离开之前得以目睹虔诚的托钵僧舞。托钵僧是穆斯林苦行教派的修士，通过旋转的舞蹈和颂唱教义来达到共同的极乐状态。

一个周五，在喀土穆郊外的一座清真寺前，我们看到一群托钵僧跳着舞进入了恍惚状态。开始只有两个人，而随着音乐越来越激昂，到结束之时，跳舞的人已经增加到了 50 个。一个女人在这种神圣气氛的感召下，情不自禁地冲进人群，也跳起了舞，却立即被拽出了人群。女人同男人一起跳舞是被禁止的，即便是在人群外围随着激昂的旋律摇摆也不允许，而男人在跳舞祭神的时候尤其如此。

在跳舞的人群外，拴着一匹骆驼。它蹲伏在地上，饲养员在它身后磨刀霍霍。骆驼一定是世界上最知足的动物，而驴是最有耐心的动物。我还从来没见过有哪头骆驼露出过不悦的神情，它就坐在那里，四肢屈在身下，一副知足祥和的神情。突然间，就在宗教仪式进行到某个时刻时，饲养员砍掉了它的头颅。就是如此。

实际上，每周五都会有一头骆驼被杀掉献祭，肉会分给穷人。

白尼罗河发源于维多利亚湖，而青尼罗河发源于埃塞俄比亚西部的山脉。两条河在喀土穆交汇，形成尼罗河主流。实际上，你可以站在那里看到两种不同颜色的水流（但并不是白色和青色）汇于一流。对我这样一个来自亚拉巴马州的淳朴小子来说，这是相当浪漫的景象。和河流的走向一致，我们也将从喀土穆前往瓦迪哈勒法，从那里过境进入埃及。

而之后要去往何方就不得而知了。

阿拉伯之夜

  我一直坚信印度是世界上官僚风气最重的国家，但我发现，埃及人和印度人一样从英国人身上沾染了这种风气，并发展到了荒唐的程度。在这次埃及之旅将结束之际，在我离开埃及之时，我已经认识到，这个国家官僚风气之横行，属世间罕有。我本来对去那里充满了期待，对该国计划开放经济、吸引外资的措施也怀抱着信心，但这一切都烟消云散了。我见到有商人费尽周折地满足了进口原材料的所有规定，却仍然只能眼睁睁地看着这些货物被扣押数月，等待政府检查。我们见到两位游客被扣押了处方药，要等开药的美国药房开具药物证明。收到证明后，这些药品还要经埃及药剂师分析检验。不等这些药品接受完烦琐复杂的官方手续，这两位游客已经逃回国了。

  更加悲哀的是，我们知道了穆巴拉克的政府为何会在各地街头引起民怨。政府到处安插密探，要将一切反抗与异议扼杀在摇篮里。埃及从美国方面接受的援助数额仅次于以色列，超过了其他所有国家，但我们因此付出的代价却不仅仅是金钱上的损失，埃及人对自己身处的困境越发愤怒。年逾七十的穆巴拉克当时之所以仍然在位，不过是仰仗着美国的扶持。他在全国各地都激起了民愤，无论他最终是被推翻还是死在任上,这个中东地区最大的国家都将出现严重的动荡。①

要想了解赤裸裸的真相,亲自踏上世界各国的土地是最有效的方法。如果乘飞机去开罗,打车到金字塔,再乘公车到卢克索古城②,你是看不到这一切的。

我们在埃及官僚体制上碰钉子是从苏丹的瓦迪哈勒法市开始的。瓦迪哈勒法旧城已经沉入水下。这座古老的苏丹城市散发着鲜明的地域特色,曾经常被电影公司用作取景地,但20世纪60年代初埃及兴建阿斯旺大坝和纳赛尔湖后,这座古城被河水淹没。如今的瓦迪哈勒法位于埃及边境约15英里外,建城历史不过短短40年。这座城市几乎成了一座完完全全的过境运输枢纽。而就是在这里,我们为了过境进入埃及,被困了12天之久。

埃及总统穆巴拉克在亚的斯亚贝巴参加国际会议期间险遭暗杀。他将这次暗杀事件归咎于苏丹人,于是关闭了边境。近年来,局势已经缓和,但难以理喻的是,这次事件却催生了一项唯有官僚阶层才能想出的协议。你可以乘飞机从苏丹前往埃及,可以乘船从瓦迪哈勒法进入埃及,但就是不能驾车过境。

我们在瓦迪哈勒法期间,多数时间都在联络驳船。

瓦迪哈勒法的周二是个繁忙的日子,发自喀土穆的火车及每周一趟从阿斯旺出发的客轮会在这一天到达,一周一班从喀土穆出发的飞机在周三到达,公车则从周一到周日每天都有。周三,一艘渡轮会载着乘火车、公车和飞机来到这里的所有人回到阿斯旺,而阿斯旺的乘客则转机前往喀土穆。我提这个是想说明在我们落脚的酒

---

① 穆巴拉克于2011年2月辞去总统职务。——编者注
② 卢克索,埃及古城,位于南部尼罗河东岸,因埃及古都底比斯遗址在此而著称,是古底比斯文物集中地。——译者注

店里，我们为何会和其他约 70 人一起睡在庭院的床铺上。我们是周二到达的，这些床位是先到先得。周三的情况好很多——整座庭院只有我们。等到下周二时，这里再次人满为患。

船上的所有货物都要用驴车运到本地。一天，我举手示意一辆驴车停下，请赶车的人让我们坐上驴车在城里兜风。他思索了片刻才明白我们想要干什么，但他很快便答应了。从那之后，每天 6 点钟，他都会经过这里，带我们兜风。困在沙漠中已经很痛苦了，而困在信仰伊斯兰教、教规严格的苏丹还意味着没有啤酒喝。我们遇到了一个卖冰镇七喜的地方。你们恐怕很难想象那一天是个多么令人惊喜的日子。10 月 19 日，是我的生日。那时，我们已经认识城里所有的人了。

若不是迫不及待地想要离开那里，我们永远也不会登上那艘姗姗来迟的驳船——钢铁船体上铺着平坦的甲板，松松垮垮地绑着一艘拖船，没有围栏或任何安全设施，更不用提生活设施了。穿过这个位于沙漠之中、宽阔而空旷的湖泊，需要四五天的时间。狂风、沙暴——旅途叵测，而汹涌的波浪几乎是逃不掉的了。

结果，这一路上，大段大段的时间，折磨我们的都是完完全全无事可做的无聊，而只有几个短暂的时刻，我们经历了伦勃朗在《加利利海上的风暴》①中描绘的景象。我想这一路最好的一点莫过于沿途的风景了。沙漠上到处分布着天然形成的金字塔。显然，努比亚人建造金字塔是从这里获得的灵感。

纳赛尔湖距离阿斯旺大坝 325 英里。最窄的地方有 2 英里宽，而最宽的地方有 22 英里宽。这个世界上最大的人工湖泊，实际上

---

① 《加利利海上的风暴》，荷兰画家伦勃朗的名作，描绘的是耶稣与门徒一起横渡加利利海却遭遇风暴的情形。——译者注

宛如一片海洋，面积与特拉华州相差无几，几乎是卢森堡的两倍多。水源全部来自埃及以南的国家。随着埃塞俄比亚等国的发展和繁荣，用水量会逐渐增加，届时埃及会面临何种状况？苏丹又会如何？红海西岸存在的潜在冲突并不少于东岸——这里成为争夺焦点的并不是石油，而是水源。争议已经开始愈演愈烈，就在大家的目光集中于其他地方时，这一地区或许会爆发战争。

到达位于纳赛尔湖远端的阿斯旺城后，我们才获准上岸。这里位于埃及边境以内250英里。阿斯旺的入境手续相当简便。然而汽车却需要费点周折。我需要盖几个章，证明我是合法拥有这些车的，而这些章必须在开罗申请。这几辆车可以下船，但只能被扣押起来。我得申请到必盖的几个章，才能把车开走。

我将所有行李寄存在了老瀑布饭店，然后便飞往开罗处理这一切了。

我四处奔波对抗埃及的官僚体制之时，佩奇悠闲而惬意地坐在阿斯旺的这座老饭店里。这里据说是世界上风景最优美的饭店，或许这么说确实是有道理的。这里俯瞰着尼罗河，同河中央的象岛遥遥相望。而象岛这个名称来自岛上露出水面可以看见的岩层的形状。这座历史悠久的酒店活脱脱地就像是阿加莎·克里斯蒂小说里的场景。我们住在这里的时候，佩奇读了《尼罗河上的惨案》。坐在走廊里，你可以想象克里斯蒂笔下的比利时侦探赫尔克里·波洛就坐在你身旁，而不远处的某个地方，也许正有人被毒杀。

在瓦迪哈勒法被困12天，又在一艘除了甲板上有个用来方便的洞，什么都没有的船上过了5天后，住在阿斯旺的老瀑布饭店等待当局放车，谁都不会有怨言。没有人会急着离开。

金字塔的魅力无可争议。无论你对埃及人有什么意见，这一点你必须钦佩，是他们建造了金字塔。金字塔、狮身人面像、卢克索神庙，我们全部参观过了。这些古代奇迹已经成为老生常谈的话题，是一切与"远游"相关话题的象征符号，是"国外旅行"的代名词。而和所有老生常谈的话题一样，这些地方的魅力是名副其实的。

我按计划去了沙特阿拉伯驻开罗大使馆。顺便提一句，这座城市在我看来已经超越了伊斯坦布尔，成为世界上路况最差的城市。我给达累斯萨拉姆的沙特官员和吉达市的梅赛德斯经销商都打了电话，两人都让我到开罗大使馆取沙特阿拉伯的签证。我永远无法知道他们究竟是谁实现了承诺（两人自然都把功劳划在了自己名下），但我到达大使馆后，令我喜出望外的是，签证真的办好了。

我们沿着红海西岸南行，看到了差不多数千座未完工的公寓楼和酒店。这是20世纪90年代投机泡沫破灭留下的后果，是穆巴拉克扼杀了埃及经济、大厦将倾的众多征兆之一。

9个月前我们刚刚开始这场非洲之旅时，我还十分乐观。1990—1991年那次旅行中，我看到的是一片蓄势待发的大陆。人们开始承认旧体制不再适用了，领导人明白了过度的政府管控会阻碍发展。非洲已经开始吸引国外投资者的目光了。10年后，我再次回到这里，希望能看到新兴的复兴国家走上繁荣的道路。

可惜，我大失所望。在这次旅行中，我所看到的非洲仍然任重而道远。我们去过的32个国家里，某些国家——坦桑尼亚、埃塞俄比亚、毛里塔尼亚——采取了正确的措施，实行了产业私有化，精兵简政，努力除掉了那些将国家经济搞得一塌糊涂的人。然而，其他的许多国家却倒行逆施。我本期待着能在肯尼亚、乌干达和莫桑比克等国看到诱人的投资机会。但在那里，我看到的只有腐败和小规模却十分残暴的冲突，而引起这些冲突的不过是对权力的贪欲。

我本希望看到常年的战事有所减缓，但西撒哈拉、尼日利亚、刚果（金）、刚果（布）、安哥拉、津巴布韦、乌干达、苏丹和科特迪瓦等国的局势却日益恶化，变得越来越不可理喻。新一代的领导人曾被我寄予厚望，但事实证明，他们和上一代一样无可救药。在安哥拉，打着意识形态幌子的战争暴露了本质，不过是叛军与政府之间赤裸裸的权力争夺，前者控制着该国的钻石生意，而后者控制着石油。双方的暴徒团伙无法无天，滥杀无辜。

就在我写这本书之时，安哥拉的动荡似乎随着游击队领袖若纳斯·萨文比的去世而告一段落了。若果真如此，这将带来世间难遇的绝佳机遇。挣钱的一个绝佳方式就是趁一场恶战结束之际去到战争发生的国家。安哥拉风景优美、草木葱郁。在战前，这个国家曾是非洲最大的咖啡生产国，但如今却只能进口咖啡和大部分粮食，因为战争摧毁了大部分农业生产。旅游业、渔业、采矿业和基础设施建设的机遇将随处可见。仍然不为所动？安哥拉很快将成为非洲最大的石油生产国——超越尼日利亚、利比亚或加蓬。其钻石产量将步入世界前列。安哥拉只有 1 200 万人口，因此即便有解放者的贪婪窃取，钻石储量仍然绰绰有余。

我见过太多战后发达的先例，知道这是唾手可得的财富。

驾车穿越埃及这个拥有 6 000 年历史的文明古国，我见到了令人敬佩的名胜古迹和宗教寺庙，再次惊叹于古代社会是多么发达。没有哪个地方能比埃及更淋漓尽致地体现出这一点。在英国人还在茹毛饮血的年代，埃及人已经取得了算术、天文学上的成就，发明了自己的字母表，计算出了一年 365 天的历法，发展了农业，拥有了先进的医疗技术，建立了国家政府。但尽管埃及几千年来一直处于进步的前沿，如今却严重落后了。该国在 20 世纪 90 年代中期实行了放宽国有企业管制和企业私有化的措施——赢得了"尼罗河之虎"的称号，我以为终于可以在埃及找到投资机会了。

可惜没有。埃及，和我在非洲游历的许多国家一样，被历史拖住了脚步。这个国家 30 年来一直处于同一批人的领导之下，而当单一的思维方式左右了一个国家的发展时，其结果可想而知，令人非常悲观。相反，民主能够为政治体制带来变化、新思想和活力。过去的 30 年里，埃及一成不变，根基已经腐化。我并未在那里发现什么投资机会。这为我的非洲之旅画上了一个沉重的句号。

话虽如此，我仍然相信非洲拥有希望，以下便是我对如何实现这种希望的看法：

免除所有债务，立即免除：据国际货币基金组织统计，所有非洲国家所欠下的外债数额总计有 3 500 多亿美元。虽然没有人真的指望这些国家能还清这些债务，但它们仍然需要为还债筹资，每年偿还债款。假定这些债务的利率是 8%，这便意味着非洲国家每年总共需要偿还 280 亿美元的利息，这还不包括偿还本金的数额。如果假定本金偿还数额为 2% 到 3%，每年为偿还债务筹集的资金总计会超过 300 亿美元。一旦免除债务，非洲的领导人每年将可以空出 300 亿美元的资金，用以生产建设，而且还不必承担债务压力。把这 3 500 多亿美元当作是为了过去赎罪吧，或许这能令你好受些。

但是，这笔交易的条件是不再接受外国援助。

影响无疑是深远的。非洲将被迫自食其力，非洲人民无法再依赖救济品为生，只能学会自力更生。我遇到的那些从未学过如何务农的埃塞俄比亚青少年必须拿起锄头。在非洲之角打仗的战争狂无法再从国外获得武器了。不会再有尼日利亚领导人走进银行带着大包的美钞出来了。那些莫桑比克的统治者也无法再将募集到的洪灾救济资金中饱私囊了。国际货币基金组织和世界银行将沦落到破产的境地，而本地的非政府组织将丢掉工作。

在埃塞俄比亚，我们遇到的一个人开办了一家孤儿院。当时那里没有孤儿，但有人告诉我们，有外国检查员从亚的斯亚贝巴过来嘘寒问暖的时候,"孤儿"就会到处都是了。找一堆小孩非常容易,检查员走了之后,这些小孩便各回各家。图书馆是另一个非政府组织十分青睐的项目。他们喜欢建图书馆,他们也喜欢做可行性研究。

非政府组织是个庞大的产业。这些因政府腐败而诞生的摇钱树("我们不会再给那个独裁者任何援助了,我们要把援助交给非政府组织")取得的唯一成就就是在外国援助和腐败政府之间插入了大量的中间人。于是现在变成了官员和本地的商人将善款一起瓜分一空。如果有孤儿无处过夜,他可以去图书馆。

目前,就我们环游了半个地球之后的所见所闻,多数外国援助最终都落入了外部顾问、本地军阀、腐败官员、新兴的非政府组织管理者和奔驰经销商手中。在连路都没有的地方居然也有奔驰经销商。

一个苏丹商人将自己的才华错用在了非法生意上,而不是建设生产性企业。他摸透了腐败的非政府组织体制。非洲东北部,尤其是苏丹,奴隶贸易泛滥,这是"众所周知的事实"。他和一家瑞士非政府组织取得了联系,同意为这家慈善机构购买奴隶,而这家机构会还这些奴隶以自由身。他找到自己的亲友,"买下"他们,捏造了他们的被奴役经历,让他们告诉这家慈善机构。到查清他的勾当时,这家瑞士机构已经损失了 2 000 万美元。

显然,一旦源源不断的援助断掉,就会有人深受其害。许多非洲人会丢掉饭碗,被迫背井离乡,找工作糊口。也会有许多人因而将精力转向生产性项目,远离腐败,从而获得成功。非洲应该学习 20 世纪 70 年代中国的做法,是时候去解放那些胸怀壮志的人了。正因为如此,我认为,非洲的第二步措施是组建一个新的泛大陆议会。这个议会可以以刚果(金)首都命名为金沙萨议会。这个议会应该由这些国家真正的代表组成,而非殖民势力的残余分子。许多殖民时代的余孽仍然操纵着非洲的政治。新议会可以纠正1884年柏林会议在欧洲列强之间瓜分非洲的错误。

这个议会应该根据宗教、语言、历史和种族差异，重新划定许多非洲国家的边境线。结果或许是非洲会比现在多出许多国家，很可能会多出数十个小国——但这些国家的人会齐心协力，共同追求繁荣，他们会相互合作，而不是像现在这样彼此争斗。历史上，在欧洲人和阿拉伯人踏上这片土地之前，非洲有很多国家是按照古老的血缘关系组成的，并取得了非凡的成功。非洲人拥有无尽的智慧、精力和干劲，只是没有得到利用。将非洲从历史的错误中解放出来，让非洲人自主调动资源建设新社会，我相信如此便能实现真正的非洲复兴。

免除3 500多亿美元的债务是一件好事，但援助也必须停止。我们的援助起到的第一个作用就是助纣为虐。没了援助，绝望的领导层只能发展生产，否则就会失去权力。非洲会拥有真正的解放者，从而迎来真正的解放。自由调动人民的力量与干劲、利用非洲大陆丰富资源的权力，将为非洲人民带来巨大的繁荣与财富。

在非洲过了9个月后，佩奇对非洲形成的感情，和许多在那里待过的人一样。她喜爱那里的人民、集市、乡村、不知疲倦的工作精神，尤其是女性的勤劳，但不满于基础设施不健全、缺乏教育、医疗水平低下、生活贫穷、男尊女卑的状况。

"如果我当初是乘飞机来回，在野生动物保护区的度假屋住一周，我肯定会说，'我爱非洲'，但9个月的时间足以让我看到许多生活在这里的人所经历的丑陋现实。"她说。

在赶往古尔代盖的路上，我思索着这一切。这座城市位于苏伊士运河以南约200英里。我们得到的指示是，要从那里跨越红海进入沙特阿拉伯的杜巴市。从古尔代盖到杜巴的渡轮并非每天都有班次，我之所以急着赶路，是因为我不想给沙特阿拉伯政府的任何人反悔的机会。我非常期待能去到沙特阿拉伯，但更加期待能驾车穿越这个国家。这是我众多心愿中尤为重要的一个，因为从来没有人这样做过。我听说这是被禁止的，感觉就像是哈克贝利·费恩听到沃森小姐说"你不能乘木筏在密西西比河上漂流"一样。[1]

我们的急救药品唯一一次出问题就是在进入沙特阿拉伯的时候。我们在杜巴上岸，自然一如既往地既兴奋又担心。但凡是过境，都会引人担忧，但这一次尤甚。由于并不知道会面临什么状况，佩奇穿上了她的黑色长袍。我们并不确定，以当时的情况，穿长袍对外国人是不是强制性的（事实上确实是），但为了避免任何可能出现的麻烦，她还是遮住了全身。我们在坦桑尼亚遇到的沙特官员明确指出，他希望佩奇能够着装恰当。他还坚持要确认我们真的结婚了。我给他看了一篇《纽约时报》的文章，上面报道了那场婚礼，但这还不够，他想看结婚证，我于是拿了出来。一切严肃而神圣。

我们开车来到了杜巴的海关。一如既往，不出所料，海关命令我们将车里的所有东西都拿出来。这是整个旅程中最彻底的一次搜查。但我们早有准备，我们反复检查了所有东西。就在我把行李箱从车里扛出来的时候，检查员将药品袋放在了桌子上。不用等他打开，我就知道我们遇到麻烦了。

他拿出的第一样东西，自然是一瓶伏特加。

在沙特阿拉伯，对持有酒精的惩罚是关押、流放或鞭笞。鞭打80下是严格的伊斯兰国家实际执行的具体惩罚标准。（贩毒的处罚措施是砍头。毫无疑问，他们不会通知大使馆，直接把你的头砍

---

[1] 哈克贝利·费恩和沃森小姐都是马克·吐温的小说《哈克贝利·费恩历险记》中的人物，小说讲的是主人公哈克贝利·费恩为追求自由逃到密西西比河，并与逃亡的黑奴吉姆一起历险的故事。——译者注

掉。）如果有选择，我知道自己会选哪一项，但检查员脸上的表情告诉我，这恐怕由不得我。

在出发跨越红海之前，我警告过所有人，一定不能带任何酒上船。早在进入苏丹之前，谨慎起见，我们就已经将所携带的所有酒都丢掉了，只把那瓶千禧年纪念雪利酒小心地藏了起来。显然，我很清楚任何酒都不得带入沙特阿拉伯，我们也知道自己会被搜查，所以在开车上船之前，我们再三检查了所有东西——这并不是因为我们带了很多酒，而是有可能有人送过白兰地给我们。我们甚至将那瓶冈萨雷比亚斯的雪利酒托运绕过了沙特阿拉伯。我们检查了所有东西，唯独漏了药品袋。

伏特加是我们连同双氧水一起带的。一位医生推荐我们带上，因为它有麻醉的功效，可以用来消毒。

"这是什么？"那位官员问。

"天哪，"我说，"我们忘记自己还带着这个。这是药用的，但我们不需要了。我们不想要了，扔掉吧。"

他非常困惑。显然，我们有进入该国的许可，他知道应该放我们入境。我们希望他不会鞭打我们。之前在路上，我们遇到一个欧洲人。他因为在短暂停留苏丹期间持有酒精而真的被鞭打了80下，所以我们知道这是完全有可能的。这位官员并不知道应该怎么做，于是去和一位上级商量。他们商量了很久。其他人接受完搜查后，都被放行了，只有我们被留下来，站在那里。

最后，我被叫进了屋内，见到了他的上司——站长。我浑身发抖。还有另外四个人，都只讲阿拉伯语。他的上司递给我一张表格，让我签字。这是一张手写的声明，证明我知道酒精在沙特阿拉伯是违法的，他毁掉这瓶酒得到了我的许可。我马上签了字，四名见证人也签了字。我们都退到一旁，而站长则以一种十分简洁的礼节，将伏特加倒在了沙地上，把瓶子扔到了地上。我本以为他们会打碎瓶子，把瓶子藏起来，对这种亵渎神明的容器采取一切措施，但我们开车离开的时候，它仍然就那样光天化日地被丢在沙地上。

我们仍然心有余悸，但总算松了一口气。就这样，我们进入了沙特阿拉伯王国，身后那瓶空的绝对伏特加酒瓶[①]逐渐消失在了视野中。

阿拉伯半岛直到100年前还隶属于奥斯曼帝国，据说有些地区仍然尚未有人探索。第一次世界大战后，阿拉伯半岛被英国控制。正是在这里，托马斯·爱德华·劳伦斯组织阿拉伯人，奋起反抗德国盟友土耳其的侵略，成为"阿拉伯的劳伦斯"，流芳百世。[②]沙特家族是在19世纪开始掌权的，而伊本·沙特[③]在战后巩固了对该地区的统治，其王国于1927年正式获得了英国的承认。5年后，该王国更名为沙特阿拉伯。

20世纪30年代，沙特勘探出了石油——很快人们便意识到其石油储量显然非常可观，可以说非常非常非常可观。该国从而一夜之间脱贫致富。只用了一代人的时间，沙特王室的坐骑便从骆驼换成了凯迪拉克。20世纪70年代初，沙特完成了对石油所有权的完全接管。在那之前，阿拉伯–美国石油公司，简称阿美公司，享有油田的独家特许开采权。油价飙升，至1981年，各项统计都显示，沙特阿拉伯已经成为世界上最富裕的国家。

沙特王室目前约有5 000名王子。一夫多妻制是这里的习

[①] 绝对伏特加，世界知名的伏特加酒品牌，产自瑞典。——译者注

[②] 托马斯·爱德华·劳伦斯，第一次世界大战期间英军派往阿拉伯半岛的情报员，他在阿拉伯人反抗土耳其侵略的战争中起到了重要作用，获得了"阿拉伯的劳伦斯"的称号。——译者注

[③] 伊本·沙特（1880—1953），沙特阿拉伯的国父。——译者注

俗，子女众多是各个家庭的普遍状况。（本·拉登的父亲有 50 多个孩子。）而沙特政府会发放每人 6 位数的年薪，供养所有这些王子。沙特阿拉伯的多数工作都是由外国人承担的——巴基斯坦人、苏丹人、孟加拉国人，主要都是穆斯林。会计、计算机技术员、商店老板、门卫以及众多的企业家，都来自海外，构成了很大一部分劳动力。

但巴基斯坦人是不能随随便便来到沙特阿拉伯开肉店的。他必须找到一名沙特合伙人。这个沙特人或许从来都不会出现在店里，但巴基斯坦人仍然必须每月寄支票给他。在沙特阿拉伯营业的外国公司必须雇用一定数量的阿拉伯人。虽然这些阿拉伯人可能干不了多少活儿，他们仍然想被提拔到管理层。据外国商人称，多数沙特人很少干活儿，甚至根本不干活儿，他们的缺勤率非常高。（我们听说，有位沙特员工三次以母亲去世为由离岗，结果被老板识破了谎言。）他们多数时间都用来"做沙特人"了——这是他们使用的说法。去清真寺、看望家人、逛商场、喝茶、议论可怕的外国人等任何乱七八糟的事情——如果他们上不了班，那是因为他们在忙着"做沙特人"。

或许也正是类似的原因，我们遇到的许多医生等专业人员都是外国人。虽然沙特王国不乏受教育水平高的人才，但由于要"做沙特人"，他们中许多人无法腾出必要的时间与精力来担任这些职业。

我们来到沙特阿拉伯的第一天出尽了洋相。我们到达当晚，在酒店登记完毕后，便立即出门吃饭。我们找到一家沙特当地的快餐店。服务员没有理会佩奇，于是我便点了菜，我们坐了下来，然后注意到所有人都在盯着我们。谁也没有说什么，或做什么，出现在外面的警察也没有找我们麻烦，但我们确实引起了一阵不小的骚动。我们以为这是因为那辆车——它总是会引来好奇的目光——和我们的外国人相貌，尽管佩奇按习俗穿上了长袍，但我们错了。后来，我们吃过晚餐后，在警察的跟随下回到了酒店，这才有人向我们解释我们为何会引起这么多人的注视。

我必须承认，我们犯了非常无知、天真而又愚蠢的错误，错就错在上文描述的那些行为：走进餐馆，点菜，坐下来。在沙特阿拉伯，一个女人如果想在餐馆吃饭，得通过一个单独的门，进到餐馆后方一处特殊的家属区。那里有单独的隔间，彼此隔绝，除了其家人，其他人都不会看到她——没有人能够忍受和她同屋的不洁感。后来回想起来，我们才意识到，那间餐厅里都是男人，一个女人也没有。

除了生活观念本身，沙特阿拉伯的一切，包括基础设施、公路、港口等都非常现代化。整个国家几乎完全由沙漠构成，极佳的公路纵横交错，大漠之中零星分布着城市或乡村。每座加油站都附带着一座清真寺。这里有许多商场，没有影院，餐馆也很少，却有成千上万座清真寺。生活相当简单：要么去购物，要么去清真寺。清真寺的停车场面积和商场是一样大的。

穆斯林每天要祷告5次。宣礼员召集信徒祷告时，所有事务都要暂停，所有店铺都要关门。祷告时刻会在每天的报纸上登出来，根据每天的黎明与黄昏降临时刻有所变动。《古兰经》上记载，到你能分辨出黑线与白线的时候，黎明就降临了。当你无法再辨认黑白时，黄昏便来临了。这个国家的面积几乎是得克萨斯州的4倍，是法国面积的4倍多，因此在穿越这个国家的路上，由于每座城市的日出日落时分都不相同，吉达的祷告时刻和利雅得也是不一样的。

沙特阿拉伯的商场富丽堂皇。每位设计师的品牌都可以买到。夜晚，露天市场，即旧集市，熙熙攘攘，尤其是黄金市场。在世界各地，我见识过各种各样的财富、珠宝商场，但还从未见过可以与沙特阿拉伯的黄金市场媲美的地方。几乎所有商品都是24K金的，你能买到的最便宜的黄金也有18K金。所有金制品都经过了精心的抛光打磨。有6英寸宽的大号腰带、项链、头饰、手镯和戒指，许多都镶嵌着钻石。（这些商品很多都是在印度加工完成后运到阿拉伯半岛的。虽然如今有不少印度穆斯林成了这里的公民，但很多工匠仍然留在了南亚次大陆。）在一间不到1 000平方英尺的店里，我见到的黄金数量比纽约第五大道蒂芙尼总店里的还要多。

但你永远也不会见到沙特阿拉伯的女人穿戴这些东西，包括设计师品牌的服装和珠宝。露天市场和商场里到处都是花钱购物的女人——买衣服和珠宝，但她们却不能在公共场合穿戴这些东西。她们只能在家穿戴，商店也没有试衣间。即便是在女装店，店员也都是男的。让这些男人看女人试衣服肯定是不合适的。如果一个女人买了一件衣服，她可以拿回家试，愿意的话，也可以在商场里找一间女卫生间试。在公共场合，她必须从头到脚遮盖严实。

如果你问沙特的女性她们对此有何看法，许多人会说，这种体制也有其优点。她们究竟是否只是在自欺欺人，这不得而知，不过说起如何看待欧洲女性的生活环境，她们会说："从来没有人骚扰我们，从来没有人接近我们，没有人来和我们搭讪或占我们的便宜。我们想做什么、想去哪里，都不会有人干预。"

不过，并非完全无人干预。如果一个女人在公共场合露出脚踝，沙特的宗教警察"穆塔瓦"便会走上前来，纠正她。这些人是维护道德及预防犯罪委员会的官员，唯一的职责就是监督人们遵守这种法律。佩奇的头巾不止一次滑到了脑后，露出了头发，而"穆塔瓦"会走过来，坚持让她戴回去。

沙特阿拉伯仅有的一些对外出版物，无论是西方的还是阿拉伯的，都被严格审查过了。许多页被撕掉了，有女人裸露肌肤的照片被人用标签笔涂黑了,即便是女子网球比赛的照片也不例外。我们在所有海湾国家都能见到这种现象,不由得惊讶于将进入该地区的所有刊物一份一份审查得需要多少人力以及标签笔。

沙特阿拉伯禁止女性开车,她们必须坐在后座,让男人担任司机。如果司机是家庭成员,她们可以坐到副驾驶座上。许多女人未经丈夫允许是不得出门的。1990年11月,47名沙特女子举行了一场抗议。她们拿走车钥匙,组成车队,自己开车到了利雅得,不过都穿着严实的长袍。这次抗议很快便因为警察的阻止而结束了。其家人的护照和工作都受到了威胁。此后不久,女子开车这项原本只是约定俗成的禁忌,遭到了法律的明文禁止。

佩奇采访了在《沙特公报》工作的3名年轻女记者。她们在单独的楼里上班,不和男记者同处一室。"我们确实想要自由。我们确实想开车,"其中一人告诉她,"依赖男人已经融入了我们的日常生活,但我相信有朝一日情况会改变的。我母亲那代人就永远不可能得到这份工作。"

在沙特阿拉伯,公共生活和私人生活以奇异的相互冲突状态共存。我们拜访了几个沙特家庭。他们用伏特加、香槟和鱼子酱招待我们。他们雇用了欧洲管家和女佣,家里的装潢风格是由著名西方设计师设计的,非常国际化。女眷和小孩穿着西式的衣服在房子里走来走去,这些衣服的价钱我想都不敢想,更付不起。小孩拥有所有最新的影碟和CD,而由于安装了卫星天线,整个家庭对世界各地的电视节目都非常熟悉。

这个王国充满了各种各样被压抑着的冲突,这不仅包括文化上的冲突,也包括政治和经济上的冲突。

至20世纪90年代,沙特人的挥霍程度已经超出了他们实际的财力,国家债务开始飙升。如今,尽管拥有数目可观的资产,但该国仍然成为世界上最大的债务国之一。如果油价下跌，政府终将面临破产。国家将无力供养那些王公贵胄，更无力赡养那些毛拉。只有油价一直居高不下，沙特阿拉伯才能度过危机，但也只是可能而已。

沙特有 71% 的人口处于 29 岁以下，而统治这个国家的人却全部出生于二战前。再加上宗教派系引起的政治冲突、王室苛政引起的民怨和油价的下跌，这个王国正处于动荡的边缘。王国的崩塌可能会导致该国油田被接管或关闭，油价会立即飙升。

无论是哪种情况，在接下来的至少 10 年里，我们都将承受高昂的油价。

我们在沙特阿拉伯待了两周。我们参观了该国的商业中心、红海城市吉达，该国的政治首都利雅得和波斯湾城市阿可贺巴的油田。我们离开东临圣城麦加的吉达市，看到了一块路牌上写着，所有外国人和非穆斯林必须走下一个出口。这一公告用三种语言写成，到达岔道前还有许多这样的路牌。随着我们逐渐接近，岔道的标牌越来越醒目。我们所走的这条路通往麦加，那是伊斯兰教的两大圣城之一（另一座是麦地那，位于北部）。非穆斯林不得接近麦加城。即便是身为穆斯林的外国人也必须得到许可才能去那里。

在通往利雅得的路上，我们看到了许多骆驼。它们被挡在高大的围栏后，以防从沙漠里溜达到公路上。利雅得浮华而现代，完全是翻版的吉达，只是更加沉闷一些。这或许是所有官僚集中的城市所必有的特点。该国的命脉位于东部，位于阿可贺巴附近的油田。在那里，我们参观了该国的石油博物馆。令我意外的是，我发现这是世界上最棒的博物馆之一——忘记这其实是一座石油博物馆吧。这里记载了该地区的整个发展史，天文学、数学、医药学、地质学等与阿拉伯地区有关的发展历史都以深刻而壮观的方式得到了展示。

沙特人拥有财富，也不惜挥霍。可惜的是，没有人去那里旅游参观，因为这个国家几乎不对游客开放，自建国以来便一直如此。这最初是由于基础设施落后，如今却是由于仇外思想。

在吉达的一间露天餐厅，我们确实见到了十几位法国人。他们看上去像是游客，我想他们之所以能出现，得益于沙特人试验的某种新措施——他们需要外资。除此之外，我们在沙特期间再未见过其他游客。

我想我可以说，我们在该国期间，自始至终从未遇见过一个美国人。25年前，这里到处都是美国人。如今，沙特阿拉伯的美国人不敢踏出院门一步。自1996年恐怖主义分子轰炸了达兰市的一栋大楼，美国人就和所有外国人一样，保持着低调。在那次事件中，驻扎在那里的19名士兵死亡，300多人受伤。

一年前在摩纳哥过感恩节时，我们能找到的最好的地方是一家可以吃得州式墨西哥料理、喝桑格利亚汽酒过节的美国餐厅。在沙特阿拉伯，由于美军曾在这里驻扎过一段时间，我们希望能找到一家供应火鸡的餐厅，但最终，我们只能在一家卖烤鸡肉串的土耳其餐厅将就一下。

我们在该国的时候，几个西方人被暗杀了。在两起互不相干的事故中，都有载有西方乘客的汽车被炸毁。在过去的10年里，众所周知，美国在整个中东地区大量树敌。而沙特阿拉伯成了仇恨滋生最严重的地方。这种仇视情绪在20世纪90年代美国派军驻扎于此后愈演愈烈。基督教国家的军队驻扎在伊斯兰教最神圣的国度，这种事情激起了越来越多沙特人及其他国家的虔诚信徒的愤怒。不断有人问我，如果有伊斯兰国家的军队驻扎在罗马，我们会有何感受。（我曾经和现在的回答都是：撤走驻扎在沙特阿拉伯的美国军队。如果沙特阿拉伯需要保护，就在土耳其或摩洛哥派驻军队，两国都是伊斯兰国家，前者还是北约的一员。）不到一年后，他们的仇恨终于爆发，并从纽约世贸中心传遍了全世界。

在离开阿拉伯半岛之前，我们参观了卡塔尔、巴林、阿曼和阿联酋。阿联酋屡次受到世界各地的环保组织嘉奖，绿化程度超过了纽约、巴黎或伦敦，到处都是茂密的森林、长满异域植物的公园和花园，灌溉水源均来自波斯湾，并经过了脱盐。迪拜打造了世界上最昂贵的赛马会，世界上最昂贵的网球巡回赛和高尔夫巡回赛，以及全世界第一座七星级酒店。这家酒店外形酷似一艘巨大的帆船，为迪拜王室所有。最便宜的房间每晚也要 1 000 美元，最贵的是 8 000 美元。（我们住的是凯悦酒店。）即便是与世界其他地区最富裕的地方相比，这里的富裕程度也令人瞠目结舌。阿联酋几乎在所有事务上都可以自主制定政策。在其中最富裕的阿布扎比酋长国——拥有的石油储量最多并因此领先于其他盟国。这些酋长国到处都是外国人，外国人数量之众，甚至迫使政府悬赏，凡阿联酋男人娶了本族妇女，就可以得到 75 000 美元的奖励。类似的奖励卡塔尔也有，当地有 2/3 的人口都是非卡塔尔人。

这里的建筑、基础设施、宫殿、市场、清真寺和生活，屡屡让我为之惊叹。有朝一日，石油资源会枯竭，或者恶意收购者会蜂拥而至，一切都将灰飞烟灭，重新变回茫茫沙漠。历史上多少种伟大的文明都难逃衰退的命运，许多文明顷刻瓦解，即便是欧洲和日本也经历过这些时期。几百年来，中国、中亚和非洲的许多城市都不复存在。充满传奇色彩的廷巴克图有一天会像迦太基古城一样沦为一片废墟。阿拉伯半岛历史上一直是一片地广人稀的荒漠，将来也会重新变回沙漠。1 000 年后，这片土地会剩下什么？考古学家真的能在这里找到文明的遗迹吗？

我们在阿曼结束了这次阿拉伯半岛之旅。在那里，我们每天都会去伊朗驻马斯喀特大使馆,希望能拿到驾车进出伊朗的签证。我们每天都给纽约方面打电话,他们总是告诉我们签证准备好了,但每天去当地大使馆,我们都只能空手而归。

(我们从迪拜折道去了基什岛,这座小岛无非是个免税购物的地方,总的来说是浪费时间——我们去是为了领略一下伊朗的风采,因为该岛隶属于伊朗,可以免签进入,算是当地政府为了发展旅游业的一项措施。这里曾经是伊朗国王的私人后花园。海滩按性别和国籍分割了区域。岛上不售酒,没有夜生活。无论男女都得遵守严格的着装规定。我很怀疑基什岛是否能成为新的度假胜地——我们在全世界见过不少穆斯林喝酒、跳舞、逛夜店,他们不大可能会抢着来这里。)

同时,我一直在四处打听,发现在收获季节,巴基斯坦的洋葱运输船会经由阿拉伯海往返于卡拉奇[1]与马斯喀特。圣诞节临近了,不过更要紧的是,标志着斋月结束的开斋节也临近了。到那时就联系不到轮船了。如果不赶紧安排,我们就得再在阿曼滞留两个星期。在开罗的时候,我们已经拿到了巴基斯坦签证,于是我们放弃了伊朗,在最后一班从阿曼出发的洋葱运输船上订了位置。这艘木制独桅帆船长约40英尺,船已被卸空,我们乘着它向卡拉奇出发了。

在我们的结婚周年纪念日即将到来及此次上路即将满两周年之际,我们将神秘的阿拉伯抛在了身后,准备起航前往印度次大陆。

---

[1] 卡拉奇,位于巴基斯坦南部海岸、印度河三角洲西北部,南临阿拉伯海。——译者注

第三篇

2001 年

和6 000万人一起洗去罪孽

在乘独桅帆船横渡阿拉伯海的路上，我们在露天的甲板上铺上了睡袋，把帐篷扎在了旁边。白天，我仔细研究西南亚的情况，佩奇读《古兰经》，而几名巴基斯坦船员——包括船长在内共有6人——则捕到了鱼，洗净之后做给我们吃。晚上，我们打开BBC，在星空之下，在船头上，伴随着剑桥大学国王学院合唱团的伴奏，唱起了圣诞颂歌。我们数着猎户座腰带处的星星，渐渐地进入了梦乡。印度洋（阿拉伯海是印度洋的一部分）的日落非常壮观，而日出则像我在沙漠中见到的日出一样，红艳艳的，十分耀眼。圣诞节早晨，我们醒来后，发现一群海豚游弋在船侧。尽管船上很脏，洋葱在阿曼被卸下之后留下的味道仍然经久不去，但这样的旅行仍然再美好不过了。

我们到达时，卡拉奇港口关闭了。没错，它是该国最大的港口，主要港口，唯一一座值得一提的港口，一座拥有几千年历史的港口。不单是这座港口为了庆祝斋月结束而关闭，看到我们十分震惊的政府官员还告知我们外国人不能过海入境——走陆路或坐飞机都可以。他们称，除了商船水手的外国人经由港口入境都是非法的。还有一辆车？要想合法开车入境，得准备好所有材料去94个办公室办手续。

几天后他们才放我们下船，而且强制扣押了车，没收了我们的护照。我曾经对很多人讲过埃及和土耳其的情况，跟他们讲述了两国愚蠢的官僚作风，他们的回答是："你以为那就算糟糕了？等你去了印度再下结论吧。"而巴基斯坦据说也和印度半斤八两。正是在卡拉奇港口这里，我知道了"加速费"的概念。没有人会主动要贿赂，但确实有方法可以快点办完事。最终，我们去了十几家办公室。6天后，在新年当天，我们总算获准入境了。

　　说起地缘政治和巴基斯坦：鉴于我是在2001年9月11日之前来到这个国家的，我到来之时怀有的观点以及离开之时形成的见解都值得商榷。我们来这里之前不久，克林顿总统刚刚对印度进行了国事访问。而自1947年以来，巴基斯坦与印度基本上一直处于冷战与热战交替的状态。克林顿携女儿一起在印度参观了几天的时间。而与之相反，对于巴基斯坦，他仅仅是勉为其难地在机场做了短暂停留，发表了几句并不完全友好的简短发言。美国与巴基斯坦的关系十分恶劣，后来总统的妻子希拉里在纽约竞选美国参议员时，甚至退回了一个巴基斯坦裔美国医生组织赞助的5万美元竞选经费。我们到达时发生的一件事情更加恶化了巴基斯坦人的反美情绪：美国同意出售给巴基斯坦一大批战斗机后，拒绝交货却又不退款。我和佩奇是1月初到达巴基斯坦的，而这就是当时美巴关系的情况，这种局面一直持续到2001年9月11日。9月12日，巴基斯坦成了美国的重要盟友和长期伙伴。

　　自然，此举激怒了更多的巴基斯坦人。在这个政治分裂的国家里，两派都更加坚定了自己的立场。如今，反美思想左右着巴基斯坦所有的政治观点。

　　在我看来，即便排除与印度之间不可调和的差异，巴基斯坦如果继续现状，也无异于自断前程。这样的国家不只巴基斯坦。巴基斯坦内部存在的地区差异和相互仇视的情况非常严重，已经威胁到了国家的安危。这个国家是在印度取得独立后因大量穆斯林移民而仓促拼凑起来的。(1947年来到巴基斯坦的穆斯林与此前便定居于此的居民在地位上仍然是有差异的。他们的子孙后代仍然是"次等公民"。其阶级差异与德国现在的情况相似,民主德国人口在德国处于被歧视的地位。)这个国家是由穷于应付的英国官僚无奈之下同意建立的,并不具有向心力。旁遮普省的农民和俾路支省的部落毫无共同之处。西北边境省的居民是几百年前来到这里的高加索人的后裔。许多人仍然生着一双蓝眼睛。二战之后拼凑在一起的各个地区几乎没有共同之处。该国并不稳定。

在卡拉奇,我们翻阅报纸,查看当天的活动,这是我们无论到哪里都会有的习惯。我们找到了一项赛马比赛,入场费一美元。佩奇是免费入场的,我们很快便知道了为什么。比赛场内有5 000个男人,都穿着传统服装,没有一名女性。佩奇立即成了关注焦点,众人纷纷将目光从赛马身上转移到她这里。在众多抢生意的赌马者里,我们选了一位,下了注。输了三四次后,我们离开了。

我和佩奇从卡拉奇出发,沿印度河谷北上前往拉合尔市。印度和巴基斯坦接壤的边境线有两三千公里,但只有在巴基斯坦第二大城市拉合尔郊外的边境线,你才可以过境出入两国。我们到达之时,紧张局势有所缓和:边境每天都开放。几年前,这里每个月只有3天晚上开放。

在北上前往拉合尔的路上,我们大部分时间走的都是一条相当不错的四车道公路。但我们必须调整一下一直在做的国际排名。我们很快便确定,巴基斯坦司机是世界上最糟糕的司机。目前为止,他们毫无疑问可以排头名。他们毫无规矩可言,想在哪里开就在哪里开,并不固定于路的哪一边,而只挑路况好的一边开。在他们眼中,来往车辆分道行驶这种规矩并不存在。驴车、牛车,有时还有骆驼车，全都和机动车辆走同一条路，都是哪边方便走哪边。

巴基斯坦的交通管理效率远远不及其洗衣房的管理。卡拉奇的洗衣房生意是最令人费解的事物之一。你完全无法理解它是怎么运作的，但它就这样存在着。有人会走遍整个城市收集脏衣服，拿走时不留收据、衣物标签等任何明显的协助辨认的东西，什么都没写。他们将大捆大捆的衣服背在背上或放在驴车上运走，运到一座工厂里。工厂占地约15英亩，里面有数百个洗涤池。

在那里，衣服经过手洗后，放在阳光下晒干。有人负责洗有色衣服（多数员工都是男人），有人负责洗白色衣服。不同的人负责不同的任务。需要熨的衣服会拿去熨，熨衣服不需要用电，所用的烙铁是用炭加热的，炭火放在烙铁上附带的小容器里。衣服干了之后，会被叠起来，还给主人。

在之前的一次旅行中，我遇到过这家工厂。当时，我只是开车经过，而这一次，我决心要看看它是否还在。我和佩奇拍照片拍上了瘾。这是最令人惊讶的企业，我一直想弄清它究竟是怎么运作的。我没见到账本，没有看到任何形式的文件，也没有看到有人交钱给谁。这里就像拉各斯一片混乱的市场，但这两个地方都以其独特的方式，成为人类智慧的非凡成果，其中蕴含的意义不亚于卡帕多西亚的地下城市。无论我走过多少地方，人类的创造才能总是能让我为之惊讶。

孟买的多比加特洗衣房甚至比这家卡拉奇的工厂更加庞大，更加混乱。

1700余年前，印度河流域的人民发明了我们现今使用的数字系统。我们称之为阿拉伯数字，但攻城略地的穆斯林所做的仅仅是借用了这一便捷的体系，并将其传播到了全世界。

印度河流域文明的成就并不局限于数学领域。事实证明，印度河流域文明有效地治理了自喜马拉雅山脉倾泻而下的泛滥洪水。如今，农业是巴基斯坦经济的支柱，其发展主要有赖于一套设计巧妙的水坝和水道系统，即苏库尔水坝。这座水坝控制着三千公里长的印度河。这是一个工程学上的奇迹，但由于其在战略上的敏感性，我们不能拍照。包括美国在内的国家，对其特殊的技术基础完全不了解。和埃及的阿斯旺大坝类似，苏库尔水坝一旦被毁，实际上就意味着整个国家末日当头。

巴基斯坦的食物向来十分美味。通常，我们会像在中国的时候一样，自己挑选食物，只不过这里的待宰动物体形更大。我们选的不是蛇或者甲鱼，而是要走出门外，选一只鸡或羊。这些牲畜随后会被砍掉头，趁着新鲜做好了端给我们。我们所到之处，总能遇到武装士兵。在我们去过的每一家餐厅里，都至少坐着 10 个佩带冲锋枪的人。

我们在拉合尔以东的瓦格赫小镇过境，欣赏到了世界上最滑稽可笑的军事庆典之一，但这个庆典多少也有其玄奥之处。每天下午 5 点，印巴两国的士兵分别站在当地国际边境的两侧，开始表演换岗仪式。在仪式中，他们摆出咄咄逼人的姿势，昂首阔步，凶狠地盯着对方。这是为了代替真实的战争，或者至少是为了吓退对方，避免战争。这完完全全就是《巨蟒剧团》里的笑料，和《愚蠢步态部》一集里约翰·克里斯演的那位官员尤其相像。[①] 参与者本人对待此事的态度极其严肃，已经将其变为一场仪式，这便说明了其意义所在。恶搞战争这个简单的想法本身就是一个十分深奥的概念。如果全世界所有冲突都能用这种方式解决，世界会美好许多。这肯

[①] 《巨蟒剧团》，20 世纪 60 年代兴起的英国喜剧。《愚蠢步态部》是其中一集，大致内容是主角约翰·克里斯进入一个虚构的政府部门"愚蠢步态部"，负责用政府拨款研究愚蠢的步态。——译者注

定要好过互投核武器。要知道这两个国家一直都有出此下策的打算，如今随时随地都有可能走到这一步。

我们不想一直等到5点钟再走，于是看到一半便走了。过境的一个基本经验是要尽快过，否则有人可能会反悔。

一踏上印度的土地，我们便直奔瓦格赫以东的阿姆利则市。阿姆利则位于旁遮普邦的中心地带，是锡克教的圣城。15世纪末，锡克教由那纳克创立，结合了印度教和伊斯兰教教义，信徒信奉的圣典被称为《古鲁·格兰特·辛格》，意为"诗篇圣典上师"。全世界的锡克教徒约有2 000万，且主要住在旁遮普邦。

旁遮普邦是印度一大分裂势力的大本营。1984年，军队袭击了位于阿姆利则的锡克教金庙，时任总理英迪拉·甘地被其身为锡克教徒的保镖暗杀，旁遮普邦随后便处于了联邦政府的直接管辖之下。我上次来到这个地区是在1988年，彼时的游客必须有军队护送。自那之后，局势有所缓和，但几乎就在同一时期，克什米尔长期以来存在的穆斯林分裂运动又开始活跃起来。

印度是个暴力横行、政局动荡的国家。其国家根基不仅受到了各个少数教派分裂运动的威胁，也受到了来自主要教派印度教内部暴力极端分子的威胁。自1947年以来，暴力便是这里的家常便饭。印度刚刚宣布独立后不久，数十万的巴基斯坦印度教徒和印度穆斯林便分别在两国遭到了主要教派的屠杀，至少有1 200万难民从各自所在的国家跨过边境线逃难。

近30年来，印度还不断地进犯邻国。印度与中国、巴基斯坦和孟加拉国都交过战，并间接侵犯过斯里兰卡[①]。印度派兵占领了

[①] 1987年，印度间接援助斯里兰卡叛军猛虎组织，干预了斯里兰卡内战，并在随后派出维和部队进驻斯里兰卡。——译者注

印度洋上的几座岛屿。自独立以来,印度从未和任何一个邻国有过稳定的关系。国家内部也缺乏和谐稳定的迹象。国内一半的人毫不知晓另一半人的生活状况。加尔各答人与金奈人毫无瓜葛。在议会内,来自西孟加拉邦的部长和来自旁遮普邦的部长毫无交流,旁遮普邦的部长和来自南部的部长也鲜有交集,而来自南方的部长和北方的部长又无甚干系。

尽管如此,在我去过的国家里,印度在我看来仍然是拥有绝佳投资机会的国家之一。该国冷战期间与苏联结盟,几乎走上了社会主义道路,但1991年的时候陷入了濒临破产的境地,国库里的外汇储备额甚至撑不过3周。于是政府开始放松管制,开放经济。印度似乎已经吸取了教训。这个国家拥有庞大的中产阶级,可以取得巨大的成就。

不幸的是,印度之旅结束后,我发现这个国家呈现的是相反的状况。没错,我确实在印度看到了经济自由化的迹象,政府方面也确实意识到了印度需要国外资本和技术。但反殖民主义和反资本主义思潮仍然占据着上风。整个国家淋漓尽致地体现出了官僚主义、沙文主义和保护主义横行的状态。最近一项针对国外投资项目审批程序的行业调查显示,创业者需要10个人年[①]才能通过必要的审批程序。我们甚至不能给车换个找来的后视镜,更不能将其带出印度,因为我们没有"进口许可证"——这不过是一个只能匹配一辆车、印度任何人都用不到的后视镜。我们出发前往孟加拉国的时候,这个后视镜仍然被扣留在加尔各答的机场。"我们比所有人都聪明,就因为我们是印度人",这就是当时流行的想法。信息技术产业的

[①] 人年,表示人口生存时间长度的复合单位,是人数同生存年数乘积的总和。例如一个人生存一年是1人年,两个人各生存半年也等于1人年,这三个人共生存2人年。——译者注

繁荣恰好让他们更加深信这一点。

　　印度自诩为信息技术的重要摇篮，但在这里，我们甚至不能在不同地方使用同一部手机。我们几乎每到一座城市，就得换一部手机。在中国，同一部手机在国内任何地方都可以使用。印度人十分嫉妒中国人，因为20世纪80年代之前，印度还比中国富裕。他们会告诉你，他们来自世界上最大的民主国家。诚然，印度的确拥有庞大的中产阶级，人数多达2亿人，但这就意味着还有8亿人不属于中产阶级。（将自己置于民主国家的高起点上，只能让印度这个国家的糟糕状况显得更加引人注目。印度辜负了人民，且毫无借口。）中国这20年来的发展远远领先于印度，而且中国拥有完善的基础设施——公路与电信。相比之下，印度则一无是处。

　　在孟买和德里，我们购物的时候发现商店里最新的电脑设备是3年前的美国科技。印度在过度的保护政策下，将最新科技拒之门外。我们从西海岸到东海岸——从孟买到加尔各答——用了将近一周的时间。两座城市相距不到2 000英里。我们每天都从早开到晚，能维持到30迈的平均时速已经算是走运了。这条路全部铺设了柏油，只有两车道宽，什么交通工具都可以走——卡车、骆驼、驴子。卡车司机横穿印度的平均时速为12英里。中国的卡车司机可以以4倍于此的速度横穿中国，印度怎可与之竞争？

　　这些都是印度开国总理尼赫鲁和英迪拉·甘地父女统治时期的遗留问题。自印度独立以来，他们领导的国大党便一直统治着印度，几乎从未下台过。只有官僚、政客和一小撮享受保护的商人发达了。尼赫鲁是全世界解放运动的代表人物。作为世界不结盟运动的领袖，他坚决反对殖民主义和西方世界。他认为所有的外国资本和技术都是剥削。如今，这些国家多数都选择了私有化之路。我在印度期间，印度人常常讨论私有化，但10年间，他们只成功私有化了一家企业,而这家企业不过是家面包房。

印度不乏大型企业,但我们很快便明白,它们在世界市场上并不具备竞争力。该国的可耕地面积在世界上排名第二,但每英亩产量仅为世界平均水平的30%。相比之下,中国已经开始对外出口各种商品和农产品。尽管印度拥有庞大的经济规模——受到保护的国内市场拥有 10 亿人口,但在环游世界的路途中,你却看不到多少印度产品,因为印度没有进行资本积累和技术积累,也达不到海外竞争所需的质量标准。和所有经济受到保护的国家一样,印度不存在质量观念。

德里经济学院和印度社会研究的调查显示,全国有 1.65 亿 6~10 岁的儿童,其中仅有 3 500 万儿童完成了小学学业。印度的大学是为精英阶层和名门之后设立的。你能见到许多印度大学生在海外留学,原因不过是印度政府不顾日益增长的人口和需求,对大学建设的投入仍然十分贫乏,导致他们无法在国内修学。

一来到印度,我们便发现这里有猪。印度教教徒奉牛为圣物,不吃牛肉,不过他们吃猪肉,于是养猪。由于印度教的牛崇拜,全国到处都有牛的踪影。牛可以在这个国家的任何地方自由走动。

(说来矛盾的是,仅就教民数量而言,印度是世界上最大的穆斯林人口国家之一。其穆斯林人口比巴基斯坦多 1 000 万,仅比世界上最大的穆斯林人口国家印度尼西亚少 4 000 万。印度有3%的人口讲英语,因此同样仅就人数而言,印度实际上是世界上第三大英语国家,仅次于英美两国。)

印度教是世界几大宗教中最古老的一支,结合了多神崇拜的宗教信仰和可追溯至公元前 2 000 年的哲学思想。印度教有将近 8 亿信徒,几乎全部集中于发源地印度。印度教包含无数小的教派和各种哲学流派。如果问 700 名印度教徒如何定义他们的信仰,你可能会得到 700 种不同的答案。不同的教派信奉不同的经文，敬奉神明很大程度上是个人或家庭事务。然而，基本上所有印度人都接受的信仰是，恒河之水是神圣的。

每隔 12 年，为了庆祝印度教最盛大、最神圣的节日大壶节[①]，数百万的印度教徒会来到阿拉哈巴德市。这里是恒河和亚穆纳河与传说中的般若之河[②]交汇的地方，来到这里的教徒会在最为圣洁的恒河沐浴，以洗去自己的罪孽。阿拉哈巴德的大壶节可追溯至公元前 2 世纪，是 12 年一轮回的朝圣活动的一部分——其他 3 座圣城也会在这 12 年中轮流举办大壶节——并且是世界上参加人数最多的活动。

这 12 年的轮回时间是按印度历计算的，而印度历是根据占星术对行星排列方位的观测结果制定的。威力最强大的行星排列方位，即沐浴圣水最吉祥的时机，144 年一遇。我和佩奇是在 2001 年 1 月到达印度的，彼时恰逢这样的时期。天空下一次呈现出这种吉兆，还要等到 2145 年。于是，阿拉哈巴德的这次人类集会，在短短几周的时间里，汇集了约 6 000 万人。这即便算不上是历史上人数最多的集会，也肯定是 144 年来规模最大的一次集会了，在将来的

---

① 大壶节，又称圣水沐浴节，是世界上最大的印度教集会，也是世界上参加人数最多的节日之一。大壶节源自印度古老的神话传说。相传印度教神明和群魔为争夺一个藏有长生不老之药的壶而大打出手，结果不慎把壶打翻，4 滴长生不老药分别落到印度的阿拉哈巴德、哈里瓦、乌疆和纳锡四地。因此这 4 座城市分别每 3 年庆祝一次大壶节，也就是每个地方要相隔 12 年才举行一次大壶节，所以这是难得一见的宗教盛事。庆祝活动从 1 月 9 日开始，为期 42 天。在节庆期间，印度教徒在恒河沐浴，清洗旧日罪孽。——译者注

② 传说中的般若之河，指萨拉斯瓦蒂河，是出现在古代《梨俱吠陀》中的一条河流，位于印度西北。据近代学者考证，此河于公元前 3000 年—公元前 2000 年就已经枯竭。——译者注

144年内也不可能被超越。

显然,在这段时间来到印度不可能对此没有耳闻。我和佩奇得知了这次盛事,自然也决定前往阿拉哈巴德。

整座城市扎满了帐篷,有人在跳舞,有人在奏乐,古鲁[①]带领着大批教众走入河中。到处都有圣僧的踪影,其中不少一丝不挂,有的被学生抬到水中,有的在闻祭祀用的熏香。水中每时每刻都有多达500万人。

想象一下伍德斯托克音乐节[②]人数乘以10倍的景象。

我们初次得知大壶节,是从网站上收到的一些电子邮件里。我们的一位读者来信鼓动我们去。他说,只要提到他的大名,那里的人肯定会为我们提供住宿。我们提了他的名字,却没有人认识他,不过他们仍然为我们提供了住宿。在一个公用的大帐篷里,住着约200人,有自来水,通电。他们在这里为我和佩奇每人配了一张床。我们听着帐篷外的歌声渐渐入睡。我们在那处营地只住了一晚,却恰巧在这里遇到了一个人。这次巧遇简直和大壶节所庆祝的天象一样难得。

"吉姆·罗杰斯,"一位又高又壮的黑人走上前来做自我介绍:"我1991年的时候在中非共和国见过你。你那时骑着一辆摩托车,在环游世界。"

我一时语塞了。我记得他,我们在中非共和国首都班吉见过。按他当时的解释,他当时在那里做传教工作。他名叫巴里,是个尼日利亚人。我们在班吉相遇的时候,他拿着的一根拐杖我很喜欢,于是他卖给了我。我仍然留着这根拐杖。我们的道路会在印度大壶

[①] 古鲁,印度锡克教对首领和祖师的称呼。——译者注
[②] 伍德斯托克音乐节,美国最重要的摇滚音乐节,创办于1969年,以"爱与和平"为主题,是嬉皮士的重要盛会。——译者注

节再次交会，我们会在当天约有700万人的人群中碰到对方，这实在令人震惊。

世界很小？小到你无法理解。

第二天，我和佩奇在恒河水里洗去了自己的罪孽。

离开阿拉哈巴德后，我们驾车前往古城阿格拉。带佩奇参观泰姬陵的同时，我自己也能再次目睹其风采。无论去多少次，泰姬陵每一次都能让你臣服于它的壮观风采之下。外国人所花的参观费或入场费是印度人的47倍。算进外国人必须缴纳的税款后，外国人所花费的门票费便达到了本地人的94倍。为了让你不至于太愤慨，印度人为这种差价打上了环境税的幌子。

我们的印度之旅喜忧参半。这里山河秀丽，是一个旅游的好去处，是一个风景如画的国家，拥有善良的人民和讲究的美食，这里的寺庙和乡村反映了几千年的文明。但这里的基础设施却是一场噩梦——电话、电力、水源和道路都糟糕至极。官僚主义牢牢地控制了整个国家。

参观泰姬陵之前，我们先参观了阿姆利则金庙。离开阿格拉后，我们向东行驶，参观卡杰拉霍市的寺庙。这些寺庙有上千年的历史，其设计经过了精准的数学计算，而其最著名的地方大概还要数那些用来装点寺庙、以性爱为主题的雕塑。本来的计划是从阿格拉直接开到孟买，若不是折道去了卡杰拉霍的寺庙，我们会在地震爆发的时候睡在震中所在地——艾哈迈达巴德。这场地震夺去了数以万计的生命。

在卡杰拉霍以南的贾巴尔普尔地区经过一座小村庄时，佩奇在这座印度乡村的村民中间留下了抹不去的印象。在这种小村子里，人们见不到多少外国人，更是很少见到白肤金发的人。佩奇总是能在这种地方引起注意，而有几次她还被当地的男人摸了。

我们当时正在村子里拍摄一名遇到的村民，一个头顶着大水罐的年轻女子。我们一如既往地引来了大批人围观。一个本地男子走到佩奇身后，把手放在了她的臀部。她猛地转过身，但他就站在那里，丝毫没有要把手拿开的意思，似乎是自认为他完全有权利这样做。

要想理解接下来发生的事情，你必须要记得在印度，妇女是处于社会最底层的。称她们为次等公民，远远无法描述她们的状况。她们被当作财产，并不被当人看。举例而言，在乡村地区，女人没有父亲或丈夫的允许是不得离家的。

佩奇转向这个人，揪住他的衬衫领子，开始掌掴他。她给了他三记耳光，那架势简直像是《马耳他之鹰》里的亨弗莱·鲍嘉在打彼得·洛。[①] 他显然一脸惊恐之色，慌慌张张地逃开了。被一个女人在公共场合当着父老乡亲的面打耳光，这大概要算是此人一生中最耻辱的时刻了。当然，印度人相信轮回转世。而这个可怜的家伙，在所有的轮回转世中，无疑都将受到诅咒，就因为这一天，他在贾巴尔普尔被佩奇·帕克掌掴教训了。

我们从孟买经过西孟加拉邦横穿印度到加尔各答，进入了另一个文明。加尔各答有很多负面报道，但这却成了我们最喜欢的印度城市之一，再次证明传统观念很少有对的时候。我们恰巧遇到了一位教授。他在帮助当地妓女组织工会。他安排我们参观了加尔各答的红灯区，导游是一群鸨母。

2月底，我们进入了孟加拉国，希望能了解这个两大政党的领袖都是女人的伊斯兰国家。在我们的众多发现中，其中一个值得一

---

① 《马耳他之鹰》，1941年根据同名小说改编的好莱坞电影，亨弗莱·鲍嘉和彼得·洛是其中的主演，电影里有鲍嘉掌掴彼得·洛的情节。——译者注

提（这个发现来自数据，也来自我们的亲身经历），该国首都达卡是世界上污染最严重的城市。这座城市的人口密度为世界之最，不过联合国等组织或许都在协助解决这个问题。

我们在孟加拉国期间，孟加拉国际网络组织（BIAN）起诉了联合国儿童基金会、世界卫生组织、世界银行、伊斯兰开发银行、非政府组织论坛等资助挖井的组织。这些井被砷等有毒物质污染了。20世纪80年代所做的调查显示，孟加拉国的水质非常糟糕，因此上述被起诉的组织便制定了政策，决定在该国全国范围内挖掘浅层管井。

用孟加拉国际网络组织的话来说，"在我们这个全球化的世界中，许多影响孟加拉国未来的决策都是由国外的国际组织、债权国政府和跨国公司制定的"。一位当地的报社记者在报道中称："砷的短期毒效和长期毒效都是致命的。研究已经无可辩驳地证明，砷来自浅层管井，而97%的农村人口都是从这些管井中获得饮用水的。人们每天都在喝这些浅层管井的毒水，而决策者和负责落实的机构却仍然在挖掘管井。世界银行发布的数据表明，目前有2 000万人受到了含砷的管井水的威胁，有7 500万人可能受到威胁，但捐赠机构仍然在资助这些管井的挖掘工作。"

国际机构不仅没有停止挖掘工作，无视正在发生的或许是历史上最大规模的砷污染事件，还在此时召开了第三届"有毒化学物对孟加拉湾地区经济的影响国际研讨会"——第三届。

在向东行进的路上，我们重新进入了印度，准备前往缅甸。穿过印度东端的特里普拉邦时，我们有军队护送。在我们的环球旅行中，这并不是第一次有军队护送，但却是较为认真的一次。所有的士兵都穿着防弹衣，所有的卡车都配备了冲锋枪。早上7点钟，为不少士兵拍了宝丽来照片后，我们便出发了。我们行驶在护送队伍中间，向着相邻的阿萨姆邦走了大约70公里。路上每隔100米，我们便能遇到全副武装的士兵，且一次比一次多。

在相对安全的阿萨姆邦，我们滞留了4天，每天在锡尔杰尔市露营过夜，几次尝试进入曼尼普尔邦都失败了。曼尼普尔邦内部相继爆发了24场不同的武装暴乱。克什米尔占据了媒体头版，但相比曼尼普尔邦，那里简直可以算是度假胜地了。印度东部地区要混乱得多，分裂势力也强大得多。正是在锡尔杰尔，我们得知护送队在我们离开后的第二天中了埋伏，和我们一起旅行过的11名士兵丧生。无疑，我们为他们拍了照片。假如晚一天同他们上路，我们或许也会和他们一起丧命。

我们在曼尼普尔的边境处被拒绝入境，我们得知没有德里方面的批准是无法进入该邦的。但我确定我们已经得到了批准。我们在很多地方都发现，人们并不了解自己的国家。

返回锡尔杰尔拿到需要的许可后，我们回到边境处，却再次被拒绝了。这一过程持续了4天，我们在此期间按照边境官员的吩咐过了一关又一关。

锡尔杰尔的阿萨姆邦警察局局长此前一直在帮我们，这时却想劝我们不要去曼尼普尔。

"我无法阻止你们得到许可，"他说，"但千万不要去，千万不要去。我手下的警察经常在那里遇害。为了你自己考虑，远离那个地方。"

他说过去的12个月里，他失去了9名警员。

但我一心想去缅甸。最后，我总算在德里找到人，申请到了需要的许可，边境官员终于放行了，但此时我却立即害怕了，这一路上的任何时候都没有这么害怕过。和佩奇在安哥拉痛哭的那晚一样，我非常害怕，一个月后才把警察的警告告诉了佩奇。我们穿过山地

第三篇 2001年 241

丛林，每次转弯我都怀疑会有埋伏。所有人都知道我们要来。我们多次往返边境处，消息肯定已经传遍整个曼尼普尔邦了，所有人都知道这些外国疯子——没有多少外国人会来到此处——想要申请进入这个地区。每次看到路边有三四个年轻人，我都会害怕。我会暗自嘀咕，这是埋伏吗？

我们最终安全抵达国际边境时，受到了热烈欢迎。缅甸的警卫已经提前接到通知，我们已经获准进入这个国家了，于是在等着我们。他们和我们一样非常高兴，同时又很诧异——听了他们的解释我们才明白为什么。我们是二战以来首批从印度过境进入缅甸的非本地人。但我们与曼尼普尔邦官员的拉锯战还没有结束。盖章同意我们离开印度的人显然没有咨询过他的上级——警察局的副督察。后者急忙从边境对面赶过来，称我们不能离开印度。

我的第一反应是指出显而易见的事实：我们已经离开了印度。

"不行，"他说，"你们不能离开，因为你们没有进入曼尼普尔邦的许可。"

这件事可不是我杜撰的。他告诉我们，我们必须回到曼尼普尔，因为我们没有进入曼尼普尔的许可，因此也没有离开那里的许可。

我们不在曼尼普尔（也没有进入那里的许可），我告诉他，而原因就是我们已经离开了那里。我问他，我们既然没有进入曼尼普尔的许可又怎能回到那里呢。这位副督察坚持要我们返回印度（虽然我们已经没有签证了），并驾车穿过曼尼普尔的战区（据他说，我们没有进入那里的许可），去该邦首府申请进入曼尼普尔的许可，这样才能离开曼尼普尔和印度（尽管我们已经离开了那里）。

虽然我们从未打算向这个异想天开、毫无逻辑的人妥协——我们不会回印度，这场争论还是持续了将近两个小时。缅甸的边境官员没有坐视不理，而是在和他讲理，并且似乎也希望我们这样做。

他们必须经常和这个人打交道。这是他们首次接待外国人，他们既不想让这第一次成为我们尤其坎坷的一次经历，也不希望以后再也没有人能过境。最终，有人打了个电话，叫走了这名难缠的副督察，我们终于可以继续前进了。

出曼德勒之路

19世纪，缅甸（Myanmar）隶属于英国统治下的印度，时称Burma。1937年，缅甸成为享有自治权的受保护国。1942年，缅甸被日本占领，成为二战期间军事行动的一个重要战场。1948年，缅甸取得独立，但由于没能满足一些少数民族的自治要求，该国不断出现各种武装分裂运动，有些纠纷现在已经蔓延到了邻国。

缅甸现在是全世界最贫穷的10个国家之一，但在1962年却是亚洲最富裕的国家。那一年，奈温[①]确立了一党制，推行"缅甸式社会主义之路"。他实行了闭关锁国政策，将缅甸带入了经济停滞时代。尽管缅甸的原材料、农业及大量的廉价劳动力都蕴藏着财富，经济停滞仍然持续到了今天。

1988年，奈温迫于民意下台，该国开始处于军政府的直接统治之下。1989年，该国更名为Myanmar。100余年前，英国人称缅甸为Burma，源自缅甸最大的民族。反对军政府的外国势力仍然称该国为Burma——近代出现的殖民地名称。缅甸国内的反殖民主

[①] 奈温（1911—2002），由于与昂山共同创建了缅甸独立军而被称为"缅军之父"，曾创建缅甸独立军，任缅军总司令，创建缅甸社会主义纲领党，担任党主席，连任缅甸国务委员会主席和总统。——译者注

义人士及军政府坚持使用历史上的正统国名。在政治立场方面,做调查之前,我会保持中立,但关于该国国名,我确实站在了历史和普通人民的一方:缅甸(Myanmar)。1990年,该国举行了30年来的首次多党自由选举,但选举结果却作废了,因为反对党取得了压倒性胜利,而该反对党领袖正是缅甸国父之女昂山素季。1991年,昂山素季获得了诺贝尔和平奖,但当时仍然和其他民选政府领袖一样被软禁在家中,缅甸成了国际关注焦点以及美国的制裁对象。

1992年,丹瑞大将[①]取得了当权军政府的领导权。在他的统治下,政治镇压有所缓和。1996年,缅甸召开会议,起草新的缅甸宪法。(昂山素季之父在反抗英国统治、解放缅甸的斗争中起了重要作用,他指导起草的宪法规定缅甸不得由与外国人结婚的人领导。缅甸军政府称,昂山素季在牛津大学留过学,选举之前一直生活在英国,竞选缅甸总理时嫁给了一个英国人,因此没有竞选总理的资格。)

与此同时,该国开始结束国际孤立状态。1997年,尽管有美国的贸易制裁,缅甸仍然成为东南亚国家联盟(东盟)的正式成员,这是该地区的重要贸易组织。20年前,缅甸还没有游客。15年前,游客可以在缅甸逗留一周的时间。90年代中期,局势进一步缓和。全国各地开始出现旅游旅馆。政府宣布1997年为旅游年。

我开始在网站上发表在缅甸的游记后,收到了很多人发来的电子邮件。他们对我去那里感到义愤填膺,坚定地认为我这是在支持当权的邪恶军政府。他们称,我应该抵制这个国家以及所有善良的人民。但并非所有善良的人民都在抵制这个国家。许多国家都和缅甸有往来,

---

[①] 丹瑞大将(1933—),是缅甸前最高领导人,曾任国家和平与发展委员会主席、政府总理、三军总司令兼国防部长。——译者注

在缅甸做生意,包括日本、中国、印度、马来西亚、俄罗斯、新加坡等。这些国家准备开发该国丰富的自然资源——木材、天然气、黄金以及其他矿藏——并利用大势所趋、蒸蒸日上的旅游业。

我的主张是,改变一个国家的最好方式是与这个国家交往。孤立很难带来改变。想改变古巴? 90年代末教皇的造访确实创造了奇迹——古巴人自那以后便开始公开庆祝圣诞节,而他们此前已有约30年没有庆祝过这一节日了。接下来可以派詹妮弗·洛佩兹去。就在美国国防部苦苦等待领导人变化的同时,欧洲各国、墨西哥、加拿大等国的人纷纷涌入古巴,收购所有有价值的东西。等到那一天,古巴也不剩什么正经生意可以给美国人做了。你们完全可以想见,如果法律允许,我现在一定会投资古巴。

在德里的时候,我看望了两位印度朋友——阿贾伊·梅赫塔和奥迪提·梅赫塔,他们在美国留过学。有个美国女人和他们一起来,说起了她即将开始的缅甸之旅。我告诉她我下个月也要去缅甸,她听了立即愤慨起来,声称美国实施了制裁措施,我是不能去的。

"为什么你能去,我就不能去?"我问道。

"因为我为一家非政府组织工作。"她说。

太棒了。

"我去缅甸是为了调查情况。"她说。

"我也是,"我回答说,"我为什么要让你去缅甸调查情况,替我做判断呢?"

我说过我们话不投机了吗?

通往我们的目的地曼德勒的路根本称不上是路。这里是曼尼普尔河和钦敦江流域。(伟大的商业之河自然指的是伊洛瓦底江。)我们必须穿越丛林,自己找路。许多路路况极其糟糕。缅甸是个原始的国家,而正因为如此,看到所有的房子无论多么寒碜,都是用柚木建的，才更觉惊讶。不过话又说回来，柚木是该国的主要出口商品。细细想来，要是看到用松木建的房子才真的应该惊讶。

关于缅甸，我们注意到的第一个现象是，缅甸人非常虔诚。无论去到哪里，我们都能看到佛教寺庙。在曼德勒，每天凌晨4点，在一个供奉佛祖的寺庙里，僧侣会为佛像洗脸、刷牙，准备迎来繁忙的一天。在接下来的12个小时里，佛教徒会排队轮流走到佛像前，将金叶贴到佛像上。自1784年以来，天天如此。

金叶是从附近的金匠手中买的。他们收到黄金材料后打开，挥舞沉重的大锤，连续击打好几个小时，将金块砸成平整的薄片。他们起早贪黑地干活儿，只按一种类似沙漏的装置（一个空的椰子壳，底部有个洞，漂在水上）的提示稍事休息。椰子壳渗满水沉下去后，休息时间便到了。我从一位金匠那里买了金叶，加入寺庙外的队伍，在佛祖身上200多年来积累的金叶上再添了一枚——只有男人才能接近佛像，女人是禁止朝拜的。

缅甸有庞大的寺庙群。有些寺庙是新建的——龟甲万酱油和虎标万金油品牌为亚洲实业家带来了巨大财富，他们在缅甸兴建寺庙，而有的则是数百年前建的。缅甸西部拥有世界上规模最大的寺塔建筑群之一。在已经被列入联合国世界遗产名录的蒲甘古城，曾经竖立着4 000座历史可以追溯至10—11世纪的宏伟寺庙，约1 000座得以保存至今。900年前臻于完美的建筑成就令人惊叹，其优美壮观令人不得不钦佩，这些寺庙覆盖了地平线，或许是我们自离开欧洲以来见过的最非凡的人工建筑群。我们在那里参观的时候，有数百人正在蒲甘朝圣，供奉食物与鲜花，诵读经文。

在乡村地区，我们遇到了一家方头雪茄烟工厂，那里的一名卷烟女工托我们从仰光买些香水寄给她。佩奇寄给了她一些尚蒂伊香水[1]。我猜那个在非政府组织工作的女人如此介意制裁措施,一定不会同意这件事。

在过去的10年里,制裁成了美国最喜欢使用的政治手段。然而,不论去到哪里,我们都发现这些措施毫无效果,因为要么竞争对手的产品会抢占市场,要么美国产品会经由走私流入这些地方。无论如何,受害者都是美国工人、企业和纳税人,而不是那些"犯错的"国家。制裁只会为美国招来更多的敌人。

我们不无遗憾地离开了缅甸。总的来说,这是一个风景优美、值得一去的国家。缅甸人民友好、虔诚、勤奋而礼貌。我预感到这个国家会变得更加富裕,对外开放程度会进一步提高,同时也认为这个由英国人划定边界线的国家,难以拥有稳定的未来。今后的50年里,这个国家未必能保持团结统一。掸邦[2]的部分地区实际上已经处于自治状态,落入了鸦片贸易中崛起的军阀之手。国内其他地区的暴力分裂活动也难以轻易平息。尽管如此,如果你想看到一个世外桃源般不染尘嚣的国家,如果你早餐喜欢吃米粉汤和炸面团,其他几餐喜欢拿大蕉当甜点,吃一种名叫"加皮"、用鱼酱炖的蔬菜汤,我认为缅甸是一个值得一去的好地方。而且我建议要在其他国家的人去之前赶快去。商人尤其要抓紧时间,因为亚洲其他国家的商人已经开始纷纷涌入这个国家了。

缅甸与泰国处于同一半岛。但由于紧张的国际局势,我们无法一直行驶到半岛最南端,也无法过境。为了继续向南——朝着印度尼西亚的方向前进,我们在缅甸最南端乘上了一艘速度很慢的轮船,一路上停靠了不少港口。我们从那里仓促地绕过泰国最南端,彼时

---

[1] 尚蒂伊香水,1941年法国著名香水生产商霍比格恩特香水公司推出的一款女用香水。——译者注
[2] 掸邦,位于缅甸东部,主要居民为掸族,即傣族。——译者注

泰国国内的伊斯兰教分裂活动正在蔓延——泰国有95%的人口是佛教徒。我们向南行驶前往相对安全的马来西亚。

马来亚联合邦①，如今仅指位于马来半岛的马来西亚领土，于1957年脱离英国统治，取得独立。1963年，该国国土扩张，吸纳进了新加坡和英国殖民地北婆罗洲（沙巴）。北婆罗洲与马来亚隔南海相望，相距约400英里。1965年，人口以华人为主、位于马来半岛南端的新加坡退出联邦，宣布独立。马来人（伊斯兰教徒）以微弱优势占据了马来西亚人口的多数。华人（佛教徒）是一支为数众多的少数民族。约有10%的人口是印度人（印度教徒）。

马来西亚实行君主立宪制，自1981年以来一直处于马哈蒂尔·穆罕默德总理的领导之下。他将马来西亚以农业为主的经济改革成为亚洲发展最快的经济体之一。石油资源的发现并未阻碍国家进步。占多数的马来民族常常担心被更为成功的华人和印度裔族群剥削。马哈蒂尔为了巩固权力，利用这种担忧，在商业和教育领域制定了偏袒马来民族的刺激政策和配额制度。他制定政策，宣布马来语为官方语言，规定所有人只要攻读伊斯兰教研究学位，就可以不学数学、理科、经济学等实用学科。多数选择了该专业的毕业生由于在私营企业缺乏竞争力，最终只能到政府部门工作。这些年来，马哈蒂尔不断地攫取独裁权力——如果油价下跌，他必须握有独裁大权才能保住位置。这使得其政府在国内面临的反对声日益高涨。无法满足民众日益增长的需求所引发的革命并不少于政治镇压引发的革命，历史上这样的例子层出不穷。

1997年亚洲金融危机的一个起因是不少亚洲国家的货币都与

---

① 马来亚联合邦，是马来西亚联邦西部土地即位于马来半岛部分的旧称，又称西马来西亚，简称"西马"。当地使用"半岛马来西亚"名称以取代"马来亚"。——译者注

美元挂钩。马来西亚林吉特也是其中之一。其他国家在经济危机过后，承认了错误，解除了本国货币与美元的挂钩关系，允许本国货币汇率在国际市场上自由浮动。经常痛斥邪恶国际金融家的马哈蒂尔，封锁了本国货币，实行不可自由兑换的货币政策。他称，在马来西亚国内持有的货币不得转移出国。林吉特仍然与美元挂钩。经济政策一塌糊涂，但他握有军权。

　　面对失败，政客很少会回应说："噢，我犯了错，我辞职。"通常，他们会采取马哈蒂尔的做法。他坚称经济萎靡不是他的责任，并归咎于外国投机商，而不是为了建设某些项目欠下巨额债务的他。这些项目不过是面子工程，对促进繁荣并无作用。

　　民众极度不满，反对声越发高涨，继续维持这种假象的代价就是更加严酷的镇压。如果你告诉自己的人民不能将货币带到国外，他们一般不会选择逆来顺受，富裕起来乃至稍有成就的人尤其如此。我在马来西亚有一些投资，因为这是一个庞大的自然资源经济体，在我看来所有迹象都表明其自然资源市场将出现牛市。但我并不十分乐观，因为我知道一旦马哈蒂尔下台，无论是死于任上、被罢免还是履行承诺辞职，该国都将陷入困境。历史表明，强权独裁领袖结束长期的统治之后——无论是国家、企业还是家庭，随之而来的都会是一个动荡期。从该国的政治游行、动乱和移民国外的热潮中，已经可以看到迹象了。

　　我看到的马来西亚是一个极度富裕的国家，拥有现代化的公路、酒店、餐厅和商场。至少其债务的一部分没有浪费。世界上最高的双塔楼位于吉隆坡。① 来到马来西亚首都后，佩奇惊呆了——她确信我们很久没有如此疯狂地购物了，可以肯定的是自离开迪拜以来

---

① 　指吉隆坡石油双塔。——译者注

没有过。在卡地亚商店里,她找到了梦想中的结婚戒指——换掉了我们在安特卫普买来应付婚礼的那对。该国多年来的繁荣和发展对我们来说尤其明显,因为就旅行而言,马来西亚对我和佩奇的主要意义——除了调查马哈蒂尔的疯狂措施——是享受旅途中的舒适与惬意。这个国家算是休养生息的一站。

在经济方面,新加坡比马来西亚更加成功。这座城市坐拥马六甲海峡这一战略位置。该海峡或许算是世界上最重要的水路航道——几乎所有的亚洲贸易运输都要经由该海峡。但直到20世纪60年代,这里还只是一个蚊虫肆虐的闭塞之地。如今,新加坡成了世界上最大的港口之一,国际金融业、银行业、通信业、高科技加工业和旅游业为其多样化的经济带来了发展动力。新加坡生活水平极高,其发展史或许是近40年来发达世界最伟大的成功史。

而在这段成功史上,新加坡自始至终都处于强势统治之下。统治者即是该国长期在位的开国总理李光耀。

柏拉图在《理想国》一书中提出,国家的演变会经历4个阶段:从独裁体制到寡头政治,再到民主体制,再到混乱状态,然后重新循环。强大的中央政府会带来繁荣,最先取得成功的少数人会维持社会的稳定,直到由少数人组成的政府让位给民主政府,但毫无节制的民主在他们看来——同时也是柏拉图的看法——不可避免地会导致混乱。最终,自然会有一位新的独裁者出现。

我们都听过关于新加坡的可怕传说,那里必须留统一的发型,不能在人行道上吐痰,嚼口香糖和吸烟都是严厉打击的行为,很多在墙上涂鸦之类的轻微罪过会被惩以鞭刑。很多人认为李光耀的高压政策非常可怕,这些政策确实值得商榷。但无论你以为这些政策有多么可怕,世界上尚有许多统治者要比他更加严酷,而且他们没有取得任何值得称道的成就。扎伊尔的蒙博托·塞塞·塞科便是一个例子。

放眼全世界也找不出哪座城市的富裕和安全程度能和新加坡媲美。我和佩奇去公园里观看了新加坡交响乐团的一场音乐会。这座公园和新加坡所有地方一样，一尘不染。音乐会是免费的。孩子们在公园里到处跑。人们喝酒、野餐、听贝多芬。公园里有数千人，却看不到一个警察。你能想象这种事情发生在纽约中央公园吗？

新加坡之所以能获得成功，不是因为政府很邪恶，而是因为政府依法办事、决策明智、遵守合理的经济法则。李光耀受过良好教育，如今已经退休，但对国家政治仍然起着举足轻重的作用。毫不夸张地说，他每天上班都会自问如何才能让新加坡变得更好，不仅如此，他还会自问如何能保证国家在将来的40年里持续发展。他有正规的经济学教育背景，明白要想合理发展经济需要有高储蓄率和高投资率。他出台政策，规定退休基金必须占新加坡当前储蓄率的40%以上。

这不是笔误。40%。每个公民都必须将自己收入的一大部分拿出来投资，存起来防老。新加坡的储蓄率和投资率是全世界最高的。（与之相反，美国在20世纪90年代曾有一段时期的储蓄率为负值。我们但凡有点积蓄就会花掉，靠着信用卡过活。）李光耀同时也明白，成功来自对国家优势资源的利用。而新加坡最显而易见的优势就是港口，于是新加坡的港口很快便发展成了世界上最繁忙的港口。就在所有邻国都开始勘探石油的时候，他却开始兴建炼油厂。他在教育行业投入了大量资金。由于劳动力受教育水平高——是该地区乃至全世界受教育水平最高的劳动力人口，新加坡得以在电子产业繁荣期到来之时成功占据优势地位。

新加坡的外汇储备量居世界第三。虽然人口只有不到400万，其外汇储备量却仅次于日本和中国。而日中两国当时的人口分别为 1.25 亿和 12.95 亿。新加坡人在银行里存储了大量的外国货币——论人均，他们的外汇储备量比任何一个国家都多。

缺点？自然，在新加坡，言论自由并不是唯一需要付出高昂代价的行为。正是国家的成功导致了经商成本的直线上升。生产成本和劳动力成本如今都变得非常高昂，生活成本飞涨。由于过度调控的贸易保护政策，金融业也出现了恶化的迹象。

最初，新加坡利用其比较优势——拥有大量资金、了解货币规律而且人口为华人——实施了刺激政策，鼓励金融公司发展，尤其是香港的金融公司。作为亚洲金融中心的香港回归中国后，新加坡成了许多公司建立业务理所当然的选择。李光耀很有远见。就在爱尔兰强制所有人学习盖尔语，冰岛强制小学生学习丹麦语的时候，李光耀却规定，所有人都要讲中文或英文。但时间久了，人们便产生了惰性。国家富裕，金融业受到了保护，缺乏竞争导致了自满情绪的滋生。

我在新加坡最大的银行里开过户。在新加坡期间，我想做一些金融交易。我存了张支票，几天后开始做交易的时候才被告知支票要等 5 周才能兑现。支票是从美林银行提取的，街角处就有一家美林分行。

"你真的相信有这种事吗？"我问银行职员，"在 2001 年，拿着新加坡最大银行的支票在世界上最大的证券公司兑换居然需要 5 周的时间？"

"我不知道为什么会这样，"他说，"但情况就是如此。"

"我在世界各地都做过生意，"我告诉他，"我知道兑现支票要花多长时间，就算是国际支票也不需要这么久。如果情况真的如此，那世界商业和金融业就没救了。"

"我无能为力，"他回答说，"我问了我的上级和上级的上级，他们说情况就是这样。"

我等了一周,又回到了那家银行。

"我给美林银行打过电话了,"我说,"他们已经兑换了支票,资金没有问题。他们已经把钱给你们的经纪人了。"

还是无能为力。

新加坡此前设立了一个重要的金融服务委员会,为开放金融行业提出建议。然而,正如一位外国官员在《金融时报》上发表的评论:"我认为新加坡已经错过了成为国际金融中心的机会。他们趁形势大好的时候就应该实行自由化。"

可以想见,新加坡有机会成为数字时代的威尼斯或佛罗伦萨。新加坡人拥有智慧、资金和动力。问题在于纪律可以强制推行,创造力却强求不来。新加坡的领导人如今认识到,那些头戴粉色假发、批评政府、随地吐痰的人却是新一代的IT精英,因此多少放宽了管制。李光耀很聪明,已经认识到循规蹈矩也有其缺陷,正在想方设法让新加坡吸引新一代的创新人才。

新加坡每位内阁部长的年薪都高达60多万美元。这是李光耀用以吸引人才、预防腐败的措施。津巴布韦的公务员年薪只有大约18 000美元,所以每个内阁部长和官员都有可能被收买。李光耀称,他在世界各地都见过这种事情,无论是华盛顿还是莫斯科。他希望他的手下在决策时只受良心驱使,一切为国家利益考虑,而不被其他因素左右。而且他也不希望他们辞掉公职去开公司。

新加坡:世界上最大、最优秀的港口城市之一,集装箱业的效率在全球排名前列。印度尼西亚:世界第四人口大国,拥有2亿多人口,与新加坡相距60英里,隔着马六甲海峡遥遥相望,而马六甲海峡是世界上运输量最大的贸易线路。两地之间却不通航——没有直接跨越海峡的车辆、渡轮,也没有时间固定的简便船运设施。

我能找到的最佳选择是要在 8 天后运送车辆到雅加达的一辆货运船。

我不想再等一周多的时间运车出新加坡，于是寻找其他办法，最终找到了一艘返回苏门答腊岛的驳船和拖船。当地人——印度尼西亚人——几乎是驾驶着一艘空船。我的车是驳船上唯一的车辆，也是唯一可以被称为货物的东西。我是船上唯一的人。新加坡官员只允许我们中的一个人和车同行。佩奇和其他人乘坐定期往返于新加坡与杜迈、只搭载乘客的高速渡轮。拖船上有几位船员，但整个旅程中，驳船上只有我一人。

这艘船虽然没什么货物，但从另一方面来讲也对我有好处。这是世界上最重要的商业大动脉，许多海盗都看中了这一点。他们是有组织的，无处不在。有时他们只是将货物卸到自己的船上，但有时会更加贪婪：杀掉船员，将货物卖掉，然后将轮船重新涂漆，卖给二手商。我听过这些故事，因此在船上的两天晚上睡得很不踏实。

印度尼西亚式的贿赂相当简单直接——腐败已经成了那里的生活方式。到达杜迈后，和我打交道的是一位聪明、年轻的警官。他谈吐得体，很有教养。他出了价，我们很快便解决了问题。他在我的文件上盖了章，放我和车入境。我和佩奇他们会合，之后便出发穿越苏门答腊岛了。

我们顺道去看了米南加保族[①]的居民所住的高大房子——房顶形状很像水牛角。他们自称是亚历山大大帝军队的后裔。这个 300 万人口的民族在印度尼西亚文化中占有重要地位，仍然处于母系氏族社会。财产由母亲一方所有，并由母亲一系继承。新郎和妻子的家人住在一起。

印度尼西亚为原荷属殖民地，是世界上穆斯林人口最多的国

---

① 米南加保族，主要分布于印尼西苏门答腊省西部沿海的高原地带，仍保留着母系氏族社会的特点，绝大多数信仰伊斯兰教，少数人信仰原始宗教。——译者注

家（87%的人口为穆斯林），也是世界上国土面积较大的国家之一。该国包括17 000多座岛屿，这些岛屿分布在从马来半岛到新几内亚的广大海域，其中约6 000座有人居住，但多数都倾向于独立。自殖民时代以来，国内紧张的政治局势便让印度尼西亚的生活变得更加复杂，将来也会继续如此。我们到达时，各地爆发了激烈的暴动，我们在那里的多数时间都在想方设法安全通过苏门答腊岛和爪哇岛。2002年，暴力冲突甚至蔓延到了巴厘岛。印度尼西亚有2%的人口为印度教徒，多数都生活在巴厘岛。我们去了这座重要的高档消费胜地。但正是由于其本身特色所在——我们的酒店住满了集体旅游的IBM销售人员，巴厘岛并不适合我们。这不是我们的风格。我们缩短了巴厘岛之旅，前往刚独立的东帝汶。出于我自身的目的，这是该地区群岛中唯一一座我无法略过的岛屿。

1975年，印度尼西亚入侵了主要信仰基督教的东帝汶——原葡属殖民地。西帝汶为原荷属殖民地，已经是印度尼西亚的一部分了。1975年，印度尼西亚吞并了东帝汶，但并未获得国际上的承认。其后几年中，10万多东帝汶人在解放斗争中丧生。1999年，东帝汶经投票决定独立，印度尼西亚派出军队，屠杀再次升级。联合国部队——主要是澳大利亚部队——进行了干预。在我们到达时，东帝汶尚有大量澳军驻扎。

我们到达的时候，这个国家只剩下一片被轰炸的废墟。所有的建筑都被烧毁了，几乎不通电，我们在路上见到的车辆都属于联合国。由于仅仅关注过媒体对东帝汶局势的报道，没有了解过其他方面的消息，我此前并不了解战争背后的真相。这并不是民主与独裁、基督教与伊斯兰教或者独立与侵略之间的战争，而是石油之争。印度尼西亚与东帝汶之间的战争是为了争夺近海勘探出的大型天然气田。

新近独立的东帝汶拥有大量的财富,却人口稀少——约80万,即将成为下一个科威特。正因为如此,澳大利亚才愿意派兵。澳大利亚人现在签署了合约,有权开发东帝汶的天然气资源。联合国向该国投入了大量资金,以帮助该国走上独立之路——并要求该国走民主之路。但东帝汶手握的真金白银都藏在地下。

在1991年的摩托车之旅中,我去了澳大利亚的大部分沿海地区——除了南部,并将路上见闻都写进了《旷野人生:吉姆·罗杰斯的全球投资探险》一书。在这次旅行中,我和佩奇选择了与上次不同、更接近内陆的一条线路,自珀斯北上至达尔文。我们会从达尔文再次南下穿过澳大利亚中部,前往艾丽斯斯普林斯,然后继续南下,进入从未踏足的地方,到达阿德莱德,沿海岸线向东前往墨尔本,再穿过内陆地区前往悉尼。

1991年,我在澳大利亚旅行了6周。这个国家的面积相当于美国本土48个州的总面积(人口却不及美国第三大州纽约)。我和佩奇会在5周内完成澳大利亚之旅。

在珀斯,很快便能看出澳大利亚有多么落后。所有的商店下午5点都会关门,周日歇业。(整个西澳大利亚州大概只有一家超市周日营业。)这个措施据说是为了维护家庭观念,留出有限的几小时时间供澳大利亚人陪伴家人,但贸易保护主义也是一个不可忽视的原因。举例而言,任何新来的企业家——或者是沃尔玛这样的大型连锁超市——为了竞争,可能会制定一些明智的政策,延长营业时间,晚上和周末都开门。但本地的商店老板拒绝这样的竞争。既然有这样的机会,他们干吗拒绝?

我们遇到了一场劳动节游行,游行者反对全球化,反对世贸组织、国际货币基金组织和世界银行。游行者并不清楚,这些机构其实毫无相同之处。我已经申明了我对国际货币基金组织和世界银行的看法——我同意抗议者主张废除这些组织的观点,不过我认为我们的原因非常不同。但废除世贸组织会导致经济萧条,引发战争。

我最想去的澳大利亚城市是达尔文,一座一流的边境城市。我之前便认为这是一个适合投资的好地方,此次很想一探究竟,看一看我的预测是否准确。在上次澳大利亚之旅中,我是沿着海岸线从珀斯到达达尔文的。这一次,我和佩奇要经内陆前往那里。

当然,澳大利亚的内陆地区颇有名气,拥有几乎空无人烟的大型牛羊牧场、荒凉的矿区城镇,还有随处可见的袋鼠。在内陆地区驾车,你必须小心袋鼠,尤其是黎明和黄昏时分。它们速度很快,不等你看到它们,就已经撞到了车上。我们在路上见到了许多袋鼠尸体(我在一家澳大利亚餐馆点的袋鼠肉也来自这些袋鼠),很多卡车司机看到了袋鼠即便想刹车也来不及。这些卡车就是所谓的道路列车,车身长达150英尺。所谓道路列车,即一辆拖着三节挂车的卡车,车如其名,分明就是安了车轮、在长长的柏油路上无所顾忌地高速行驶的火车头。

澳大利亚的内陆地区是孤僻者、边缘人和流浪汉的家园。这些内陆城镇很像铁丝网封锁边疆之前美国西部的那些牧牛城镇和矿区城镇①。人口只有两三百。我们到达当晚进的第一个场所是一家兼酒店、餐馆和酒吧于一身的地方,令我想起了旧道奇城②的这类场所。推开门后,我第一眼看到的是一个似乎只穿着内衣、在照料吧台的年轻女郎。看到她半裸的身体,我不知所措、局促不安。这家酒馆没有空房。等到进了第二家酒馆,发现那里的穿衣风格也和前一家类似,我们才明白了路过的那些标语是何含义:"5点至7点

---

① 铁丝网在美国西部边疆的开拓过程中起到了明确产权的作用。——译者注
② 道奇城,位于堪萨斯州,是历史上著名的"牛仔之城",也是"红灯区"一词的来源。——译者注

裸"、"周末裸"、"全周裸"。

这些场所的顾客是矿工和牧场工人,老板高价雇用年轻的女孩半裸着身体做招待、照料吧台。许多女孩都是从珀斯和墨尔本等地飞过来的,下班再飞回家,把这当成一份兼职来做。这完全符合人们对澳大利亚内陆地区这种混乱、荒凉之地会产生的印象。

我们是从特丽西口中得知这些事情的,她对此很是不屑。我们在内陆城镇克尤遇到了这名采矿者,这座城镇的人口只有250人。她身材矮小,虽然年仅30多岁,却一副饱经风霜的模样。特丽西在这个地方已经工作了几个月,其间发现了一些金矿。我们欣然花了150澳元从她那里买了一个金块当坠饰。特丽西还透露,许多住在这座偏远城镇的人都像她一样,抛弃了原先的生活,在各个城镇之间辗转,从一个矿场或牧场,流落到另一个,就像美国牛仔传说中的人物一样。

我们在路边旅馆中见到过这些人,这些路边旅馆我在上一本书中也有描写。澳大利亚的路边旅馆总体而言组成了一种不错的体系。"下一座加油站"、"下一座服务站"、"200英里"是典型的路边旅馆外经常挂着的标志。不妨再加上"下一个通电的地方"、"下一个邮筒"、"下一只狗"。

达尔文的发展符合我的预期。这座城市是个美好的大熔炉,汇聚了来自各个种族和宗教的人,自我上次离开这里之后,已经有所发展,变得更加繁荣了。除了我之前阐明的原因——达尔文在地理上与北部新兴的亚洲市场临近,二者在劳动力和天然资源方面的关系类似于中国与西伯利亚之间的关系——推动该城市发展的还有另一个因素:军队正在进驻该地区,建立基地。澳大利亚面临的严重威胁只有可能来自北部,但在此驻军更加直接的一个目的是支持该国在东帝汶的军事行动。显然,这里很快就会开始兴建加工厂,因为达尔文的地理位置极佳，这个新生国家的天然气资源可以直接输送到这里。几十年来建铁路连通达尔文与南部的梦想即将成真，这将支撑并促进该地区的发展。

这一次，我决定不再仅仅止于空谈，而是要在达尔文购买房产——购买一座老房子，修葺一新，每年来住一两次，不住的时候或许会租出去。我去拜访了该地区较大的一个房产中介商，把我的想法告诉了他。

"不行。"他说。

"什么？"

"不行。你不是澳大利亚人，外国人不能在澳大利亚买房子。"

"且慢，"我说，"这是个资本主义国家，这是自由人民的土地。你这是说的什么话？"

"听着，"他说，"没有人比我更痛恨这个政策了。"

他解释道，这是一项新法规。我于是想起了单一民族党——由波林·汉森议员领导的右翼政党。近来，新掀起的反移民浪潮控制了整个国家。一个世纪以来，澳大利亚的政局不断左右摇摆，现在摇摆到了右边。

直到1972年，澳大利亚还在实行只接受白人移民的政策。这个政策听起来充满了种族歧视色彩，但设立的初衷却是反种族歧视。"白澳政策"出台之时，澳大利亚的许多非白人人口都不是正常渠道的移民。他们被人从偏远的岛屿带到澳大利亚，充当契约工在矿区和农场干活儿，境遇和奴隶相差无几。许多基督教会，尤其是虔诚的长老会，掀起了一场运动，希望能结束这种勾当。最终，在该国历史上最为严重的经济萧条时期，相关法律在劳工的强烈支持下获得了通过。但一如历史上的许多法规，有着良好初衷的相关法律却带来了意想不到的负面后果。这些法律规定带非白人入境是违法行为，初衷是剥夺绑架者和奴隶商人的生意，最终却成了抵制外国人——尤其是非白人——的种族歧视和反移民工具。

所有人都忘记了这些法律获得通过的原因。在70年代废除这些法律之前，非欧洲白人基督教徒是很难进入澳大利亚的。到70年代，这些法律已经不合时宜。澳大利亚需要增强与亚洲及环太平洋地区的联系，需要吸引资本。实际上，澳大利亚矿产资源的开发很大程度上得益于日本的投资和日澳之间签署的长期出口合同。这项歧视性的贸易保护法规被废除后，澳大利亚迎来了长足的工业发展。

来到20世纪末，对于这些法律的废止，人们出现了意料之中的反应。澳大利亚的基督教徒买不起房子，都是因为"有钱的中国人和日本人抬高了价格"。澳大利亚的经济问题不是其碌碌无为的政客造成的，也不是其高消费、高税率政策的责任，而全部是邪恶外国人的错。所以像我这样的人是不能买房子的。孤立主义者占据了上风。

在离开之前，我们观看了达尔文交响乐团的一场演出。当晚的节目包括贝多芬《第九交响曲》，这是北领地[①]首次表演该曲目。我不禁潸然泪下，因为这支成立了12年的交响乐团几乎全部是由志愿者组成的。客串的指挥和4名专业歌手都是从外地飞到这里的。相比于我上次来到这里的时候，如今的达尔文要发达得多，几乎可以算是一座彻头彻尾的大都市了。我不断地想起丹佛等边疆城市，猜想着这些城市100年前的样子。第二天，我们观看了V8国际超

[①] 北领地，澳大利亚联邦的一个直属行政区，位于澳大利亚大陆中北部，政府位于达尔文市。——译者注

级房车赛①,不禁想起了祖国的纳斯卡车赛,连啤酒、比基尼和乡村音乐都如出一辙。

正是在达尔文,在汽车板簧已经坏过总共 11 次后,我们终于找到了能为我们制作合适板簧的人。他提供的板簧帮我们走完了余下的路程。我们找到他的时候,挂车的车轮轴承也已经坏掉了,他把轴承也修理好了。澳大利亚——尤其是内陆地区——的修理工在制作正规越野装备方面的经验要远比加利福尼亚州的"金属大师"丰富。

在向南经过艾丽斯斯普林斯时,佩奇的父母再次同我们会合。我们顺道去参观了艾尔斯岩——世界上体积最大的巨石、土著居民的圣物和澳大利亚如今的国家象征。之后,我们便前往南澳大利亚州的阿德莱德市,此前我还从未去过该州。途中,我们顺道去了一个名叫库伯佩迪的地方。

南澳大利亚州的库伯佩迪镇仅有不到 100 年的历史。欧洲人最初来到这片广阔、平坦而空旷的沙漠,是为了寻找黄金和其他任何能找到的矿藏,最终却发现了猫眼石。如今,库伯佩迪这座约有 3 500 人口的小镇成为世界猫眼石之都。全世界多达 95% 的猫眼石都产自这里。我很惊讶地发现,猫眼石有各种各样的颜色——除了我们都很熟悉的奶白色,还有蓝色、绿色和各种各样的茶色。这座小镇的名字源自一个土著语单词的变体,大意为"洞中的白人"。猫眼石的挖掘流程是先直接在地上打洞,把泥土挖出来,从中筛选宝石。洞为圆柱形,体积相当于一只 55 加仑的桶。现在的挖掘工具是装在特殊卡车上的设备,在库伯佩迪随处可见。而挖出的土堆

---

① V8 国际超级房车赛,创立于 1993 年,是澳大利亚举行的世界顶级房车大赛,被称为"人民的车赛",与板球、橄榄球一起被誉为澳大利亚的三大体育运动。——译者注

已经成了库伯佩迪的标志。

夏季,库伯佩迪的气温最高可以达到110华氏度(约43摄氏度)以上。早期的采矿者在寻找水源上下的功夫并不亚于寻找矿藏。这里的多数水源和澳大利亚其他地区一样,都是含盐的,必须经过净化。如今,有了现代科技,这里的水源足够满足几百号人的需求。这里的脱盐设备使用的是反渗透技术。为了保持凉爽,殖民者开始建地下房屋。他们开凿地下的砂岩,在石块上凿出房子。以这种方式建造的房子并不是只有居民住宅,我们住的酒店也是用类似方式建造的,酒店房间是直接在岩石上凿出来的。

我从库伯佩迪寄了一封信给父亲,从阿德莱德寄了两封,每三天寄一封。打电话回家的时候,我得知他的身体每况愈下。我每天都打电话回家和他说话,但我也想将我的感情付诸笔端,让他知道我为他感到骄傲,我深爱着他,他一直以来在我的人生中都非常重要。我恰巧赶上了南澳大利亚州的3天假期,美国也恰逢周末放假3天。我不断地写,希望有一封能及时寄到,因为我知道他的身体越来越虚弱。最终美澳两国的邮政局及时将信送达。我的母亲告诉我,我一周以来担心不已的信件终于寄到了。我不认为他能自己读这些信,我和他通话时,他已经语无伦次。我母亲说,他把信放在怀里,不停地端详。她把信的内容读给他听。

在从阿德莱德到悉尼的路上,我们同别人共进过几次晚餐,晚餐上的谈话很发人深省。在墨尔本,我和佩奇同一位澳大利亚议员及其妻子共进晚餐。他同时还是一名摩托车手。他读过我的书,同达尔文的人探讨过这本书,他们都很惊讶我的预测居然如此准确。

"是啊,我想在达尔文买座房子,却买不了。"

"为什么?"

他是名议员,我想他应该知情。我告诉了他原因。

"你完全错了。"他说。

他较起真儿来了,没有敌意,但是显然很坚定地认为是我误解了。

"好吧,听到这个我也很高兴,"我说,"我没办法通过那里的房产中介商买房子,我很高兴听到是他错了。"

第二天,我接到了电话。

"天哪,"那位议员说,"我很抱歉。"

他说,该负责的是反对党,执政党和多数澳大利亚人民都不知道与其相关的法律。

我想,没错,尽管骗我吧。连通过这项法律的议会代表都不知情。

对于澳大利亚的反移民潮流,最有说服力的例子是我们某天晚上参加的另一次晚宴。这初看起来,不像是这种事会发生的场合。我和佩奇当时在和一对受教育水平很高的夫妇吃饭,他们讲了一大堆伪科学原因,来说明澳大利亚为何应该禁止所有外国移民。他们持有这样的观点尤其讽刺,因为这对夫妇本身就是移民。

"且慢,"我说,"你们不是从新西兰移民到这里的吗?"

"那是以前了,"他说,"现在情况不同了。"

原来如此。

他声称,澳大利亚由于气候条件、水源情况、植被覆盖等自然因素所限,只能养活1 100万到1 300万人口。

我说,多么荒唐的观点。库伯佩迪原先是沙漠。100年前,没有人住在那里。如今,那里的水源足够养活约3 500人,且人数还在增长——我指出,这些人几乎负责了全世界猫眼石的开采工作。

"那只是个特例。"他回答说。

"我们应该拒绝外来人口,"他的妻子说,"实际上,我们应该减少人口。现在的 1 700 万人口太多了。"

前一年，澳大利亚的货币贬值了约 40%。该国经济是原材料经济，主要依靠的是农业、采矿、石油等相关产业——澳大利亚人没有生产大量汽车或电视，却开采了大量的锌矿石。不幸的是，近 20 年来的期货市场一直是熊市。此外，该国还欠下了巨额债务——借来的钱都拿来维持经济、收买选票、为 2000 年夏季奥运会筹措资金了。债务数额已达天文数字。在我看来，正因为如此，该国才需要引进人才、国外投资者、技术和资本。换作是我，会选择打开国门。

我们已经看到，一旦艰难时代来临，人们总会寻找替罪羊。澳大利亚的政客为了迎合选民，已经挑起了反移民情绪。这样一来，他们不仅使得当前的局势进一步恶化，还确保了局势会一直恶化下去。在此期间，和我们共进晚餐的这对夫妇以及和他们一样愚蠢的人获得了发言权，而给他们话语权的正是这些政客。我经常能从一些身为移民后代的美国人口中听到他们的这种言论："我们进来了！快关闭边境！"这是最恶劣的说一套做一套行径。他们总是宣称，"以前不一样，那时候的移民不一样"。

从某个方面来讲，就原材料市场而言，我还是十分看好澳大利亚的前景的。期货市场已经开始出现牛市了，我还投资了澳大利亚的自然资源产业。

在上一次旅行中，我对新西兰的未来十分乐观。20 世纪六七十年代，新西兰的政治体制濒临破产。1984 年，新的工党政府经选举成立，新西兰扭转了颓势。该国几乎在一夜之间从受保护的农业经济转变为开放的自由市场经济。1994 年，该国 18 年来首次宣布财政出现盈余。我和其他很多人都投资了新西兰。其货币增值，股市上涨。但新西兰也难逃许多小国时常出现的问题，某些选区处境艰难。在一片颓唐中，新西兰优先党趁势崛起。该党奉行民粹主义思想、排外主义思想，在1996年大选组成的联合政府中拥有强大的势力。不久，货币贬值了将近70%。政府欠下了巨额债务。90年代出现的移民新西兰热潮戛然而止。如今，新西兰人反而开始大批移民国外。

该国非白人人口的增长速度远远超过了白人人口的增速，政府调查表明，如果当前趋势继续下去，50年前还几乎全部由白人组成的新西兰最终将成为一个由棕色皮肤人口组成的国家（不到10%的人口为原住民毛利人）。而有利于该国非白人原住民人口的积极行动方针和补贴措施进一步推动了这种趋势——新西兰的毛利人享受的特殊照顾和澳大利亚的原住民相同。种族将成为十分方便的政治牌。

佩奇爱上了新西兰——火山、山脉、海滩、野生动物和海狮。一天下午，她为一只羊剪了羊毛，于是认为我们应该搬到新西兰，开一家牧羊农场和葡萄园。田园牧歌式的理想在她心中根深蒂固。和她相反，我不无失望地离开了。我看到的新西兰不过是又一个闭关锁国、负债累累的国家。我保留了新西兰原材料产业的一些投资，其他许多投资都卖掉了。

在拉巴斯做侦探

2001年6月10日，星期天，美国时间6月9日，我和佩奇还在新西兰，我收到了父亲去世的消息。电话是凌晨5点钟响的，我们都预感到了电话的内容。大约一周前，他陷入了昏迷。假如我那时回国，我会看到他奄奄一息的样子，我不知道自己是否应该庆幸没有回去。我最后一次见我那最完美的父亲是在我的婚礼上。之后的几天里，我的脑海中充满了对他的回忆。每一次转身，我都会想起他教会我的事、他说过的话语，以及我从他身上学到的东西。似乎，无论我在做什么，我都需要从他身上学会的本领，无论是换轮胎这种体力活儿，还是解决简单的人际交往问题这种无形的东西。不管是使用绝缘胶带还是跨接电缆，抑或是开车看地图，一切都是父亲最先教会我的。我常常禁不住痛哭起来。

我们将车托运到一艘货船上，运往南美，自己则在法属波利尼西亚消磨时间，等待车运抵智利。我们去了塔希提岛和博拉博拉岛，这两个地方完全不像《南太平洋的故事》[①]中描绘的那样。虽然是旅游胜地，却一点书中的风采都没有。这两座岛屿完完全全被旅游

---

① 《南太平洋的故事》，美国作家詹姆斯·米切纳根据自己参战经历创作的作品，曾获得1948年的普利策奖。——译者注

业侵占了。岛上有美丽的海滩和豪华度假胜地，却没有什么特别引人向往、令人倾心之处，甚至没有什么有意思的地方。唯一出人意料的是岛上的物价。塔希提岛的物价和巴黎一样高，在岛上打车比在纽约打车还贵。令我们大失所望的是，这里并不是最适合买珍珠的地方。澳大利亚西北部布鲁姆镇的珍珠才是物美价廉的，不过我们对错过这样的机会也毫不惋惜。总而言之，这次旅行非常令人失望，唯有舞蹈带来了一些惊喜。这些舞者的舞技再次令我们惊叹。这一次，这种异域文化令我惊叹的地方是胯部的抖动，而不是肚皮、臀部、肩膀和头部。我们在岛上逗留了六七天之久，只因为别无选择。车要等到两周后的 7 月 2 日才能到达智利。

我们到达圣地亚哥时，智利曾经的独裁者和现在的终身参议员奥古斯托·皮诺切特的命运正等待宣判。在西班牙的要求下，皮诺切特此前被软禁在英国，现在已经被英方遣返。将其遣返回国的条件是智利必须以反人类罪对其进行审判，而他的这些罪行是毫无争议的。智利政府处于两难的境地。该事件对立两方的情绪都非常高昂。时年 85 岁的皮诺切特仍然在幕后掌控着智利的大权，实际上还被许多人视为国家救星。几十年来，智利一直是南美洲管理最完善的经济体。而反对他的人则认为他要对其 17 年独裁统治期间残酷杀害数千人的罪行负责。

我们在智利期间，两方阵营都在举行示威游行。似乎不论政府偏向哪边，智利都有可能会爆发一场内战。我们到达后不久，判决书下达了。在我看来，智利最高法院展现出了所罗门般的智慧。法庭裁定皮诺切特的身体状况不适于接受审判，称会待他出现康复迹象时再行审判。如果他企图重新夺回自己在参议院的席位或有任何重新夺权的迹象，他都会立即受审，并几乎难逃入狱的下场。只要他在家里卧床休养，他便仍然是个自由人。此举将他完全中立化了，并同时安抚了其支持者与反对者。

将近 20 年来，在皮诺切特及其草菅人命的高压政府的治理下，智利经济的发展却非常合理。在他治下，尽管付出了沉痛的代价，智利人仍然学到了其他邻国没有学到的经验，而他们也自知这一点。如今，在他们看来，无论是阿根廷还是巴西，都是残破不堪的国家经济。

智利经济依靠的是自然资源。政府为了开发自然资源，修建了一流的基础设施。你可以沿着一条四车道的收费公路纵向穿越这个国家，而这个国家总体而言就是一座狭长的山脉。这条路带来了许多益处，其中之一是开放了南部的贸易和旅游业——我此前还没有去过南部。在这条路上开车让我想起了在中国开车的经历。完善的基础设施将挪威人吸引到了智利，该国现在已经成为世界第二大鲑鱼出口国。历史重演：修建一条公路、铁路或运河，好事会自然而然地到来。

圣地亚哥有名的雾霾天气加上山地地区的大雪，反而产生了好的效果，带来了我们这一路上见过的最美丽的日出景象之一。我们从圣地亚哥出发前往南美大陆最南端的火地岛。佩奇开车带我们穿越了大雪覆盖的安第斯山脉。

我们过境进入阿根廷，前往圣卡洛斯－德巴里洛切市的滑雪场，度过了几天的时间。佩奇在那里玩了很多年没有玩过的滑降。离开那里之后，我们出发前往火地岛的乌斯怀亚，当时世界最南端的城市。在隆冬季节进入阿根廷，路上的艰辛超出了预期。我不禁纳闷，为何跨越该国中心地区的东西向主干道没有清理冰雪？这个问题连同我随后发现的其他迹象，是阿根廷陷入困境的最初征兆。

火地岛既指群岛，也指群岛内的最大岛，土地分别归属于智利和阿根廷。为了去火地岛，我们必须穿过麦哲伦海峡。这是我第二次穿过该航道，再一次不由得心跳不已。我，一个来自亚拉巴马州迪莫波利斯的家伙，来到这里穿过了以葡萄牙航海家命名的海峡。1520年，他率领西班牙探险队穿过这里，该探险队随后完成了历史上的首次环球航行。

火地岛平坦开阔、狂风肆虐、大雪覆盖的平原逐渐消失了，我们来到了乌斯怀亚周围的安第斯山脚下，而乌斯怀亚就位于合恩角[①]不远处。阿根廷政府将乌斯怀亚变成了免税天堂，出台了一系列刺激措施，鼓励阿根廷人来到火地岛居住。该岛就位于南极圈以北，相距不远。这些刺激措施无疑是不可或缺的，并且和全世界的同类措施一样非常有效。

在向北去往布宜诺斯艾利斯的路上，我们折道去了里奥加耶戈斯市，然后又向西北走，参观阿根廷湖上的莫雷诺冰川——世界一大自然奇观。我在上次旅行中就已经参观过了，不过我很想看看这座冰川是否还像我记忆中的那样非凡壮观。佩奇原本不愿意在隆冬时节偏离路线多走600英里的路进入安第斯山区，但一看到并听到莫雷诺冰川，她便惊呆了。冰川全长30余公里，是世界上少有的还在移动的冰川之一。不论是从看到的景象，还是从听到的声音来看，这座冰川都像是有生命一样，呻吟般地爆裂着在山川中间一寸一寸地移动。巨大的冰块从160英尺高的冰面上断裂开来，轰然落入水中。彼时正值严冬时节，整个地方只有我们两人，这种景象实在蔚为壮观，比我见过的任何人造建筑都要气势磅礴。我费尽口舌才劝佩奇来到这里，现在又要费些口舌才能劝她离开。我们立誓将来一定要再次回到这里。

---

① 合恩角，智利南部合恩岛上的陡峭岬角，位于南美洲最南端，是太平洋与大西洋分界线，洋面波涛汹涌，航行危险，终年强风不断，气候寒冷。——译者注

我们劝我的母亲来布宜诺斯艾利斯一起旅行。彼时已经是我父亲去世后的六七周了，他们相伴度过了 60 年的婚姻生活，我并不确定她在他死后的日子里会如何生活。想让我母亲飞到哪里旅行并不用怎么劝，所以我让她来阿根廷和我们会合。而在我的记忆中，阿根廷是一片风景优美、生机勃勃的土地，尤其是布宜诺斯艾利斯。已经 82 岁的她身体越来越虚弱，无法独自旅行，因此她的孙女——也就是我的侄女——凯蒂·比陪着她。她和我们一起在布宜诺斯艾利斯住了一周的时间。其间，我们乘飞机去参观了伊瓜苏瀑布。这次旅行起到了神奇的效果，她振作了许多。

在上次旅行中，我离开阿根廷时十分乐观。这个国家令我万分激动，我甚至考虑过搬到布宜诺斯艾利斯生活，那是全世界我最喜欢的城市之一。90 年代中期，看到该国开始大举外债，我卖掉了手中的阿根廷股票，但把钱存在了那里。我存的是比索，这种货币同美元绑定，是完全可以自由兑换的，和美元保持着一比一的汇率。政府表现出的所有迹象都表明比索会一直保持这种趋势。比索账户的利息更高，于是我这些年一直保留着比索账户，没有兑换成美元，等着将来某一天进行再投资。

这次旅行穿越阿根廷的路上，数不清的交警检查令我们越来越不胜其烦，我不记得上次出现过这种情况——有时，我们甚至每走几英里就会被拦下来。从中，我看得出，该国正在经历崩溃前的阵痛。在布宜诺斯艾利斯，一切都贵得离谱——酒店和餐馆的价格达到了天文数字。跟邻国同样商品的价格相比更是如此，而这些国家的货币可以自由浮动，由市场决定价值。美元这些年来一直在升值，比索也被迫随之升值。阿根廷不能加印钞票，又不愿量入为出，所以为了保持比索的稳定，只能大量借债，保持经济发展，收买选票。生活成本高的地方（物价高到连主干道的积雪都没钱清理），经商成本也高。阿根廷无法保持长期的竞争力。

我在阿根廷的时候，为一家拉美杂志撰写了一篇文章，建议读者尽快把资金从阿根廷调出来。我预测阿根廷会拖欠外债、冻结银行账户、冻结资金、实行货币贬值。

这并不能说明我有多聪明。本杰明·富兰克林说过，经验是愚者最好的老师。在全世界，我屡屡能看到这样的现象：政客将一个国家拖入了困境，面对着如山的铁证，却罔顾事实声称一切顺利。纽约人或许会记得70年代纽约市陷入了财政困境，当时的市长阿贝·比姆站在市政厅的台阶上，承诺如果纽约市真的拖欠债务，他的工资会首先被取消。之后不久，债权人便遭受了重大打击，但这位市长的工资却一分钱都没有少过。

在布宜诺斯艾利斯，我去了银行，将账户里所有的比索都换成了美元，把资金转移出了阿根廷。处理这次交易的银行职员嘲笑我，几个政客也嘲笑过我。证券交易所的总裁听了我的观点后，"没有时间"来见我。但之后不久——不到3个月，阿根廷经济垮台的消息成了世界各地的新闻头条，我收到了许多阿根廷的来信。他们问我现在该怎么办，我告诉他们，去黑市买下所有能买下的外币，不要管汇率有多高，赶快将资金转移出阿根廷。我还建议他们搬到智利或玻利维亚。

阿根廷经济的崩溃既可怕，又令人遗憾。这个国家本来走在了正确的道路上，但和全世界的政客一样，阿根廷的领导人一遇到财政紧张的状况就开始借债。他们选择了稳健的货币政策，因为在过去的几十年里，恶性通货膨胀屡次毁掉了该国的货币。但这种政策随后却遭遇了困难——维持健全通货，暂时的困难是难免的。其后的事情便是重蹈历史的覆辙。其他国家借给了阿根廷巨额债务。华尔街的许多精英齐聚于此。实际上，阿根廷的债务之重，已经使其成为国际债券市场上最庞大的一支力量。阿根廷撑过了5年的时间，然后便破产了。华尔街提供了糟糕的建议，却没有退掉佣金以示歉意，倒是有几名政客被赶下了台。

20世纪七八十年代，南美洲的许多地区都处于军事独裁的铁蹄之下，受管理不善的经济体制拖累。那时的南美并不是个好去处。90年代，南美人加入了全球化浪潮，开放经济，享受国际贸易创造的奇迹。但这些措施一经实施取得成效后，政客便开始走捷径巩固权力了。他们或大肆借债，或大量地印钞票，最终导致了灾难。全球化并非罪魁祸首，是腐败或全球化政策的实施不力——抑或是二者兼而有之——导致了抵制潮流的产生。我们见到，这样的潮流扎根在了西雅图、热那亚等全世界城市的大街小巷。19世纪的发展与扩张时代结束后，继之而来的是1914年的第一次世界大战。在我们有生之年，世界会重蹈覆辙，再次掀起封锁潮流吗？

乌拉圭是南美洲的摩纳哥，两国在银行保密法等方面都非常相像。这个国家在贸易自由化过程中繁荣了起来。由于牛市的出现和几年来的繁荣发展，乌拉圭兴建了大量的酒店、餐馆和公寓楼。埃斯特角城——乌拉圭的圣特罗佩[①]——是这个国家的明珠城市。佩奇爱上了这座城市，提议我们在这里买一座房子。我那时以及现在都非常想这样做。由于阿根廷和巴西的经济已经崩溃，乌拉圭的物价被一同拖累，乌拉圭蓝色海岸的物价回归正常。在你们读到这本书的时候，我们可能已经买下自己的第二座房子了。

在巴西，我们去了阿雷格里港，这个港口位于巴西最南部的南里奥格兰德州。南美洲的足球，尤其是巴西足球，是万万不能错过

[①] 圣特罗佩，法国小镇，位于法国东南部的普罗旺斯-阿尔卑斯-蓝色海岸大区，以富翁的消暑天堂而闻名于世。——译者注

的。听说巴西要和邻国巴拉圭踢世界杯预选赛，我们设法买到了球票。为了保证能坐到好位置，我们提前两个小时到达了体育场，却发现整个地方已经水泄不通了。过道里都坐着人，我们站着看完了整场比赛。开赛前两小时，气氛就开始激动起来。我还从来没有在哪个活动中体验过这种从始至终都心跳不止的感觉——无论是体育比赛还是其他活动。巴西获胜后，狂欢和兴奋的情绪蔓延到了整座城市，持续了一整个晚上。

征服新大陆后，天主教通过在原住民中间的传教活动和维护西班牙政治权威的活动，在美洲拥有举足轻重的地位。维护和扩张西班牙控制权的任务被委派给了各个教会，其中就包括西班牙王室钦点的教会耶稣会。该教会获得了大量的财富与特权。据估计，至殖民时代结束之时，耶稣会已经占有了西印度群岛的半数生产性地产。耶稣会在巴拉圭和中南美洲的传教组织是新大陆最重要的传教组织之一。从17世纪初到1767年被驱逐，耶稣会在巴拿马河上游沿岸建立和维持了分布广泛的布道所，其遗址至今仍然分散在整个地区。

几个牧师来到荒野之中，将整个地区管理得井井有条，促进了工业品生产，推动了艺术发展，开垦了大批农田，建造了大量的建筑。这是如何做到的，我至今百思不得其解。随着耶稣会势力膨胀，发展到了可以自给自足的程度，西班牙王室最终将整个教会驱逐出了新大陆。同样令我震惊的是，一切都烟消云散了——当地的部落离开了布道所，回到了他们食不果腹的生活和祖先的部落信仰中。

1813年，即耶稣会离开的46年后，巴拉圭摆脱了西班牙的殖民统治，获得了独立。但其后约65年的时间里，该国一直处于独裁者的统治之下。其暴虐无道即便以拉美世界的标准衡量也到了不可思议的程度。历史上，政客和领导人犯蠢的例子不胜枚举：日本人为何要在1941年进攻美国？萨达姆·侯赛因为何要在1991年和世界多数国家作对？1864年，巴拉圭独裁者弗朗西斯科·索拉诺·洛佩斯向巴西、阿根廷和乌拉圭宣战，挑起了损失惨重的巴拉圭战争（三国同盟战争）。这种举动就相当于是比利时突然向德国、法国和荷兰宣战。原本的45万人口损失了一半，国内几乎所有男性都战死了。从来不要盲目地相信领导人不会像疯子一样行事。历史上的大量例子都表明，真正的爱国者恰恰是那些反对政府的人士。

如今的巴拉圭给我的主要印象是，这个国家本不应该存在。自耶稣会离开以后，巴拉圭成了一个接一个灾难上演的舞台。巴拉圭的管理方式并不像一个国家该有的样子，其作用更像是一场正在进行的犯罪活动。整个国家就是一个巨大的黑市，一个什么都有可能发生的地方，一个心甘情愿成为恶棍避风港的地方。最近听到基地组织可能在那里指挥任务，我丝毫没有惊讶之情。

该国西部省份查科省的大量荒地被数千名来自美国和加拿大的阿米什[1]移民买下了。鉴于该国在世界上的地理位置，这还是很耐人寻味的。（自20世纪30年代起，就一直有德国门诺派[2]移民定居该地区。）我和佩奇遇见的阿米什人解释称，他们不堪忍受北美洲的宗教迫害和对他们生活方式越来越严重的干预，于是移民到了这里。我必须承认这完全说得通。巴拉圭毫无禁忌。在这个会为纳粹"死亡天使"约瑟夫·门格勒医生[3]提供庇护的国家，最不可能让任何人受到迫害的就是其信仰。

---

[1] 阿米什，美国和加拿大安大略省的一群基督新教再洗礼派门诺会信徒（又称亚米胥派），以过简朴的生活而闻名。——译者注

[2] 门诺派，基督教新教派别之一。——译者注

[3] 约瑟夫·门格勒，二战期间曾在波兰的奥斯维辛集中营担任军医，惨无人道地用活人进行"改良人种"实验，先后有约40万人惨死在他手下，被称为"死亡天使"。——译者注

我们再次穿过阿根廷,前往玻利维亚,从边境城市亚奎瓦入境。这座城市分明就是一个繁忙的大集市,而出现这种情况是完全有理由的。成千上万的人纷纷从物价过高的阿根廷过境来到这里购物。在玻利维亚,货币可以自由浮动,商品和服务都很廉价,亚奎瓦这个大集市一天到晚生意兴隆。

在亚奎瓦,我拿着手机进了一家店铺。等了10分钟,花了8美元,这部手机便调好了,可以在玻利维亚的信号网内接打电话了。手机当即便可以使用。我们在阿根廷那么久,也没能让手机正常通话。玻利维亚的基础设施完善得令人吃惊,而电话网络并不是其唯一的表现。我们离开亚奎瓦时,即将开始的公路系统改善计划令我印象深刻。所有南北向的公路都是收费公路,包括路况糟糕的公路在内。我后来才发现,玻利维亚制定了新的规划,要将该国建设成为服务南美大陆的交通枢纽。

下一个令我们惊喜的地方是科恰班巴。这虽然是玻利维亚的第三大城市,我们却从未耳闻。这座城市位于山区,终年气温为70华氏度(约21摄氏度),既先进发达,又在一定程度上保持了不染尘嚣的气质。这里是供我们练习西班牙语的最佳选择,值得我们将来再次回到这里。我们进行锻炼的体育馆,就算是位于曼哈顿上西区[①],也不会有什么突兀感,因为那里设施完善,顾客之间也频频调情。

我对玻利维亚的预期谈不上悲观,毋宁说是没有预期。直到到达巴拉圭,我和佩奇才决定要穿越这个国家。即便是做了这个决定,我们也不过是将玻利维亚视作抄近道去往秘鲁的途经之地。我确实

---

① 曼哈顿上西区,临近华尔街,是纽约人引以为豪的艺术胜地。——译者注

想看一看波托西[①]——以及在西班牙人占领期间令这座城市举世闻名的银山。我想如果我们顺道去拉巴斯，我或许能腾出一点时间来做些侦探工作，找出那个卷走我投资的经纪人。上次环球之旅中，我把这笔钱交给了他。

当时的情况是这样的：

10年前，我从利马折道去了拉巴斯，顺便游览一下玻利维亚。当时，玻利维亚的股市尚不存在，但我认为那里出现了好的迹象。南美洲的其他国家都在实行对外开放。我预计玻利维亚很快就会拥有证券交易所，想早点参与进来。该国是又一个物价极低的发展中市场。我决定在该国的一家大银行购买股票——或者至少是有意如此。我走进银行，询问之后，被带到了银行总裁面前。他告诉了我一家投资公司的名字。这家公司是最近才成立的，为的是迎合预计会出现的玻利维亚股市。他说如果说有人能帮我，那便是该公司总裁莫属了。

我做了些调查，发现该公司总裁兼创始人及最大股东出身于名门望族，这家企业也是合法的。他当时恰巧人在国外，我只能和他的合伙人谈生意。没错，这位合伙人告诉我，玻利维亚确实要设立股市了，很快会有公开上市的公司出现，政府支持私有化，但目前还什么都收购不了。他保证能从街头的一位私贩手里买到一些银行股票，但不能指望他找到很多。我说我更愿意从小额投资做起。我交给他一笔象征性数额的钱，让他购买股票，说如果一切顺利，我会再寄点钱给他，开始一起在玻利维亚做投资。

随后，他成功收购了一些股票，我于是又从纽约寄了一张小额

[①] 波托西，是世界上海拔最高的城市之一，也是中南美洲最大的银矿所在地。——译者注

支票给他。过了些时日，玻利维亚成立了证券交易所，我想联系他让他再收购一些股票，却没有得到回信。最终，我通过电话联系到了该公司的另一个人，询问情况。

"噢，他死了。"他介绍了这位经纪人的情况。

"死了？他还很年轻，身体也很健康。"

"他得艾滋病死了。"

"好吧，我应该跟谁联系？"

"他死了，我们帮不到你了。"

"那我的钱呢？"

咔嗒一声，电话挂掉了。

在国际投资方面，尤其是新兴市场的投资，我的一个基本原则是在所投资国家的最大银行开设经纪人账户。如果这家银行陷入麻烦，你不至于血本无归，因为政府会接管，你的股份不会消失。这是我一生中唯一一次没有这样做——原因很明显，我做不到。我手上只有两张已经兑换了的支票。我打电话给玻利维亚驻华盛顿大使馆，对方让我联系玻利维亚新设立的证券交易所。我打电话给交易所，说明了我的问题。我说我并不相信我的经纪人已经死了，而且无论如何，这些人都拿走了我的钱。但证券交易所也无能为力。

我发誓，如果有朝一日我去了玻利维亚，我一定会去拉巴斯，找到这些人，拿回我的钱。钱虽不多，但这不仅关系重大，也事关原则问题。

波托西位于玻利维亚法定首都苏克雷以南，相距约50英里，位于政府、议会所在地拉巴斯东南方，相距近300英里。16世纪中期，波托西是西半球最大且最著名的城市，大概也算是世界上最富裕的城市。在其鼎盛时期，该城人口多达16万。传说，一位玻利维亚本地人在一座山上放羊时，在夜里点火露宿，但火堆下的地面却开始熔化。熔化了的液状物竟然是银。随后的调查显示，这座海拔1 600英尺的山峰实际上就是一大块纯银。这座山峰被命名为里科山，意即"富饶的山"。其后约几百年间，这块天上掉下来的馅饼让日益衰微的西班牙在经济上得以维系下去，其中就包括为其所有战争提供资金。这座山和维持着印度尼西亚命脉的石油矿藏有些许类似。政府在波托西建造的铸币厂生产了大量著名的八片币①，这些银币成为西班牙殖民时代美洲大陆的货币。

这座银山至今也没有被挖空。400多年过去了，如今尚有数百名矿工在继续采矿。他们挖出了铅、锌、锡和铜等银矿附近常会出现的矿藏，而且仍然可以挖到银矿。他们用的仍然是老式的采矿方式，用炸药和镐头，爬过低矮、狭窄的地道。环境并不是非常健康。波托西矿工的平均寿命为42岁。矿工认为所有的矿藏都是魔鬼的财产。他们称这座银矿为"恶魔之口"，定期向这座山和恶魔献血祭，称恶魔为"他"。他们到处放着他的小雕像，每周五都会杀掉美洲驼献祭。他们遵照祖先几百年来的传统，嚼可可叶以获得能量和体力。

任何学过历史的人都知道，许多地方都有过如日中天的时期，随后却江河日下。如今的波托西已经相当破败。城内之前装饰华丽的大教堂，象征着这座城市曾经的辉煌，但如今已经年久失修。镀金的装饰仍然完好无损，但大块大块美丽的彩色玻璃窗却已消失不见。城内到处都矗立着美丽的教堂，它们见证了这座城市显赫的过去。长久以来，我一直都想一睹波托西的风貌，探寻其独特的发迹史。这座城市凭借着一项源源不绝的财富，从一无所有的境地一跃崛起。我之所以非去波托西不可，和我非去廷巴克图不可的理由是

---

① 八片币，即当时的比索，因一比索等于八个皇冠币而得名"八片币"。——译者注

一样的。亲身经历历史总是可以学到一些道理。

拉巴斯的证券交易所非常小,每天只开放一个半小时,其所处的三层办公楼却崭新而光亮。交易所内都是些正经人士在一本正经地做事,约有15名男女,个个衣着得体,都在四处走动,买进、卖出股票。男士的西装看上去就像是在伦敦定做的。我走了进去,做了自我介绍。

"我来自纽约,来到这里是为了找出谁拿了我的钱。"

这家证券交易所没有经历过什么大事,由于成立年头不长,这也可以理解。我想我一定是当时唯一一个投诉的人。因为令他们惊讶的是,我来了,就站在所有人面前,而他们都知道我是谁:那个纽约来的、被骗了钱的人。

他们确实帮了大忙。

"我想我们能帮你找到你要找的人。"一个年轻女人翻着档案说。

"他死了。"我说。

"什么?"

"他得艾滋病死了。"

她又打开了档案。

"他在能源部工作。"

浑蛋!

"我把地址抄给你。"她说。

这件事会很有意思。

"你好,"我走进他的办公室说,"我是吉姆·罗杰斯。记得我吗?"

"不是我的错,"他开门见山地说,"是我的合伙人,他拿走了钱。"

"第一点,"我说,"我没有把钱给你的合伙人,我把钱给了你。

据我所知，如果我拿不回我的钱，要进监狱的是你。我要去政府告你，我已经去过证券交易所了。"

"是我的合伙人。"他重复道。他的合伙人是公司老板，而这位合伙人收了我的钱，却从来没有买进股票，还拿走了钱。公司已经关门，而他也走了，去了国外。

"第二点，"我说，"你得艾滋病死了是怎么回事？"

"什么！"

这两个人之间显然不和。此人声称他在合伙人关掉公司之前就已经辞职离开公司了。他准备帮我。他发现合伙人拿他当替罪羊，告诉别人他得艾滋病死了，于是开始竭尽所能地帮忙。他告诉我，那位合伙人的父亲是一家知名国际会计公司玻利维亚分公司的前任总裁，而且这家公司是世界上最大的会计公司之一。这位合伙人的兄弟是现任总裁。我发现，两人都是那家已解散公司的股东，而且两人在金融界都是备受尊敬的人物，积累了很高的威望，也正因为如此才会有很多输不起的东西。因此，正是在他自己家人的帮助下，我找到了那个携款潜逃之人。我打听到他在秘鲁，给他打了电话。

"我要起诉你的兄弟，我要起诉你的父亲，他们两人都是那家公司的股东，"我告诉他，"你们中有一人拿了我的钱，我想要回来。"

这是我在外国做过的最小一笔投资，只有3 000美元。投资总是应该从小额开始做起，因为你必须确保一切正常。即便是通过大型银行，你也得确保钱投进了合适的账户，银行知道应该如何理财。我总是以小额投资开始，以确保这个渠道可行。在这次事件中，投资数额非常小，因为当时并没有很多股票上市。因此，这并不是钱的问题。在追查钱的下落的过程中，我其实了解到很多关于玻利维亚政府和金融业的情况。实际上，玻利维亚政府以及该国相当于美国证券交易委员会的机构一直在非常热心地帮我,因为他们有意想吸引国外投资者。

"我很认真,"我对这个小偷说,"我要把钱要回来,我会去秘鲁追债的。"

他并不知道我在环游世界,马上就要前往秘鲁。听到我跑这么远就为了追他,他一定很震惊。真正令他害怕的是我威胁要追查到他父亲头上,要让政府和证券交易所来调查其家族。

"我说话算话,我要去秘鲁,三周内就到。"我告诉他。

"好吧,"他说,"来秘鲁吧,我把钱还给你。"

我在利马见到了他,我还收了利息。他把自己所有财产的20%都给了我,还签了书面协议,承诺将在其后3年里还清余下的数额,6个月分期还款一次。

玻利维亚同厄瓜多尔一样,都是典型的香蕉共和国[①]。所谓香蕉共和国基本上是指政府一直在变的南美共和国。玻利维亚每隔几年就会爆发一次政变,货币一直处于瘫痪状态。玻利维亚保持着历史上一个国家每年换政府最频繁的纪录。每两年,这个国家会爆发约150次政变或政变未遂。历史上的玻利维亚混乱不堪,历来都有疯狂的白人军队为了争夺对大量土著人的控制权自相残杀。自1825年脱离西班牙统治获得独立后,该国一直处于混乱的管理之下。(玻利维亚,史称上秘鲁,是最后一个获得独立的西属南美殖民地。)玻利维亚在历史上逢战必败,大片的领土被邻国夺去。

自1982年以来,该国没有出现一次政变,政府在一定程度上

[①] 香蕉共和国,指经济体系属于单一经济(通常是经济作物——香蕉、可可、咖啡等)、政府不民主或不稳定的国家,特别是那些有贪污和强大外国势力介入的国家,通常指中美洲和加勒比海的小国家,含贬义。——译者注

实现了民主化，保持了稳定。因此，经济状况开始好转。但1991年第一次穿越该国时，我也是这么想的——1993年，该国再次出现了恶性通货膨胀，但货币在将近20年的时间里一直相对稳定。所以，我虽然轻信，但也不至于到好骗的程度。令我为之惊叹的是我在基础设施方面看到的变化，我看到了旅游业正在复兴。1991年，该国几乎没有游客的踪迹。金属采矿依然非常重要，东部的农业正在开发，日本人开始在这里投资（同时还有阿米什人，他们既有移民到巴拉圭的，也有移民到玻利维亚的）。当然，没有什么能比储量巨大的天然气田更深刻地改变一个国家了。

玻利维亚新勘探的天然气储量十分巨大，超出了最初勘探成功时所有人的想象。自1996年起，该国天然气的预估储量增加了10倍。彼时，玻利维亚每年的天然气出口额为1.5亿美元。至2004年，其每年的天然气出口额已经达到了5亿美元。一直以来，勘测出的天然气储量越来越多。显然，该国的地质条件非常不错。

因此，我保持乐观，但同时也很谨慎。我不禁想起了其他曾对玻利维亚过度乐观的人，其中三位立即进入了我的脑海：切·格瓦拉、布奇·卡西迪和太阳舞小子[1]——他们都在顷刻之间看到梦想崩塌，都葬身于这片土地。

我上次秘鲁之行结束后（我在《旷野人生：吉姆·罗杰斯的全球投资探险》一书中详细记录了这次旅行），"光辉道路"[2]已经在事实上被摧毁，而镇压了这支游击组织的暴力起义活动的总统阿

---

[1] 布奇·卡西迪和太阳舞小子，美国电影《虎豹小霸王》的两位主角，是两名劫富济贫的盗贼，后逃往玻利维亚，并在那里被击毙。——译者注

[2] 光辉道路，秘鲁一个极左的反政府游击队组织。该组织在20世纪80年代十分活跃。1992年，秘鲁政府在美国中央情报局的协助下逮捕了其首脑古斯曼，其活动随后开始减少。——译者注

尔韦托·藤森[1]已经流亡国外。在权欲熏心之前，藤森扭转了秘鲁经济的颓势，实行自由市场政策，对主要国有行业实行私有化改革。通货膨胀率从他1990年上任时的7 600%下降到了1992年57%。1994年，秘鲁经济增幅达到了12%，是全世界经济发展最快的国家。

1991年我来到秘鲁时，由于"光辉道路"不断挑起战争，秘鲁是个十分危险的地方。我很少碰到其他游客。如今，该国游人如织。成千上万人挤满了该国各大旅游胜地的商店和餐馆。马丘比丘[2]如今是南美大陆最大的旅游胜地，而库斯科是最时尚的城市之一。利马从早到晚熙熙攘攘，海滩上人满为患。游客甚至开始流入邻国，如玻利维亚——尤其是背包客，他们总是先行者。

要趁一个国家刚刚结束战争之际去那里，这样的道理再次得到印证。我增加了在秘鲁的投资，但仍然希望自己当初能趁战争刚刚结束的时候登上飞机回到这里。

由于和平已经到来，如今的秘鲁南部、巴西西部、玻利维亚和智利北部正在迅速发展。例如，巴西西部几百年来一直是大量原材料和农产品的生产地，却一直未能发展起来，因为将任何东西运输到几千英里外的巴西沿大西洋海岸都是不现实的。这些地方建设了新的公路和基础设施，将大量的待开发地区同太平洋沿岸十分封闭

---

[1] 藤森，秘鲁日裔政治人物，1990年7月28日至2000年11月17日任秘鲁总统，拥有秘鲁、日本双重国籍。任职后期，他被指涉及多宗政治贪污丑闻。丑闻被揭发后，他于2000年逃到日本定居，只以传真递交请辞信。——译者注

[2] 马丘比丘，被称作"失落的印加城市"，哥伦布时期的印加遗迹，南美洲最重要的考古发掘中心，也因此是秘鲁最受欢迎的旅游景点。1983年，马丘比丘被联合国教科文组织定为世界遗产，是世界上为数不多的文化与自然双重遗产之一。——译者注

的港口连接起来。秘鲁甚至将太平洋沿岸港口伊洛的一部分割让给了内陆国家玻利维亚，以确保该地区能够开放贸易和运输。这里将成为 21 世纪最繁荣的地区之一，繁荣已经开始显现。我们驾车行驶在已经铺设好的崭新公路上，从内陆地区前往新建的沿海泛美公路，准备走完回家前的最后一段路。

我们在秘鲁南部边境城市普诺"的的喀喀湖"湖畔住的酒店相当安静。酒店里没有多少房客，我们入住以后很快就和经理熟络了起来。我正在吃早餐的时候，经理冲了进来，说："我很难受，我很难受，太可怕了，我很难受。"我完全不知道他在说什么，但他显然非常慌乱，我只能先让他平静下来再问发生了什么。我只能猜是有人砸了我们的车，这次旅行突然终止了。当然，实际情况更加糟糕。

他拉着我跑到他的办公室，顺便把佩奇也拉了过去。就在那里，从他的电视上，我们看着第二架飞机撞上纽约市世贸中心大楼。那一天是 2001 年 9 月 11 日。我们还有 9 周的时间才会过境进入亚利桑那州，还有 3 个半月的时间才会回家。

亡父之墓

我们计划用3周的时间游览中美洲。该地区的面积仅仅稍大于加利福尼亚，人口也稍多。我迫切地想看一看那里的情况在我上次离开之后有何变化。巴拿马运河已经回归巴拿马，令我害怕和忌惮的3场战争已经结束，新的地区如今向我们开放。我们想见一见沿路的所有7个国家，而这也是连接南北美洲的唯一陆上通道。

我们从巴拿马开始穿越中美洲。而自离开秘鲁至到达巴拿马之间的两周时间里，我们去了厄瓜多尔、委内瑞拉和哥伦比亚。厄瓜多尔，作为最初的香蕉共和国之一，名副其实，自我上次离开之后的10年间屡次更换政府。顺便一提，该国随处可见香蕉种植园。但情况似乎即将好转。现任总统推行经济美元化（美元成了法定货币），而此举的出台恰逢合适的时机：油价恰巧上涨了。厄瓜多尔坐拥巨型油田，政策一经实施，美元立即滚滚而来，而总统——暂且不论准确与否——则被视作杰出的经济学家和政治家。真正考验厄瓜多尔新任政府执政能力的时刻要等到油价下跌才会到来。如果政府无法建立管理完善的体制，国家会遭遇困境。该国如今恰巧处于有利地位，第二条输油管道正在建设之中，这条管道将使得该国石油出口量再翻一番。

我们在厄瓜多尔停留了不少时日。这是一个美丽的山地国家，丰富多彩的文化可以追溯至有据可考的历史之初。早在印加人到来以前，已经有人类在这里生息繁衍。印加帝国的疆域沿着太平洋海岸绵延数千英里，北至基多（现为厄瓜多尔首都），直至1533年才被弗朗西斯科·皮萨罗[1]推翻。我们在基多穿过赤道，当时还以为这是最后一次。随后我们便向北前往圣巴勃罗德尔拉戈和库辛庄园。庄园的主人是我的一位朋友——来自纽约的英国人尼克·米尔豪斯。尼克买下时，这座庄园破旧不堪。他花了10年的时间，翻修这座庄园，使其摇身一变成了名副其实的旅游胜地。

正是尼克向我们证实，由于游击队长期在此活动，哥伦比亚的边境已经关闭。要想向北走，只能先向南。我们返回了瓜亚基尔[2]，再次穿过赤道。即便我们能向北穿过哥伦比亚，也无法驾车进入巴拿马。我们迟早会走到无路可走的境地。

达连地堑位于哥伦比亚和巴拿马之间，无道路连接。要想穿过这片地区，唯一的方式是徒步。达连地堑长100多英里，全部由沼泽、汹涌的河流和丛林组成，毗邻巴拿马南部的达连省，并因此得名，是北至阿拉斯加、南至火地岛的泛美公路唯一未竣工的路段。无论走哪条路，将车辆用船托运至巴拿马都是难免的，所有的旅行者都必须如此。如果我们走的是哥伦比亚，我们很可能就会在布埃纳文图拉[3]托运。而我们最终在瓜亚基尔将车托运上船。

在瓜亚基尔的码头，我们将车开上一辆前往巴拿马的轮船，其

---

[1] 弗朗西斯科·皮萨罗（约1475—1541），西班牙殖民者，开启了南美洲（特别是秘鲁）的西班牙征服时期，也是秘鲁首都利马的建造者。——译者注

[2] 瓜亚基尔，厄瓜多尔第一大城市，太平洋沿岸的主要港口，被称为"太平洋的滨海明珠"。——译者注

[3] 布埃纳文图拉，哥伦比亚太平洋沿岸的最大港口。——译者注

间接受了彻底的毒品检查。他们放警犬在我们身上以及车上嗅来嗅去。后来，经过尼加拉瓜时，我们遇到了美国禁毒署的一位警长，和警长夫妇度过了一个愉快的夜晚。他向我们揭示了训练缉毒犬这种最新手段耐人寻味的真相。

汽车运往巴拿马需要一周的时间。在此期间，我和佩奇去了波哥大和加拉加斯。波哥大时有袭击发生，城内数千人穿着防弹衣。哥伦比亚是个美丽的国家，人民善良而有教养，不过他们也穿着防弹衣。健身房里的一个女人告诉佩奇："除非你是富翁或政客，否则根本不必担心被枪击或绑架。"委内瑞拉是一个奇怪的国家，这个国家本应繁荣发达，却被南美常见的无良政客拖累了。除了石油——委内瑞拉是石油输出国组织成员，该国最著名的出口品是选美小姐。围绕着国际选美比赛的争夺，发展出了一整条产业链。和苏联曾经培养象棋选手和体操选手的体制相同，委内瑞拉人从年龄尚幼的女孩中间选拔模样姣好的，必要的话甚至还会为她们整容，将她们培养成为环球小姐。

我想带佩奇参观巴拿马运河。我们站在一块欢迎我们来到这里的标牌旁，却惊讶地发现，我们可以看这块标牌，却不能拍摄上面的"欢迎"标语。一个警卫大叫着跑了过来。在我们这次环球旅行中，我们拿出相机惊动穿制服的人，已不是第一次发生。但如果真的是事关军事安全，从这个人身上却是完全看不出来的。他的同胞跟着他一起想向我们声明，巴拿马人——他们使用了"我们"一词，我们推断应该是指巴拿马人——尽管竖起了这块表示欢迎的标牌，却并不怎么喜欢游客，尤其不喜欢美国游客。他让我们拍摄运河，却不准拍摄路边的标牌。这种反美情绪非常令人失望，因为在我看来，总统府附近地区拥有绝佳的投资机遇。老布什总统在任期间，为了捉拿巴拿马前军事独裁者曼努埃尔·诺列加，美国入侵了巴拿马，总统府遭到了轰炸。

  上次旅行时，我在哥斯达黎加开设了经纪人账户。经过多年的发展，该国给人的印象是，这里不仅适合北美的老年人养老，也适合国外投资者投资。由于气候宜人、生活成本低，许多美国人和加拿大人搬到了这里。我在该国的实际经历却恰好相反。我名下的哥斯达黎加股票一直有分红，但我却被告知要想把分红转到经纪人账户里，我必须亲自到哥斯达黎加首都圣何塞一趟。我住在纽约，让我为了一点红利飞到哥斯达黎加，简直是疯狂至极的举动。我认为新加坡兑换支票需要5周时间，这已经够糟糕了，却没想到在哥斯达黎加，情况还要更加糟糕。我和佩奇来到这个国家后，我用了一天的时间理清了账户，跑遍了所有必须去的地方。我没有注销账户的唯一原因是某些烦琐的程序，一些交易无法取消。我还是换个地方养老吧。

  回家之后，我发现这次旅行中，我注销的账户和注册的账户一样多。与之相反的是，在上一次旅行中，我注册了不少账户，而一个也没有注销过。

  同我上一次来到尼加拉瓜时相比，这里的情况发生了巨大改变。彼时，战事刚刚开始缓和，警察和士兵仍然随处可见，军事检查站密密麻麻地分布在该国各地。这一次，这一切都消失了。在尼加拉瓜共和国首都马那瓜，我们正在加油站加油时，一个8岁的小男孩走了过来，用一口流利的英语滔滔不绝地评论起我们的车来。他的父亲随后跟了过来。他自我介绍是美国禁毒署警长，正是他向我们透露了关于缉毒犬的最新内幕。晚餐时，他向我们讲述了警察与毒贩世界里真实而又刺激的冒险故事——这是我一生中最有趣的夜晚之一。其间，他解释说，缉毒犬很快就会忘掉训练内容。它们并不像人们想象的那么灵验，而所有优良品种的缉毒犬都在毒贩手里。毒贩将市面上最优良的缉毒犬买下，他们藏好毒品后，会让缉毒犬闻箱子，如果缉毒犬能找到毒品，他们会重新藏匿。

在洪都拉斯，我们参观了科潘古城遗址①。科潘曾是众多富裕而强大的玛雅城邦之一，这些城邦的繁荣时期与意大利城邦——威尼斯、热那亚、佛罗伦萨、锡耶纳等——的繁荣时期相差无几。我再一次惊叹于人类1 000多年前所能达到的高度。在萨尔瓦多共和国首都圣萨尔瓦多，我们找到了我10年前第一次吃鬣蜥的那家餐馆。在那里，我第二次吃了鬣蜥，再次回味了那种类似鱼肉却更有嚼头的味道。上一次来到萨尔瓦多时，该国还处于内战之中，我做了一些投资。这一次，我将投资全部变现了。既然该国已经进入了和平繁荣时期——街头再也没有流血事件，我决定见好就收，将资金转移到其他地方。（后来，小布什总统提出在中美洲和美国之间推行自由贸易计划，我最终或许会后悔没有把钱留在那里。）在危地马拉城，有一家餐厅叫作"让·弗朗索瓦"。这是全球唯一一家能让我们吃过一次还愿意在第二天晚上再吃一次加了浓烈干红辣椒酱的牛排的餐馆。菜肴和红酒均属上等。（在被困苏丹沙漠的12天里，我们每顿饭都在同一个地方吃同样的豆子，但那只是因为我们别无选择。）在危地马拉，我们了解到了20世纪90年代联合果品公司②撤出该国时犯下了不可思议的大错，最终自取灭亡。或许这

---

① 科潘，玛雅遗址，位于洪都拉斯首都特古西加尔巴西北部的科潘省，1980年被列入《世界遗产名录》。——译者注

② 联合果品公司，历史上著名的美国公司，主要业务为将第三世界国家种植园中生产出的蔬菜、水果（主要是香蕉和菠萝）销往美国和欧洲。联合果品公司在中美国家的每一个庄园，不仅在经济上自成体系，而且自订法律，自设军营，甚至可以任意逮捕和枪杀工人，成为当地的"国中之国"。联合果品公司还同各国反动势力相勾结，操纵各国政治。随着拉美各国民族民主运动的高涨，联合果品公司受到重大打击。1970年7月，联合果品公司与美国机器公司合并，改名为联合商标公司。——译者注

可以算是对其曾经在危地马拉所犯罪孽的一种报应，但更可以说是万事万物有始有终的又一个例证。

我们听说，如果说我们有可能会在中美洲丧命，那一定是在伯利兹，即前英属洪都拉斯。由于危地马拉对其宣示了主权，该国边境爆发了暴力冲突。我们到达前的3个月，已有4人死亡，但我们最终安全穿过了最后一个交战区。自1981年脱离英国获得独立以来，伯利兹成为办护照的热门国家——如果你想申请别国护照，或者想逃离自己的祖国，只要进行一定数额的投资，伯利兹就会颁发护照给你。

《泰晤士世界地图集》①重约11磅，几年来相继出版的几个版本都是我书房里的固定藏书。这本权威的手册是除了白宫局势研究室所掌握的之外最全面的一本地图集。翻开1967年版的第115页，你会发现36年前，墨西哥的坎昆市根本不存在。这座位于尤卡坦半岛东北角的城市实际上是由墨西哥凭空建造出来的一个旅游胜地。这座位于墨西哥湾海滩的度假城市几乎全部被酒店、公寓楼、餐馆和零售商店占据。这个地方的唯一用处就是供游客游泳或坐在沙滩上品尝玛格丽塔酒②，这里并不适合我们。但能来到这里，我仍然非常欣喜，因为毕竟这座城市完全由人工建造而成，仅仅是这一点就十分引人惊叹。毕竟，我们希望在千禧年之交从各个方面观察世界。我不确定到2500年甚至3000年的时候，这座城市是否还会存在。玛雅遗址比坎昆遗址更有可能留存下去。

我们用了两周的时间驾车穿越墨西哥，经过梅里达、比亚埃尔

---

① 《泰晤士世界地图集》，英国伦敦泰晤士图书公司出版的世界普通地图集，第1版于1895年出版。——译者注
② 玛格丽塔酒，一种气味浓烈的鸡尾酒。——译者注

莫萨和普埃布拉①，最终到达了墨西哥城。在墨西哥城，我生平第一次吃龙舌兰虫。这是一种昂贵的美食，得名自其所寄生的龙舌兰草，而龙舌兰酒就是用这种草酿制的。离开墨西哥城后，我们沿着海岸线北上，经过瓜达拉哈拉、马萨特兰、洛斯莫奇斯和埃莫西约②，前往亚利桑那州边境。（在洛斯莫奇斯，我们租了一架小型飞机，想乘飞机跨过德科布峡谷——铜峡谷。我们甚至同意付高价享受高档服务。虽然做了几番承诺和保证，飞行员仍然迟到了两个小时都没有现身。我们后来听说他因为我们不等他便离开非常生气。）初到墨西哥，我是怀着很高期望的，主要是因为《北美自由贸易协定》已经实施，而且商人出身的比森特·福克斯刚刚当选总统，他结束了墨西哥长达7年的一党专政。但在这次墨西哥之旅中，对于这个国家，我有了一些引人担忧的看法。

　　我一直很想驾车体验一下该国新修的收费公路。在上一次旅行中，我发现像样的公路非常稀少。我本期望私有化改革能改变这种状况。诚然，这一次的收费公路确实不少，而且几乎是全新的，是世界上最贵的收费公路，甚至比日本的公路还要贵。但我却不禁注意到，这些公路已经出现破损。不论究竟是因政府无能，还是因政府腐败造成的——贪污受贿是墨西哥生活方式的一部分，路面迅速恶化的现象证明了我对该国过于乐观、期望过高，不过这还只是第一个迹象。

---

① 梅里达，墨西哥东南尤卡坦半岛最大城市，尤卡坦州首府；比亚埃尔莫萨，墨西哥东南部城市，塔瓦斯科州首府；普埃布拉，历史名城，位于墨西哥中部的普埃布拉州。——译者注

② 瓜达拉哈拉，墨西哥哈利斯科州首府，墨西哥第二大城市；马萨特兰，墨西哥西部太平洋沿岸最大港口和游览胜地；洛斯莫奇斯，墨西哥城市，位于该国西北部太平洋沿岸；埃莫西约，墨西哥西北部城市，索诺拉州首府。——译者注

我们沿着墨西哥西部海岸行驶在一段平坦公路上时，发生了一件这三年旅行中极其罕见的事：车快没油了，却找不到加油站。所幸，我之前提到过，我们用简便油箱装了备用油，以备在非洲沙漠或荒无人烟的西伯利亚平原可能用得到。我们却没有想到最终会在墨西哥这个世界第七大石油出口国用到这桶备用油，但我们确实四处找不到加油站。我认为，这次经历是墨西哥发展历程的一个象征——墨西哥就像这辆车一样，凭借运气顺风顺水地前进了一段时间后，似乎耗干了油没有后劲了。

经历过1994—1995年的金融危机后，墨西哥领导人承诺将改革效率低下和腐败成风的体制，建设现代化、有竞争力的经济。最初，政府实现了诺言。他们降低了通货膨胀率，控制了政府开支，对铁路和航空等发展停滞的国有大型企业实行了私有化改革，开放国门，引入竞争。《北美自由贸易协定》开启了墨西哥和美国之间的经济交流。至我到达墨西哥时，该协定已经为墨西哥创造了10万个新的工作岗位。该国随后又与欧盟、以色列以及其他拉美国家签署了自由贸易协定。

（实际上，《北美自由贸易协定》为两国都带来了利益。我们从格兰德河以南进口了大量石油，使得与墨西哥的贸易出现逆差，但其实美国的许多行业，如农业，都因两国贸易繁荣了起来。由于腐败、教育水平和基础设施薄弱等问题所限，墨西哥很难夺走大量美国人的工作。）

焕然一新的墨西哥吸引了国际投资界的目光。2000年，外商直接投资从1990—1994年的54亿美元飙升至130亿美元。在强势油价和高速发展的美国经济的支撑下，墨西哥成为拉丁美洲的经济强国，千禧年之际的国内生产总值增速达到了6.9%。在政治方面，局势也在好转。1999年末，曾经因一党专政而陷入瘫痪的墨西哥政府处于反对党候选人福克斯的领导之下。福克斯善于和媒体打交道，积极进取，比墨西哥历届领导人都要聪明睿智，并且智慧超群、魅力非凡，可以博得墨西哥的北美邻国的好感，其中最重要的就是美国和加拿大。

但福克斯赶上了艰难的时期。美国经济下滑，限制了美国对墨西哥电子、纺织、化工和汽车零件等行业产品的需求。由于墨西哥 90% 的出口商品都是以美国为市场的，这种下滑造成的影响非同小可。自 2001 年 9 月 11 日至 10 月末我到达墨西哥之间，墨西哥裁掉了约 40 万名工人。国内生产总值的增长也停滞了。这些问题显然不是福克斯造成的，但他肯定会成为替罪羊。

该国的国营垄断石油公司——墨西哥国家石油公司——在 20 世纪 30 年代实现了国有化。这家公司是墨西哥的主要创收来源，贡献了约 40% 的联邦政府收入。我对这家公司的一点看法？这是一家效率低下的企业，经营者是高薪低能、腐败堕落的官僚。要知道，墨西哥国家石油公司有 13.7 万名员工，但每天只生产 300 万桶油，而委内瑞拉的产量与其不相上下，员工人数却只有这家公司的一半。我在墨西哥找加油站未果的经历便说明了这家公司存在的问题：加油站都建在了政府所在地及官员亲属住地，而非有市场需求的地方，而且加油站不接受信用卡支付。在这次墨西哥之旅中，我们只遇到了一家自称接受信用卡支付的加油站——这家加油站挂出了巨大的横幅，上书"此处接受维萨卡"，这是革命性的进步。

显然，墨西哥的油气产业早在几年前就应该实行私有化了。福克斯想改变工会的态度，却徒劳无果。最近，他又将四名商人提拔进了石油公司董事会，但此举很快便被墨西哥国会否决。他与墨西哥国家石油公司的矛盾还会继续恶化下去，近期不会缓和。墨西哥的石油资源日益枯竭。1990—2000 年底，勘探到的石油储量从

520 亿桶下降到了约 260 亿桶。2010 年之后，由于储量枯竭，石油产量会大幅下降。政府没有投入多少资金进行新的勘探工作。阿布扎比可以逃脱困境。这个盛产石油的阿联酋国家石油储量也在下降，但由于该国人口稀少，目前所剩的石油资源仍然足以在今后几百年的时间里养活该国人口。而人口过亿的墨西哥却没有这种条件，尤其墨西哥还是世界上人口最年轻的国家（墨西哥人口的平均年龄为 23 岁，而美国则为 36 岁）。

该国并没有采取什么措施来扩建炼油设施，即便有，也少得可怜。实际上，墨西哥已经有 25% 的石油依赖进口。

据我分析，石油储量的下降会令政局不稳的墨西哥更加动荡。而至于福克斯，虽然错不在他，但不等任期届满，他便会遭遇极大的困难。目前，外商直接投资已经大幅下跌。实际上，近几年，已经有数万个工作岗位从墨西哥转移到了中国。

更多的墨西哥人最终会涌向美国，边境是阻拦他们的最后一道关卡。他们有助于减缓美国的人口老龄化趋势。父母若是不想让孩子学中文，可以让他们学西班牙语。

我们用了 3 个小时的时间，跑了 3 家不同的办公室，才从墨西哥出境。3 家办公室并不都位于边境处，其中一家还要求我们按原路折返 15 英里。我们必须买游客许可证才能离开这个国家。对此，我们并不惊讶。毕竟，在这个国家，罪犯需要在哥伦比亚人手下日复一日地接受 20 年的训练，学习如何做可卡因生意挣钱——犯罪和腐败在这里可不是什么新鲜之事。

我们后来听说了一个故事。一辆卡车载着 340 张捐赠的课桌从美国运往墨西哥，开到墨西哥边境时，墨西哥海关官员索要高额税费，否则卡车不得入境。几百个墨西哥小学生去边境，一人一次扛一张桌子带过了边境，因为这些课桌如果算作个人物品，是可以免税入境的。

我们在墨西哥边境的经历虽然荒唐，却属意料之中。真正令我们担忧的是美国边境的情况。我们读到了很多报道，报道中称9月11日之后美国边境俨然已经成了堡垒。我们听说边境处堵得密不透风，排着长队，要等好几个小时才能入境。我们穿过了这么多国家的边境，知道心有怒气、寻衅好事甚至稍有不悦的海关或移民官员都会鸡蛋里挑骨头。我们已经离开美国3年，本身已经成了怪人——诚然，正是我们的怪异、我们的不同寻常多次拯救了我们。但我们听到的消息都称美国已经和我们当初离开时截然不同了，我们的怪异在自己的祖国会引起什么反应？

我们满怀着激动之情期待着回到美国。在我们的预想中，前往阿拉斯加之旅及其后的一切安排都是一种胜利游行。但现在，我们必须抑制自己的激动心情。面对一般的过境官员，你必须摆出一副恍惚的表情。你不能着急，不能让自己因为烦琐荒唐的手续而烦躁，你必须耐心地跟着队伍前进，同时又要密切注意一切能让速度加快的机会。

我们在亚利桑那州的诺加利斯市成功过境，而第一件令我惊讶的事是所谓堵塞的规模。排队的人并不多，队伍前进得也很快。我们至多等了20分钟。我们走到移民处时，一群刚刚还坐在15码外的海关官员，已经站了起来，挥手让我们过去。"那是什么？你们是谁？把那辆车开过来。我们要看看。"他们都很兴奋。他们和世界各地穿制服的官员并无不同——都对这辆车很好奇，想看一看。移民官员在我们的护照上盖了章，挥手让我们朝他那边开过去。

自然，我们给海关的人看了我们的地图。在挂车车门内的仪表盘上，我们贴了一幅世界地图。3年来，我一直在上面记录我们这次旅行的线路。在之前的旅行经历中，我发现这是解释自己身份和旅行目的的一个简单、快速而仔细的方法。当我和佩奇被拦下,需要出示证件时,我们会回答可以,然后我会打开挂车。打开挂车可以达到两个直接的目的:一是展示车里的内容,表明我们没有携带金条、枪支或大麻;二是立即解释了我们的旅行目的。即便没有其他作用,这也可以转移下令者的注意力,这总归是个好处。

因此,我们进入美国确实花了些时间,但仅仅是因为美国海关的几位官员是车迷,我们必须满足他们的兴趣。至于麻烦?从来没有。

我们回家了。

我们回国后的第一晚是在图森①度过的。就像在世界上的其他任何角落一样,无论当地菜肴多么奇特,我们都会找来吃。我们在当地的苹果蜂连锁店吃了晚餐,享受了当地的美食。这家餐厅无论菜肴还是啤酒,菜单上都有图片展示。又一个第一次——和第一次吃蚕虫和蛇胆一样。我说过,我喜欢尝试一切。

书读到这里,你们应该不会惊讶,我既然从南纬55度的火地岛乌斯怀亚开始了纵向穿越西半球之行,不走到赤道以北同样高的纬度,我是不会罢休的。实际上,这次旅行,我们最北到达了育空地区临近北极圈的怀特霍斯②。我们在沃森莱克经过了一块标牌,上面写着欢迎来到该地区的字样,提示我们此处位于"北纬60度"。

北纬60度,气温零下22华氏度(约零下30摄氏度)。这才是11月而已。

在穿越美国和加拿大的一路上,我们遇到了许多一直在网上追随我们足迹的人。或者说是我们停下来见他们,常常也可以说是停

---

① 图森,美国亚利桑那州东南部城市。——译者注
② 育空地区,加拿大三个地区之一,位于加拿大西北方,以流经该地区的育空河命名,首府为怀特霍斯。后文的沃森莱克也位于该区。——译者注

下来让他们见一见我们。自图森开始，在所到的几乎每一座城市，我们都要和知道我们在那里的人们见面，拍照片，握手。但犹他州有个警察却对我们完全无动于衷。我们在离开大峡谷，穿过犹他州边境的时候，被一位和蔼的摩门教警察以超速为由罚款了。他很坦率地承认，没错，或许是他的雷达测速仪"卡"在了 78 的读数上。但他又说，我们是外地人，难道真想都留在这里，费尽工夫证明他是随机挑选北上的旅行者胡乱罚款吗？犹他州也需要创收。我在俄罗斯和莫桑比克也和警察有过同样的交谈，这些不过都是千篇一律的虚假超速陷阱，唯一的不同点在于此人没有将钱装进自己的口袋。或者说我希望如此。

顺便一提，世界级的景点和地区级的景点是有区别的。如今，完成第二次环球之旅的我可以告诉你们，大峡谷绝对是世界级的。

在前往加拿大的路上，我们经过了蒙大拿州狄龙市。在这座城市，我生平第一次见到了带赌场的肯德基。我们北上经过艾伯塔省，去了北美数一数二的大城市卡尔加里。[①] 这座城市仍然带有一丝荒凉西部城镇的味道，同时又相当先进。许多因石油经济繁荣而兴起的加拿大西部城市都是这种面貌。公路平整先进，一直延伸到了艾伯塔省北部。对此，我或许不应感到惊讶，但我确实不由得惊叹了。我们在不列颠哥伦比亚省道森克里克市的零英里处开上了阿拉斯加公路，前往怀特霍斯。

阿拉斯加公路，又名阿尔坎公路，全长 1 671 英里，是一条重要的干道。1942 年，加拿大和美国用了 9 个月的时间修建了这条公路，最初为军用道路。这条公路始自道森克里克，终于阿拉斯加

---

① 艾伯塔省，加拿大的三大草原省之一，位于加拿大西南部。卡尔加里为艾伯塔省的经济、金融和文化中心。——译者注

州费尔班克斯市。直至 1992 年，为庆祝其开工 50 周年，这条公路才全部竣工。此前，这条公路我走过两次。如今，我第三次走上这条公路，希望将来还能走第四次。

"这谁会不喜欢呢？"佩奇说。

在路上遇到的路边餐馆让我们想起了澳大利亚内陆地区的类似餐馆，两地的本地人也非常相像。不过，野牛、驼鹿、麋鹿、驯鹿和山羊从来不曾横穿前方的马路。我们在阿拉斯加公路上看到的动物显然比袋鼠闲适。彼时几乎到了隆冬季节，公路非常空旷，只有动物和我们。

育空地区只有 3 万人口，而其中的 2.2 万人都生活在该区首府怀特霍斯。他们认为零下 22 华氏度的气温相对来说比较温暖，告诉我们如果想体验这座城市真正的严寒天气，一两个月之后再来。他们说，1 月的气温可能会达到零下 58 华氏度（约零下 50 摄氏度）。我们说，我们相信。我们离开怀特霍斯，向着正南方出发，前往阿拉斯加州的斯卡圭市。我们在那里接上了我的母亲，她从亚拉巴马州飞过来，再次和我们同行。

已经 82 岁高龄的她愿意去任何地方旅行。这一次，她由我的另一位侄女丹妮丝陪着，转了几次飞机。虽然旅途辛苦，但她到达时气色很好，比我们上次在阿根廷见到她时要精神一些。此时，我父亲已经去世 6 个月了。虽然身体虚弱，但要不是我们提醒，她永远也不觉得累。也只有经我们提醒，她才会休息一下。我们乘坐车辆、渡轮离开斯卡圭，穿过内海航道，一直到了位于不列颠哥伦比亚省海岸线中央的鲁珀特王子港。我们在那里逗留了一两天的时间，然后便登上第二艘船前往温哥华岛。

温哥华都会区（并不位于温哥华岛）的人口不到 200 万，是世界上最美丽的城市之一。其地理风光非常壮观，巍峨的山脉毗邻着海洋，拥有众多保存完好的公共公园。这里拥有美国太平洋西北地区的一切优点，且不止于此。这是一座充满活力、繁荣发达的城市，其中的主要原因是其作为现代大熔炉的地位，是其连通美洲和亚洲的战略位置。加拿大像曾经的美国一样，积极吸引和鼓励移民。大量的华人、日本人、韩国人、欧洲人、伊朗人等将这座城市当作自己的家园。这令我想到，19世纪末20世纪初的纽约一定也是这番模样。100年后，或许几百年后，只要没有人犯愚蠢的大错，温哥华将从北美首屈一指的大城市发展为全世界首屈一指的大城市。

在温哥华，我们送母亲上飞机回美国之后，便向美国边境出发了。

我本以为由于波音飞机减产，波音公司总部搬离西雅图，网络公司热潮减退，西雅图会陷入衰退。然而，我看到的却是一座生机勃勃、欣欣向荣的大都市。我上一次来到西雅图还是在几年前，在这几年间，西雅图已经取得了长足发展。如今的西雅图成为一座真正的城市，形成了明显的商业中心。这里拥有浓厚的街头生活气息，高楼林立。10年前，这座城市还相当落后，同塔尔萨和伯明翰[①]相当。徜徉在这座城市，就如同徜徉在纽约或旧金山。

我想早些赶回家，单独陪母亲过圣诞节，因此，我们走上了5号州际公路前往加利福尼亚。10年前，我骑着摩托车走过这条路。自那以后，这条路经过了大规模的整修。西雅图、塔科马、波特兰，最远可到达萨克拉门托——这就像是沿着一条长长的城市走廊从纽约一路开到波士顿，只不过这条路更加先进，宛如一座现代化、光洁如新、无限延伸下去的城市。我们向南行驶，经过了旧金山、帕

[①] 塔尔萨，美国俄克拉何马州第二大城；伯明翰，美国东南部的工业城市。——译者注

洛阿尔托、圣巴巴拉和洛杉矶。在环球之行中，我会调查当地的政治、人口和金融情况，而佩奇则会去调查当地市场，同当地女性聊天，熟悉当地文化或文明。因此，到达洛杉矶后，我们自然会去参观一下罗迪欧大道。佩奇满怀期望，以为能在这条举世闻名的大道上，看到一排漫长无际、象征着消费主义的商店，却大失所望地发现，这条大道不过只有几个街区。

回到美国后，圣诞节将近，我们在所到之处总能发现商场、酒店和餐馆已经人满为患。这完全出乎了我们的意料。我们读过美国媒体的报道，当然其中多数都来自纽约。读过之后，我们以为美国已经深陷经济泥潭。纽约无疑遭受了打击，但国内其他地区的经济状况似乎非常健康。我们惊讶地发现这个国家在"9·11"事件之后仍然繁华热闹、充满活力。我们同时也惊讶地发现，爱国主义浪潮经过一段时间的高涨后，逐渐平息。国旗仍然随处可见，但已经破烂不堪。没有人把它们换成新的。

在加利福尼亚，我们遇到的一个人听过我们的故事之后表示不可思议。他说，他和他的未婚妻驾车从加利福尼亚到康涅狄格，在一起不过5天时间，到了新英格兰便取消了婚约。

我们在拉斯韦加斯逗留了几天的时间，我应该费些笔墨在这座城市上。我想，略过拉斯韦加斯不谈就像是在《圣经》时代记日志却闭口不谈罪恶之城索多玛和蛾摩拉。我去过这座城市几次，通常都是去演讲。但佩奇从未去过，也很想去。我首先要指出，拉斯韦加斯并不适合我。首要的原因是，我不赌博。

没错，我知道，你们也会有其他人都会有的想法。但相信我，这种想法大错特错。我不会拿自己的钱去冒险——永远不会。投资者的成功之道通常是静观其变——不到在某个隐蔽的角落发现利润、只要走过去随手捡起就可以的时候，绝不贸然行动。这才是投资之道。你要一直按兵不动，直到看到、发现、撞上或经过研究挖掘出某种你认为确定无疑的东西，一些不需要冒多少风险的东西。不是便宜而又有涨价趋势的东西，便不能买进。换言之，投资的机遇非常稀少，利润就摆在眼前的机会一生中遇不到多少次。

许多人在炒股时犯的一个错误是买进股票，看到股票上涨之后自以为很聪明，会觉得一切如此简单。他们获得巨额利润之后立即寻找其他机会，但其实这时正是他们应该什么都不做的时候。自信会滋生骄傲，骄傲会发展成盲目自大——在这种时候，你真正应该做的是将钱存进银行，去海滩度假，让自己冷静下来。因为好的机遇一生是遇不到几次的。但只要不总是犯错，你并不需要太多机遇。

因此，我并不是赌徒，从来都不是。

虽然从来都不中意拉斯韦加斯这座城市，我却多少能以新的目光看待它。或许 3 年走完 116 个国家的经历改变了我。佩奇深深地陶醉于那斑斓的霓虹灯光和穷奢极欲的生活。我发现自己对这座城市也产生了欣赏和理解之情。从很多方面来讲，这座城市都可以与历史上的几座伟大城市媲美，巨大财富在这里流进流出，各路精英与巨富汇聚于此，着实令人吃惊。这是世界上的一大人类伟绩，高耸入云的大楼鳞次栉比，每一座的造价都高达数亿美元。每一座建筑都相当恢宏。人类纯粹凭借意志的力量，将这些建筑汇聚在一个地方，它们因此可以与古代文明的伟大寺庙群相媲美。许多世界知名建筑师都在这里留下了自己的设计，姑且不论你如何看待其设计的质量或者其设计究竟是优是劣。世界知名的设计师、餐馆和商店——所有你听说过的品牌在这里都找得到。古根海姆博物馆在拉斯韦加斯有两座独立的展厅。甚至圣彼得堡的艾尔米塔什博物馆在这里都设有分馆。这座城市昼夜开放，你随时都可以得到自己想要的任何东西。机场彻夜营业，你可以随时乘飞机出入此地。拉斯韦加斯的国际机场是世界上最繁忙的机场之一,从未停飞过。这样的成就、创造力、财富、设计……全力以赴的干劲……全世界的所有知名艺人(从古典音乐家到流行明星),再到马戏团动物,以及所有重要赛事(大型职业拳击赛、网球比赛、高尔夫球巡回赛)都汇集于此,就像曾经的古罗马。无论你是否喜欢,这座城市都是 21 世纪的一大奇观和名城。

　　一两百年后,这里会重新变成一片荒漠。无论是迈阿密海滩、坎昆还是迦太基,一切辉煌都是过眼云烟。曾经位于科潘的玛雅古城已经从地球上消失了数百年之久。麦哲伦海峡曾经是世界贸易与探险赖以进行的重要航道,如今却俨然沦为鲜有人问津的老旧通道。

　　12 月 18 日,我们离开了拉斯韦加斯。我和佩奇想回家过圣诞节。她会回到北卡罗来纳和家人团聚,我则会回到迪莫波利斯陪我的母亲。由于要在短短几天的时间内赶回家,我们只在有限的几个地方做了停留。

　　亚拉巴马州是我父亲家族几代人的家乡。而我母亲的家族来自俄克拉何马州,我的曾外祖父母早在俄克拉何马州成立之前便定居在了那里。我的母亲在那里出生长大,我的外祖父母在那里长眠。我的父母和外祖父母都是在俄克拉何马大学的联谊会上相识的,女生联谊会和男生联谊会在相邻的房间里举行。一路上,我的表兄弟姐妹们一直发邮件给我们。我和佩奇虽然急着向东部赶路,但仍然抽时间去诺曼市看望了他们。

　　俄克拉何马州顺路,但新奥尔良却不顺路。虽然这是一座美丽的城市,本身就拥有可以吸引我们折道去拜访的魅力,但我们之所以要特地去这座城市还有另一个同样重要的原因。新奥尔良有位老妇人名叫沙伦·兰伯特,她像许多人一样一直在网上追踪我们的行程,同我们一起"旅行"。难得的是,她坚持了整整 3 年的时间,并且一直是和自己的孙子、孙女一起追踪的。他们的年龄从 4 岁到 16 岁不等。她为他们每人买了一个地球仪。在我和佩奇环游世界的时候,他们一直在地球仪上记录我们的足迹。

沙伦和她的孙子、孙女是我最忠实的追随者,他们一路上一直在联系我们。孩子们在奶奶的坚持下,了解了世界。沙伦做了不少事情,甚至不厌其烦地帮我的父母。我的母亲不是很擅长用电脑,沙伦于是将音频听写下来,给她看。我们无论如何也不能错过见她的机会。我和佩奇在加拉托瓦雷餐厅请沙伦和她所有的孙子、孙女吃了晚餐。

此时,我和佩奇面临着在何处结束旅行的问题,选择哪里作为正式的终点站。许多地方都有其适合之处。在塔斯卡卢萨①,我的表兄弟帕特斯和卡西曾举办聚会庆祝过我上一次环球之旅的结束。新泽西是北美奔驰公司总部的所在地,他们从始至终在道义上和实际上都帮助了我们,保证了这次旅行的圆满成功。还有曼哈顿奔驰公司,是他们在试驾之后、上路之前做了最后的调试。当然,夏洛特显然也是一个合适的选择,那是我和佩奇相遇的地方,也是佩奇在遇到我之前度过她成年生活的地方。此外,当然还有纽约。

最终,我们在上述所有地方都庆祝了旅行的顺利结束,同时还去了北卡罗来纳州的洛基山城。在那里,佩奇的父母举办了一场豪华的派对,在派对上准备了香槟和佩奇最爱的火腿饼干。这次旅行的正式终点站究竟是哪里,在相当程度上是见仁见智。实际上,这无足轻重。因为从所有重要方面来讲,对我来说,这次旅行都结束于亚拉巴马,结束于 12 月一个孤独而寒冷的日子,结束于家族墓地的坟冢旁,结束于我和父亲分享这一成就的时刻。

我家的墓地位于一座名叫莱托哈奇的小镇。这里如今已经非常

---

① 塔斯卡卢萨,美国亚拉巴马州西部城市。——译者注

荒芜，只有一条横穿而过的铁路、一间小小的邮局、罗杰斯家族的墓地和几座其他人的坟墓。这是一座典型的南方墓地。如果你拍电影需要在墓地取景，这座墓地会非常理想：高大而肃穆的木兰树、寄生藤、白色大理石。墓地里有许多年头已久的坟墓，有野餐的地方。每年，罗杰斯家族的家族聚会便是在这些野餐桌上举行的。我记得还小的时候，家族聚会是在7月举行的，我们会聚在一起，为墓地的草坪除草。我当时很讨厌这种事，对于一个9岁的小孩来说，这也是情有可原的。在夏天，尤其是亚拉巴马州7月里的艳阳天，除草对我来说并不是什么乐事。某一年，终于有聪明人提出将聚会提前到5月初。大概也是同一个人提出了提前雇人修整墓地的想法。从那之后，家族聚会就有意思多了。

父亲确诊癌症后，立即开始修葺房子，以便我母亲在他去世后不必操心修理房顶这类事情。他也来墓地干了不少活儿，清理了墓碑，把各种设施都加固了，在我们的墓园周围安装了新的围栏。他还砌了一堵加固用的混凝土墙。他本以为自己只有6个月的时间了。所幸——或者也可以说不幸的是——他有足够的时间干完所有这些活儿。

母亲向我描述了葬礼的经过。我有4位兄弟和许多侄子、侄女。棺木放进墓穴后，我的一位兄弟走了过去，开始往墓穴里铲土。另外3位兄弟和父亲所有的孙子、孙女随后都拿起了铁锹，全家人一起完成了这项仪式。我从未听说有人在葬礼上这样做过，但听到母亲讲述了整个场景后，我很后悔没有参加葬礼。同时也后悔当时没能陪伴母亲。当初我宣布打算进行这次旅行时，父母和我促膝长谈。父亲坚持说无论发生什么情况，我都不应该中断旅行回家。母亲则截然相反，她告诉我，如果她遇到什么不测，我要立即赶回家里。

我和佩奇订花的时候，我请求迪莫波利斯的花店在花束上附一张世界地图。我想用这种方式对父亲说：爸爸，我们在坚持，为了你而坚持，我们在继续旅行，在环游世界，实现你一直以来的愿望。花店找遍了整个城市也找不到世界地图，只能找到亚拉巴马州的地图。我们想让他知道，我们履行了他的遗愿，要将这次旅行献给他，而这张地图是我们能找到的最接近的东西了。

这是父亲离开后的第一个圣诞节。过去，我对圣诞节从来不曾留心。上了大学——尤其是去英国留学后，由于交通不便，我常常不在家过圣诞节。我参过军，进过华尔街。像许多年轻人一样，我也曾有一段时间不想在家里虚度光阴。我自认为家乡太小无法施展才华，工作太忙没有时间回家。90年代，情况开始改变，我开始经常回家。父亲被诊断出癌症后，我回家的次数更频繁了，想尽可能多回家看看。

12月24日，即我回家的两天后，佩奇已经前往洛基山城同她的父母一起过圣诞节了，我们全家人也在家中团聚。我的一个弟弟已经收到中东驻军的征召，即将被派往海外。他只有这一天可以留在家里，因此我们提前庆祝了圣诞节。第二天，即圣诞节当天，家里只剩下我和母亲两人。我有生以来第一次在这个家里体会到了宁静而安详的感觉。虽然不确定何以会如此，但我确实感受到内心少有的安宁之感。

两天后，我独自探望了亡父的坟墓。我并不确定自己有何期待或想法，因为这并不容易。这个地方似乎十分阴冷、十分寂寥、十分荒凉。但据我所知，无论从哪方面来讲，对于已经完成的这次旅行，这里都是让我开始整理思绪最合适的地方。

重归故里

3年的国外旅行令我对美国的了解更加透彻，比6个月的国内驾车游更有裨益。但我想，鉴于二者所花费的时间相差太大，这并不是什么深刻的洞见。或许这是意料之中的现象。无论你自以为对祖国有多了解，无论你到过这片伟大土地的多少地方，你若真的想了解美国，为了实现自己的目的，不如去国外待一段时间。

有一件事一直以来十分令我痛心，这次旅行结束后这种痛心的感觉更加强烈。多数美国人对世界知之甚少，更糟糕的是，他们根本不关心外部世界。对于无知，他们常常不以为耻，反以为荣。而他们所不了解的不仅仅是世界其他地区，还有他们生活的这个国家。诚然，不了解世界就无法真正了解美国。

旅途归来，我异常兴奋，惊讶于自己居然能活着回来，不知何时能够再度完成这样的壮举。但一次又一次地发现很多人根本意识不到外面这个大千世界的辽阔后，我大失所望。我会告诉他们："我们驾车环游了世界。"他们会问："乘哪个航班？"或者问："那肯定很有趣，花了多长时间？"我会告诉他们："3年。"然后，我还必须一再跟他们重申，将他们从无意识中唤醒，他们才会真正理解：我们走了152 000英里，穿越了116个国家。

这超出了很多人的理解范围。就这次旅行做公开演讲时，我会给听众看一张地图，上面展示了我们的线路。然后我会请人指出这条线路上的任意6英寸路段。在一张大大的世界地图上，这只有短短的6英寸，但对于我和佩奇来说，这6英寸却代表了无数次邂逅——考验、困难、失望和胜利——以及一生难忘的喜悦、伤心和历险。

从一方面来讲，我很失望地发现，有人从未听说过我们去过的某些地方。另一方面，这多少也是意料之中的事。美国新闻媒体上几乎找不到有关世界其他地区的报道。一直以来隔绝于世的地理位置使得美国人很容易形成政治上的孤立。许多美国人从来不认为法国、波兰或乍得有何了解的必要。美国媒体的从业人员也没什么不同。

美国媒体对国外世界仅有的一些报道，常常带有偏见。这些媒体在国外读者的面前挥舞爱国主义的旗帜，但国外的读者却并不像美国读者一样幼稚无知、坐井观天。我回国时，美国媒体实际上已经开始接受审查——欣然同意了国家安全顾问康多莉扎·赖斯的要求，不再报道中东地区的某些事件。

为了更加全面地了解世界局势，我会读外国杂志，听外国广播，如以色列电台、中国电台，当然还有BBC。在国际报道方面，英国新闻机构一直优于美国。英国人一直能接触到世界各地的新闻，欧洲人均是如此。他们一直以来都能够做到放眼世界，很大程度上也是因为迫不得已。美国媒体如今的驻外机构屈指可数。

假如中非共和国遭到了轰炸，美国人或许永远不会发现，或者至少也会等到事件发生几周后美国新闻机构终于将记者派往了现场，才会得知。（美国新闻机构更有可能会转载BBC的消息或截取路透社的电报。）普通美国人永远不会知道那里发生的事情，而更加令人痛心的明显事实是,他们并不关心。即便是那些自称关心之人也常常是口是心非。他们不想了解马来西亚或赞比亚之类的国家。2001年9月11日,我们为此付出了巨大代价。美国民众这种蒙昧无知的顽疾可以在民选的政治领导人身上找到顺理成章的对应缺陷。他们的智慧贫乏到了令人难堪的程度。

我这就澄清我的观点。我对那些自称人民公仆之人所持的评价是褒贬不一。那些贬低的评价,他们完全衬得上。试问他们当初为何会进入政界,答案立即明朗起来:这些人就是那些儿时在操场上如鱼得水的小孩。一到休息时间,他们就会极其得意——在操场上聊天、射弹珠、跳绳、打球。研究表明,在课间休息表现很出众的小学生最终会进入政界,并常常精于此道。

很少有政客有能力组建公司,或者管理国家。正因为如此,他们才会进入政界。哈里·杜鲁门经商受挫,而且不止一次,有两三次。比尔·克林顿从未找到一份正经工作。至于小布什,他在两三家公司都不得志,其后才有人帮他买下了一支棒球队。① 这并不是说善于管理公司是智慧超群或能力出众的必要表现,但至少我们知道很少有事业正成功、生活正得意的人会进入政界,起码不会趁年轻时从政。有些人会在富裕之后涉足政界(实际上,如今我们可以见到不少富翁在收买参议院席位或市长职位),但政客为政府所做的贡献除了从政经验,鲜有其他——不过,很多林登·约翰逊之辈利用职务之便,离任时已经腰缠万贯。这是建国以来的一贯情况,

---

① 1989年,小布什游说父亲的老友以8 600万美元买下了得克萨斯游骑兵棒球队,小布什自己只投资了60万美元,却被指定为球队经理,因为游骑兵棒球队的最大股东是老布什的铁杆支持者。小布什后来卖掉了游骑兵棒球队,净赚1 500万美元。——译者注

帕特里克·亨利①和乔治·华盛顿都从边疆土地的开发中大获其利。

在当时的美国政府中，最见多识广的人是国务卿科林·鲍威尔。我想这和他的移民父母及参军经历有关。其他人多数都不了解世界，也不关心。例如，国家安全顾问康多莉扎·赖斯便和鲍威尔不同，背景经历没有为她带来益处，反而限制了她的思维。学生时代，她学过俄语，在进入政府一路向上爬的过程中，她逐渐成了苏联问题专家。她对中国在世界上的地位所知甚少，反而支持以俄罗斯为中心的外交政策，因为她必须如此，因为这样她那些所谓的专业知识才有用武之地，否则她会丢掉饭碗。

国务院有不少高薪官员的政治生涯有赖于反华政策的推行。即便看得到哪里才是阳关道，他们也不大可能选择那条道路。美国的古巴政策也是如此。风烛残年的菲德尔·卡斯特罗再也无法对任何人构成威胁。世界其他国家认识到了这一点，准备充分利用古巴未来拥有的机遇。在我们的眼中，古巴人罪大恶极，我们正在竭尽所能地摧毁美国在那里拥有的一切机会。为什么？因为45年来，一代又一代的官僚凭借这种政策上台。

说起官员的从政之道，我想到了痛苦的4个阶段：否认、抗议、愤怒和接受。这个道理也同样适用于绝症和新思想的发展。最初有人提出新思想时，所有人都会选择无视。然后人们会嘲笑它，慷慨陈词地反对它，最终接纳它，支持它。随后，他们不仅会开始解释这种思想的优点何在，还会说："没错，我也有过这种想法。"事实证明，这是亘古不变的真理，政治、经济和战争无不如此。20世纪20年代，美国空军之父比利·米切尔将军曾因主张航空母舰是

---

① 帕特里克·亨利，美国政治家，美国革命时期卓越的领导人，曾两次担任弗吉尼亚州州长。1775年3月23日，亨利在弗吉尼亚州里士满的圣约翰教堂发表了著名的《不自由，毋宁死》的演讲。——译者注

未来潮流而被革职。当然，如今没有人记得这一点，至少空军的人不记得了。

2001年9月11日之后，我们都知道，正义必须立即得到伸张。我同时也感觉到，事已至此，或许华盛顿方面会有人说："我们必须重新审视我们的政策，看一看我们是否能做得更好。"在环球之旅中，我看得很清楚，美国在90年代四处树敌。这或许是因为柏林墙倒塌后，美国政府有些迷失方向。决策者此前一直将焦点对准了一个方向。东欧顷刻间的剧变，令他们失去了重心，这也是情有可原的。世界的翻天巨变出乎了所有人的意料，令美国外交政策的制定者猝不及防。原因或许是局势出人意料，或许是决策者平庸无能，无论如何，我们都在过去的10年里和很多国家结下了怨仇，这最终导致了对世贸中心的恐袭事件。

可悲的是，华盛顿方面尚未有重新审视外交政策的动向。手握国家大权的白宫发出的辞令听起来和50年代写的没什么两样。我记得高中老师曾告诉我，美国逢战必胜的原因是——当时美国尚未卷入越战——上帝站在我们一边。我的老师都相信这种说法，我也相信，而且一直没有质疑过。这一直都是美国人的观点，世界其他国家都被诅咒了。

直到后来，我才意识到这是历史上不断轮回的主题。19世纪的法国历史学家和政治家弗朗索瓦·基佐曾写道，欧洲在神的意志下前进——所有人都深信不疑。

在回家的路上，我接到了一个智囊团会议的邀请，但拒绝了，因为他们告诉我："我们不关心美国在世界上的形象，我们只想请你谈谈旅行。"不久之前，我参加了一个讨论组，组内有一位前美国国会议员。他对美国的外交政策赞不绝口，对自己哗众取宠的观点深信不疑，认为美国的领袖地位是当之无愧的，我们实际上无所不能。而他得出这些结论的原因是他认为：美国人发明了汽车，美国人发明了电视。事实上，议员先生，真相是这样的：

我们美国人在历史上取得了一些非凡的成就，但我们的政策必须立足现实。我们没有发明阴极射线管，这种技术是德国人于1897年发明的。我们也没有发明电视，世界首台电视展品于1925年出现在英国，使用的是德国技术。首次推出电视转播服务的也不是我们——而是1936年的BBC。直到1953年，在欧洲人最初推出这项技术的半个多世纪后，我们美国人才实现了技术跨越，发明了首台彩色电视，终于对电视技术的发展做出了重大贡献。

我们也没有发明汽车。自1770年起，欧洲人（又是欧洲人）——德国人、法国人、英国人和荷兰人——便在汽车发展史的各个方面都领先于我们。1860年，一个比利时人改进了内燃机。直到1908年，在德国人卡尔·本茨生产出首辆汽油驱动汽车的整整23年后，亨利·福特才推出了T型车，美国人才终于进入了视野。

精读史书与美国政客的目的相悖，甚至在某种程度上也与国务院的目的相悖。国际上的争端和冲突或许有益于拉选票，有益于提升支持率，有益于五角大楼提高军费开支，但对美国公民、社会或经济毫无益处。因此，说起美国为何会成为被仇恨的对象，美国人的回答完全超出了世界上任何人的理解范围："他们之所以不喜欢我们，是因为我们有钱。"以人均计，世界上有许多国家比我们富裕。日本、新加坡、瑞士，这些国家都比美国富裕。没有人在轰炸这些国家。"他们之所以憎恨我们，是因为我们拥有自由。"全世界的人们在听到小布什说出这种话时，会看着你说："他疯了吗？没有人会憎恨自由，而且自由应该是我们喜欢美国的原因。"我从未在任何地方听到任何人说："我要为了国家献出生命，让后世子孙能够活在独裁统治下。"许多人会告诉你，说到自由程度，美国在他们看来甚至排不到第一位。荷兰在这方面更胜一筹,却没有人轰炸荷兰。

无论正确答案是什么,你只有向合适的人问合适的问题才会得到。任何参战的士兵、管理公司的经理或仅仅是与人辩论的辩手,都必须了解敌人的实力、竞争的机制或对手的想法,否则便没有赢得战争、抢占市场份额或在辩论中胜出的希望。全世界的军事学校都会教育学生,知己知彼,百战不殆。敌人或许是疯子,但你必须洞悉他的思维才有击败他的希望。

我和佩奇基本上没有亲身遭遇过反美主义。或许是因为很少有美国人去本书说到的那些国家,我们成了人们好奇的焦点。所有人都想展现待客之道,而且几乎我们遇到的所有人都想来美国。我想,总的来讲,人们常常会将一个国家的人民和政府区别开来。2002年夏,据《哈泼斯》杂志报道,美国是最受年轻穆斯林欢迎的国家。两次世界大战结束后都分别出现了同样的情况。很多人对我们的政策感到愤慨,但并不一定会将怒气发到我们头上。全世界的人似乎都知道美国人民是善良的,但似乎也知道美国人一进美国政府就会变质。

他们会对我们的政策感到愤慨,这不足为奇。华盛顿方面似乎总是会不假思索地干预外国政府的事务,几乎插手过全世界所有国家的内政,而且总是判断失误,错估形势。唯一的受益者似乎只有那些31岁便在华盛顿政府坐办公室的人。假如政府能将同样的时间和资金用于处理国内事务,我们的生活会得到全面的改善。

朝鲜是美国在别国事务上挥霍资金的一个绝佳例子。朝鲜丝毫不可能对我们构成威胁。假如朝鲜政府真的如美国政府所称的一般危险,那也是其邻国的问题,不关我们的事。日本、韩国、俄罗斯和中国均距离朝鲜更近,这些国家拥有丰富的财力物力可以应对这个只有2 000余万人口的国家。假如朝鲜政局不稳的形势和可能存在的核试验计划对这些国家都不构成问题,我们又为何要丢下国内的大量问题不管,而去插手那里发生的事情?(实际上,现在及上一届韩国政府都在积极推动朝鲜实现开放。)单单是我们浪费在朝鲜内政问题上的财力物力,大概就已经足够我们研究出治愈癌症的方法了。

过度扩张向来无益于国家的发展,尤其是债务国。英国和西班牙是曾经的世界霸主,而正是过度扩张、维系势力分散了太多精力,导致了两国的没落。我不希望美国重蹈覆辙。过度扩张会危及美国的货币、权力和经济,最终会危及全球化进程,进而同时连累全世界所有国家。任何国家要脱离这种困境,总要付出一场危机的代价,至少会经历一些动荡。此外,势力的过度扩张,尤其是金融势力和军事势力的过度扩张,已经在全世界招致了仇恨,迫使我们加大经费投入以确保美国的安全、国防和发展,从而形成了恶性循环。只要不再以世界老大哥的身份自居到处插手别国事务,我们可以将大量的人力物力节省出来用以解决其他事务,包括国内问题。二战几十年前便结束了,冷战14年前也已经画上句号,假如我们当初没有在欧洲、日本、韩国等国驻军,我们能节省数千亿美元,不致招惹这么多敌人,也不会留下这么多的攻击把柄。

华盛顿方面一直在向我们鼓吹,美国是世界上唯一的超级大国,可以随心所欲。我们无疑是目前世界上最强大的军事大国,但很难算得上是超级大国。二战结束时,美国海军拥有100多艘大型航空母舰,而现在仅有10艘尼米兹级航空母舰[1]。半数空军战斗机已经有20年机龄,而在未来战争中,许多杰出的美国空军飞行员将

---

[1] 尼米兹级航空母舰,美国纽波特纽斯造船厂及船坞公司建造的以舰载攻击机、战斗机、反潜机为主要武器的核动力多用途航空母舰,是当代排水量最大、水面作战能力最强、现代化程度最高的舰艇,能遂行多种作战任务,有"超级航空母舰"之称。——译者注

难有用武之地。美国空军固然拥有先进的 B-1 轰炸机，但 2001 年，其中只有 31% 可以起飞。我们只有 21 架 AC-130 武装攻击机。为了在阿富汗执行一次规模不大的任务，美国几乎用光了所有的巡航导弹。这对一个志在向全世界扩张势力的国家来说，是远远不够的。将资金投在这样一项结果未知的事业上，会拖垮这个国家，在地缘政治方面也弊大于利。

  我们离开美国的这段时间里，美国媒体、政府和华尔街一直在向全国保证，物价保持稳定，通货膨胀得到了抑制。从表面来看，这利用了人们的轻信。这违背了我们眼中的现实、本来应有的发展趋势，以及我们无法逃避的真实情况。我和佩奇回国后，惊讶地发现物价大幅上涨。无论是电影票价和电影院的爆米花价格，还是干洗费、供暖费、教育费用、律师费、邮递费、会计费、牙医收费、管道维修费、电费、糖价、医疗费、房价、球票票价、道路通行费、服务费、电话费、娱乐设施费用、餐馆价格、西装价格、保险费、燃料费、粮价或地产税，一切都比我们离开时高得多。不出所料的是，政府在媒体和华尔街的附和下，开始信口雌黄，而和多数谎言一样，这次的谎言也只能在短期内骗到部分人。

  1996 年，一个总统特别委员会宣布，政府公布生活水平的方式"不恰当"，并创造了一种统计通货膨胀率的新方法。白宫管理和预算办公室使用了这种名为"乐观化调整"的方法，公布的物价涨幅开始远远低于实际数字。根据劳工统计局的统计，雪佛兰车其实并未涨价，因为新款的雪佛兰车比旧款"舒适"。油价涨幅不是 20%，而是只有 15%，因为现在的油质"优于"以前。

  最近公布的一项数据显示，目前统计消费价格指数所依据的数据中，有 56% 都经过了乐观化调整。这个说法并不是我捏造的——劳工统计局用该词指代上述篡改行为。由于这样的调整降低了社保金额和生活成本的涨幅，有利于政府平衡联邦预算，可以想见这种调整还会沿用下去，而且不会仅止于56%。实际上，已经有人在"研究"如何重新改进这种方法了。

2002年11月，劳工统计局公布，取暖价格下降了11.1%。而实际上，根据《华尔街日报》的报道和市场上的实际情况，取暖价格上升了20%以上。与之类似的事件还有，劳工统计局曾公布，"2000年5月油价下跌"，而美国能源部公布的数据却显示，2000年5月的油价上涨了20%以上。这些数据都很容易查实，但华尔街和媒体却不假思索地接受了劳工统计局的数据。但话又说回来，这些人还曾鼓吹过牛市和"新经济"时代（90年代末，媒体甚至用大写字母将"新经济"一词刊印了出来）即将到来，而实际情况是两者都没有出现。

美联储一直在频繁地加印钞票，抑制利率上涨，拯救华尔街和股市。但一如既往，市场规律，或自然规律，或现实规律，终将生效，最终的利率会比不采取措施的结果更高。因此，你最好现在就筹钱贷款买房，或者缴纳会费成为普林斯顿俱乐部的终身会员——想方设法将自己锁起来，因为将来的物价会比现在上涨得还要快。

在旅行途中，我见到过有些人——那些对此稍有耳闻的人——对美国的数据表示怀疑，因为全世界的物价都在上涨。没错，我在国外期间，油价下跌了一两次，但同90年代末我们离开美国的时候相比，油价仍然上涨了不少。市场总是呈现曲折上升的态势。从来不会出现直线上升或直线下降的情况。所有东西的价格都在上涨，而多亏了政府的虚假数据，物价上涨在美国经济中没有遭遇任何阻力。你这一生即便学不到什么别的道理，也要知道不要听信美国政府或全世界政府的投资建议乃至所有建议。

回国之后，我收到了劳工统计局——公布通货膨胀数据的机构——过去员工的来信。信中称,他们确实对所有大幅上涨的数据都做了"修改"。美国一直在用这种瞒天过海的方法统计生产力、经济增长和国民生产总值。当然,我们现在知道,全世界很多政府这些年来公布的数据都有虚假成分。

欧洲人常常指出,若是按照美国的方式公布数据,尤其是使用克林顿和艾伦·格林斯潘在任期间发明的方法,他们的账面收支情况会好看得多。世界其他国家用不同的方式计算收支,并不信任我们公布的数据。几年前,就在华盛顿方面大唱赞歌、庆祝收支平衡的时候,政府的债务总额一直在攀升。你我之辈若是按照美国政府的方式记账,早就锒铛入狱了。

由此,我们便说到了美国公司。

公司做假账的行为在国内引起了广泛的民怨。毋庸置疑,这种行为非常恶劣。在历史上的每一次经济过热时期,都有人钻空子,走捷径,偷奸耍滑,而这些人却总是能逍遥法外。在形势大好的时候,没有人会注意到他们,也没人关心。实际上,这种招数甚至是受到推崇的,因为这可以继续推动上涨的趋势。

然而,如今不仅股市大幅下跌,许多企业和政府的养老金计划也资金不足。这一点目前鲜有报道。许多期待着能正常领取养老金的员工和已退休员工很可能会在几年后大吃一惊。一家名叫退休金收益保障公司的政府机构为我们的养老金做了担保,但其本身严格来说也已经濒临破产了。

20世纪30年代,纽约证券交易所的代理总裁理查德·惠特尼锒铛入狱——这位惠特尼即是惠特尼家族[①]的一员,是惠特尼美术馆创立者的后代。他也参与了做假账的行为。但他落入法网是在泡

---

① 惠特尼家族,美国著名的铁路和军火大亨,在政界有重要影响力。——译者注

沫破灭之后。在经济正热的时期,这种行为得过且过。这被看作好事——人们希望发生这种事。只有在一切开始崩溃的时候,人们才会问:"你当初怎么能做出这种事?"

1999—2000 年,世通公司①领导层的所作所为得到了所有人的赞赏。当然,这些人如今面临着牢狱之灾。问题在于,他们仅仅是愚蠢吗?通常情况确实如此,而我并不主张仅仅因为某人愚蠢就把他关进监狱。许多如前环球电讯公司总裁加里·温尼克之辈才应该进监狱。②他将总值 7 亿多美元的公司股份脱手,中饱私囊。他的"公司"成立几年后便消失了。他对社会和世界毫无贡献。其他员工和投资者受他的蒙骗失去了一切,但他却仍然手握数亿美元资产。他曾在德崇证券③工作过。这家公司早期曾陷入一场诈骗案,联邦政府介入后连续将数名嫌犯投入监狱,公司随后也宣告破产。此人除了赔掉他人的钱财,一事无成,却摇身一变成了百万富翁。他是又一个大赚一笔后留下一堆烂摊子逃走的人,这样的人不胜枚举。我们只能寄希望于司法系统终将伸张正义,或者更加传统的恶有恶报观念会灵验。历史上,许多暴发户最终落得惨死的下场,因为他们从来都不了解自己从事的行当,最终赔掉了全部资产。

尽管发生了这一切,你还是不断地听到外国人想投资美国,因为美国的会计标准和管理优于世界其他国家。这当然是一派胡言。

---

① 世通公司,即世界通信公司,自 20 世纪 90 年代以来,利用兼并、收购等手段疯狂扩张,迅速发展为全美第二大长途电话公司、全球第一大互联网供应商。2001 年,该公司爆出假账丑闻,最终宣布破产。——译者注
② 环球电讯公司于 1997 年由加里·温尼克创立,市值一度超过了福特公司,但 2002 年便申请破产,在美国破产史上位列第四。——译者注
③ 德崇证券,80 年代华尔街的投资银行,曾排名第五,但因雇员迈克尔·米尔肯在垃圾债券市场上的违规操作被美国证监会罚款 6.5 亿美元,间接导致破产。——译者注

如今，我们知道美国——政府及公司——的会计标准和会计业务几乎是世界上最糟糕的。在全世界的多数国家，会计和管理层都必须证明最终的财务报表能够准确反映公司状况。而在美国，会计和管理层只需遵循一些规则。我们都知道规则的解读因人而异，而且在规则太多的情况下尤其如此。然而，举例而言，假如通用电气公司没有在会计方面耍小聪明，公司股价永远也无法达到60美元。当时，所有人都对此拍手称快。不幸的是，很多人——拥有退休金账户的人——将因此承受本可避免的巨大损失，因为通用电气、IBM、房利美等许多公司的股价都超过了合理的范围。人们希望政府有所行动。我却认为政府应该放任自流。迫于突然的压力采取紧急措施，是历史上所有政府惯有的行为模式，却无一例外均是走了一步错棋。要么斩草除根，要么顺其自然，这虽然会在短时期内带来更大的痛楚，却是唯一有效的做法。但跟艾伦·格林斯潘说这种话恐怕是对牛弹琴。

美联储主席艾伦·格林斯潘的传记《别了，格林斯潘》一书的作者鲍勃·伍德沃德对格林斯潘所做之事的了解程度和格林斯潘家的可卡犬差不多。他完全受到了公关的蛊惑。1999年的时候，他很可能像其他人一样买进了大量股票，因为他认为格林斯潘是个天才。实际上，格林斯潘过去的人生一事无成。正因为如此，他才会进入政府工作。

1974年，格林斯潘任总统经济顾问委员会主席，美国此时正处于通货膨胀的初期。格林斯潘解决通货膨胀的方法是发放小小的"WIN"胸章，意即"立即制止通货膨胀"。[①] 当然，他在任期间，

---

① "立即制止通货膨胀"运动，英文为"Whip Inflation Now"，缩写为"WIN"，由时任美国总统杰拉尔德·福特提出，意在鼓励普通民众增加储蓄、减少消费来抑制通货膨胀。响应者会在胸前佩戴"WIN"胸章。格林斯潘对该项措施表示过支持。——译者注

通货膨胀完全失控。无论他做什么，都会以一败涂地告终。他又回到私有部门工作，并借机通过百般游说获得了美联储主席的职位。

他刚刚上任不久，就爆发了 1987 年股灾，股市一天之内下跌了 20%。单以百分比计，这是历史上最严重的股市崩盘。格林斯潘及其言论是这次崩盘的诱因之一。之前一周，他一直滔滔不绝地鼓吹美国的贸易差额已经大为改观，局势已经得到控制。两天后，贸易差额数据公布，创了世界历史上最糟糕的纪录。此事一出，我和很多投资家——尤其是国际投资家——意识到，"此人要么是白痴，要么是骗子，他根本不了解情况"。我们现在知道，格林斯潘不是骗子。他只是从来都不懂股市，也从来不懂经济。

来到 1998 年。那一年，在基金市场上举足轻重的长期资本管理公司陷入严重困境，亏损了数十亿美元。其失败后来波及多家华尔街公司。这家投资公司选择求助于格林斯潘。格林斯潘没有遵循几百年来熊市的常规做法，任这家公司走向倒闭、肃清市场，而是惊慌失措地向市场投入大量资金，援助朋党。这笔轻而易举得来的资金作为原因之一，导致了历史上最恶劣的经济热，即如今已经破灭并造成毁灭性影响的泡沫。

忽然之间，市场上出现了大量平白得来的资金，这些巨额资金既已出现，一定会流向某处。而这些资金几乎总是首先流向金融资产——股票、债券、期货，因为金融资产易于投资。泡沫影响最恶劣的时期是长期资本管理公司破产后的 18 个月。在此期间，纳斯达克指数飙升。请记住，美国的企业利润在 1997 年就已经达到峰值。1998 年，股市已经在下跌了。那一年，美国 60% 的股票都在下跌。1999 年也是同样的走势。利润已经开始下滑。经济发展速度开始减缓。然而，假如你只看平均数，或只看电视，你会觉得所有人都在一片欢腾地庆祝"新经济"和牛市的到来。正是在此期间，共同基金的销售额出现暴涨。真正的趋势被掩盖了，因为思科的股价每天都在上涨，微软的股价从不下跌。如果将混淆视听的约 30 家大公司股份刨除出去，你很容易便能看出，熊市已经到来。尽管格林斯潘做了种种努力，但市场自有其规律。

然而格林斯潘面对短期危机，却陷入了恐慌。他开始加印钞票。泡沫完全是由他引起的。他没有驱散宴席，收起觥筹，没有趁合适的时机扎破泡沫，而是任由泡沫肆意膨胀。他不断地推波助澜。读过他的各类声明后，你很明显能够看出他这样做的原因之一是他真的相信有关新经济的谎言。假如他当初能够放任自流，我们经历的只会是普通的熊市。他会惹怒某些人，但这会远远好于现在的情况——他横加干预带来的后果是人们承受了巨额亏损。在这种情况下，政府不可避免地会从另一方面对恐慌采取措施，而不是翻过史书后宣布，"让你们破产是最好的行动"。政府应该尽量不插手，让经济系统自由地优胜劣汰。但政客需要讨好选民和赞助人。

可以想见，格林斯潘本可以在不引起泡沫的情况下拯救长期资本管理公司。他可以放出大量资金，并同时提高保证金要求，增加投资股市的成本。似乎没有人知道他为何没有这么做。1996 年，他还曾讨论过保证金要求有助于控制投机活动的作用。部分原因是，他已经相信了华尔街的不实宣传，但我仍然想不出他没有采取这种措施的任何合理借口，唯一可能的理由就是这或许能在某些方面帮到他在高盛集团等公司的朋党。

2001 年，格林斯潘再次陷入了恐慌。那一年，美国中央银行印刷的钞票成倍增长，达到了建国以来的新高。格林斯潘不断地向美国经济注入货币。货币扩张达到了前所未有的程度。与此同时，财政政策却十分宽松。政府在资金上浪费无度，小布什总统挥霍开支的速度已经赶上了格林斯潘印钞票的速度。不论是在财政领域还是在货币领域,世界都遭受到了巨额资金的冲击。美国人会自我安慰,"情况毕竟不算太糟"。你们以为这种情况还能持续多久？这位大师不断下调利率,已经造成了房地产和消费泡沫。泡沫破灭总会造成恶劣影响,这次泡沫的破灭将波及更多的人。

1998年,前财政部长罗伯特·鲁宾十分明智地选择了急流勇退。鲁宾是个聪明人,是个睿智的商人,而格林斯潘却缺乏及时退出的觉悟——但话又说回来,格林斯潘也无处可去。他知道自己找不到别的工作,而且也没有聪明到可以意识到自己已经犯下弥天大错的程度。

将中央银行和中央银行行长当作可以呼风唤雨的神明,这种想法是西方近10年才出现的现象。他们从未享受过现在这样的崇高地位,美国央行行长或英格兰银行行长的名字家喻户晓。这种现象也会过去。如果形势急剧恶化,美联储或许等不到倒闭的那一天就会被撤销。美国历史上有过三届中央银行,前两届均以失败告终,这一届也无疑将以失败告终。

健全货币何处寻？美元存在根本性缺陷,欧元和日元都存在问题。艾伦·格林斯潘和美联储理事本·伯南克正式宣布,美联储将竭尽全力防止美国物价下跌。为了防止通货紧缩,他们会尽可能多地印钞票,通过收购短期国库券、长期国库券、"房地产、金矿等任何资产"将这些货币投入经济系统,不择手段地推动物价上涨。在我看来,这是个警示你必须卖出美元的信号。

凡是以为将会出现通货紧缩的人都不了解21世纪的中央银行。以后或许会出现通货紧缩引起的崩盘,但在此之前,政府会砍光全世界的树木,拿来印钞票。问题在于如何寻找健全的替代货币。40年前,全世界都很熟悉瑞士法郎、德国马克等货币在人民的监督下必须保持稳健,但不幸的是,如今的政客深谙以货币贬值拉选票之道。我一直在寻找一种健全的货币用以储存投资,但尚未找到合乎要求的。我只找到一些相对来讲没有那么不稳健的货币。我在全世界有几种货币的存款,但对任何一种都没有绝对的信心。

历史上所有有见识的经济学家都反对货币贬值政策——列宁认为货币贬值是推翻一国社会根基的最有效方式,因为这种方式不易察觉、避人耳目。包括约翰·梅纳德·凯恩斯和欧内斯特·海明威在内的社会各界人士都赞同这种观点。凯恩斯说过:"列宁所言无疑是正确的。"见多识广的海明威曾说:"管理不善的国家的第一剂万能良药就是通货膨胀;第二就是战争。二者都会带来短暂的繁荣,都会造成永久的伤害。但是二者都是政治和经济机会主义者的避难所。"

公元54年,尼禄掌握罗马大权,古罗马的硬币已经既不是纯银,也不是纯金了。至公元268年,银币只含有0.02%的白银,金币已经销声匿迹。聪明的古罗马人将财富从日益贬值的硬币转移到了可以保值的投资项目中。

这令我想到:几十年来,没有一家独立的外部审计机构对诺克斯堡[①]的黄金做过审计。美国政府面对多次审计要求,均选择了拒绝。或许这是因为所有人都不敢去那里。根据最新的美国职业安全与健康标准,丹佛和费城的美国铸币厂是"最危险的联邦政府工作场所",费城的工厂被勒令关闭了数周的时间。

一切事物都处于变化之中。没有什么可以永恒,尤其是投资。但金融市场上的所有泡沫和过热现象历来大同小异。"新经济!新经济!"所有人都在这样喊。不过,这种论调我们以前也听到过。铁路改变过世界,广播改变过世界。美国无线电公司曾是美国历史上规模最大的公司之一,赚取了巨额利润。但假如你在20世纪末

---

① 诺克斯堡,美国陆军的一处基地,美国金库位于该地。——译者注

买进美国无线电公司的股票，你会一分钱都挣不到，因为其股价再未达到过经济过热时期的高度。同理适用于19世纪四五十年代的铁路股票。

　　铁路工业直到19世纪才问世。当然，最终全世界都被纵横交错的铁路网覆盖。火车成了主要的运输和通信工具。但多数买进铁路股票的人没有挣到一分钱。想挣钱必须赶在铁路热之前买进或等到铁路泡沫破灭后再买。买进股票的时机就是所有人都在说"我这辈子再也不想买一分钱铁路股票了"的时候。

　　汽车改变了世界。曾经，美国汽车业出现过百花齐放的局面。但除非你恰巧挑中了最终存活下来的那两三家企业，否则你一分钱也挣不到。通用汽车公司最终成为全球最大的工业企业，但除非你独具慧眼或撞了大运，在刚刚出现繁荣苗头的时候恰巧挑中了通用，否则你永远也不会挣到钱。

　　至经济热出现时，所有人都会受到波及：街角卖香蕉的小贩、理发师、大叔大婶。你去看医生或牙医，接待员唯独只跟你谈股票的事情，讲她在电视上听人说起的股票。到了这种时候，泡沫已经膨胀到了相当严重的程度，聪明的投资者常常会趁此机会选择撤离。传奇金融家及总统顾问伯纳德·巴鲁克在华尔街请人擦皮鞋时，擦鞋的小孩在教他投资窍门。巴鲁克回到办公室后，立即将所有的股票出手。

　　华尔街的牛市开始于80年代初，但当时没有人相信。1966年的道琼斯工业指数为1000点。1982年，该指数降到了800点以下。16年后，该指数下降了20%，这还没有剔除物价上涨因素——这16年是美国历史上通货膨胀最严重的16年。首先，这笔长期投资时限太久。很少有人能有耐心熬过这段时间等到自己的401（k）

账户① 真正兑现的那一天。

　　1982年,没有多少杂志封面会刊登杰出共同基金经理的照片,你也看不到多少投资顾问四处接受采访。人们不使用信用卡提前消费,不用二次抵押贷款买房子,不会一窝蜂地炒股。实际上,道琼斯工业指数上涨50%达到1200点时,许多人说:"你最好卖出,因为这太疯狂了。上涨过猛过快。"

　　至1998年,这场经济热已经发展到了顶点。但告诉媒体、公众或华尔街这种趋势不会长久,所有人都会一脸茫然。人们会带着怜悯的表情看着你。多数股票已经开始下跌(记住,1998年,60%的股票开始下跌;1999年,多数股票陷入低迷),但共同基金却恰好在此时出现了暴涨,最终造成了不可避免的巨额亏损。"这一次不同,这一次不一样。"人们会这样告诉你。《华尔街日报》、《纽约时报》和《华盛顿邮报》不约而同地刊登出了旁征博引的文章,告诉读者泡沫并不存在。无论何时听到有人对你说这一次的投资形势不同,你最好赶快拿钱走人——从来就没有什么不同,从来就没有"新经济",从来就没有"新时代"。《金融时报》报道称,90年代末,信息技术对提高生产力的作用遭到了夸大,吸引了过多的资金投入,这已经产生了负面效应。媒体最近已经不再以大写字母刊登"新经济"一词了。

　　梅耶·罗斯柴尔德是一名德国银行家及传奇的罗斯柴尔德家族的创始人。在被问及致富之路时,他将自己的成功归因于两点。他

---

① 401(k),始于20世纪80年代初,是一种由雇员、雇主共同缴费建立起来的完全基金式的养老保险制度,指美国1978年《国内税收法》新增的第401条k项条款的规定,1979年得到法律认可,1981年又追加了实施规则,20世纪90年代迅速发展,逐渐取代了传统的社会保障体系,成为美国诸多雇主首选的社会保障计划。但许多人因为生活压力等提前取消了该账户。——译者注

说他总是选择街头沾满血迹——恐慌、混乱的时期——和市场一片绝望的时候投资。（罗斯柴尔德在拿破仑战争时期的乱世投资，在他的叙述中，血迹既有可能是修辞说法，也有可能是在陈述事实。）而且他总是"过早"脱手，他不会等到经济热达到顶点。他总是能看出脱身的时机，总是能全身而退。

我怀疑梅耶是否会选择买入如今的美国股票，毕竟他总是会等到严重的萧条时期。无论如何，华尔街仍然有许多人在大把捞钱，那里的就业率只是稍有下滑，股价同历史上相比并不算低，共同基金市场仍然一片繁荣。他很可能会指出，1999年后，日本的股权共同基金出现了熊市，贬值了80%。那或许才是街头沾满血迹的地方。

我猜想，梅耶如果活在现代，在早期投资过证券后，会将投资转移到期货市场。曾有很长一段时间，证券市场一片繁荣，而原材料市场萎靡不振——假设是20世纪80—90年代。20世纪60年代末和70年代，形势反转。自1906年至20年代初，证券市场一片低迷，而期货市场欣欣向荣。这听起来或许过于激进，但历史确实总在重复。供需关系发生逆转，总会形成这样的循环。80—90年代，所有人都投资了证券市场，用以提高自然资源生产力的投资非常稀少。70年代的繁荣时期过去之后，出现了供过于求的状况，因此没有人建议我们投资甘蔗种植园、铅矿或海洋钻井。全世界的需求继续上涨，最终会超过供给，而供给端几年来一直处于低迷之中。单是亚洲的购买量已经十分巨大。中国如今已经成为世界上最大的进口国之一。冷战时期囤积过量的供给已经变卖。我们如今又迎来了典型的转折期。原材料市场再次出现了供需不平衡的情况，供给量正在下跌。期货市场未来几年将呈现上涨态势，而由于泡沫破灭的余波未了，证券市场将会陷入低迷。

期货市场的新牛市时期已经到来，但鲜有人意识到了这一点，而80年代证券市场出现新的牛市时，也鲜有人先知先觉。自1998年底我和佩奇出发至2004年年中，期货市场已经上涨了150%，而证券市场却大幅下跌。政府、华尔街和媒体不断地向我们鼓吹，物价没有上涨，但只要查一查期货记录便可知道真相。战争和加印钞票政策进一步延长了期货市场繁荣的时间。

但这种趋势不会长久。几年后，我们会卖掉期货，重新投资证券市场。美林银行已经不再设立期货经纪人，因为这个市场太低迷。等到美林银行重新进入期货市场，消费者新闻与商业频道开始报道芝加哥的大豆缺口时，人们会卖掉期货，买进证券。

虽然市场运行法则自罗斯柴尔德家族成立以来便未曾改变，但其他许多领域却无法下此断言。我和佩奇开始环球之行之初，在我们的预想中，这次旅行是一场发现改变之旅。我们想真正地把握现在。下一次在千年之交把握世界脉搏的机会，顾名思义，还要等到1 000年以后。

当然，1 000年前，即1000年1月1日，世界上很少有人会将这一天当作新千禧年的第一天。当时，世界多数人并不使用儒略历。（过去的1 000多年里，基督教不同的历法将元旦日放在了不同的月份里。）当时的世界上，穆斯林人口要多于基督教人口，而穆斯林拥有自己的历法。亚洲人的数目比二者都要庞大，他们对这两个宗教的历法都不熟悉。在西半球的玛雅帝国，拥有先进天文学知识的玛雅人所使用的历法名为"长计历"。该历法以5 126年为一周期计算人类历史。我们的公元1000年对于他们来说是4 114年。根据玛雅人的计算，文明陷落、迎来重生的时候是2012年冬至日。

如今，连我们都不再使用儒略历了。自1752年开始，即目前通行的格里历被引入其他基督教国家的170年后，英语国家废除了儒略历。若历史可鉴，世界很有可能永远也无法迎来公元 3000 年 1 月 1 日那一天。谁知道 1 000 年后我们会使用哪种历法呢？

谁知道将来哪种文化会引领世界？公元 1000 年的时候，全世界约有 2.7 亿人口，其中有谁能想到，公元 2000 年的时候北美洲会出现这样一个国家？北美洲又是哪里？当时的人若是熟悉世界上的所有文明，或许会搬到位于如今拉丁美洲的某个伟大帝国，搬到阿拉伯世界的某个伟大帝国，或者搬到亚洲。他们或许会搬到非洲，搬到廷巴克图。

公元第一个千年结束之际，世界上最大、最繁荣的城市是西班牙的科尔多瓦。塞维利亚也是世界上最富裕的城市之一。当时，两座城市的文化成就均高于拜占庭帝国的中心——君士坦丁堡。公元 10 世纪末，托尔特克人取代了伟大的玛雅文明，开始了其对中美洲长达 200 年的统治。1 000 年后的世界会是一番什么模样？过去的 13 年里，我有 5 年的时间在驾车环游世界。从柏林墙倒塌至世贸中心倒塌期间发生的变革就可以看出，1 000 年后的世界一定会发生翻天覆地的变化。要想准确地解读形势，需要在心里安装一块秒表。

在圣马可广场一台精美的陈列柜里，你可以看到前威尼斯共和国所有领袖的名字。威尼斯共和国是曾经的世界强国，在民主统治下繁荣了 1 000 年之久，其先进的民主制度遥遥领先于当时的世界，直到 19 世纪才被超越。这份名单的末尾意味着威尼斯共和国的终结。1797 年，拿破仑率军进入这座战败的城邦，威尼斯共和国宣告覆灭。上一个千禧年之交，威尼斯再度崛起成为绝对的海上霸主，垄断了地中海贸易，控制了欧洲与东方的贸易。正是这座城市给了马可·波罗扬名的舞台，并推动了文艺复兴高潮期的到来。

我猜想，假如没有这台陈列柜的帮忙，我们没有人记得任何一位威尼斯领袖的名字。我怀疑许多意大利人也不记得。我可以断言，400年或许太短，但到下一个千禧年之交时，可能没有人会记得任何一位美国总统的名字，连乔治·华盛顿也不例外。尽管十分遗憾，但这样的时候终有一天会到来。

世界的荣耀就这样消失。[①]

世界的荣耀或许会消失，但人类会生生不息。

我想到了那些在卡帕多西亚山上凿出来的城市或者那些位于澳大利亚沙漠中的库伯佩迪房子，这些都实实在在地证明了人类的创造能力和生存能力。康沃尔语或许会消失，盖尔语或许会消失，威尼斯或许会被大海淹没，但无论多少人预测了世界末日的到来，人类都不会从这个星球上消失。即便人类之间相互轰炸，即便地球因为我们变得炎热，即便地球变得酷寒无比，我们也能找到生存之道。我们会深入山脉之底寻找地下河流，深入地下寻找井水之源。变革的潮流不可阻挡，但尽管自然的力量十分强大，人类的承受能力也不可小觑。

回到迪莫波利斯后内心的平静感并未持久。我一回到纽约，一种模糊的不安感，一种我只能形容为"产后抑郁症"——或者说旅行后抑郁症的感觉，就开始出现。或许值得一提的是，上一次旅行结束后，我也有同样的感觉。

一年前，我正驾车行驶在从泰姬陵到加尔各答的路上。两年前，我正准备驾车穿越32个非洲国家。现在，离家3年来，我回到了自己在纽约的家中，苦思冥想供暖公司的名字、管道工人的电话。更糟糕的是，没有什么事值得我期待——一觉醒来，我无处可去，也不必去任何地方。过去3年里的每一天，我和佩奇每天醒来

---

① 原文为拉丁文（Sic transit gloria mundi），是教皇选举仪式上的用语。——译者注

都会迎来一场冒险。总是有什么事情能够督促我们起来，有某种挑战或危险。总是有什么事等待着我们去完成，前路充满惊喜。现在，我无处可去。

一走进家门，我便知道我想简化自己的生活。我想将乱七八糟的无用垃圾清理掉，我再也不想买任何东西。我开始对自己的日程安排谨慎起来。我们离开之前，我的日程排得满满当当：晚餐、午餐、旅行、演讲、项目、聚会、采访。我不希望再发生这种事。3年来，我没有安排日程也照样过来了。3年来，我没有记下任何一项邀请。但如同非洲的大雨，我一回到家，大量的邀请便会如期而至。我告诉自己，如果你回到过去的生活方式，如果你回家的第一天便回到最开始的状态，那或许你当初就不应该离开。

虽然适应日常生活花了我不少时间，但更多时候，我还是在沉思下一步该何去何从。据说，一旦双亲中有人离世，你立即会感到自己老了一代。我犹豫着是否应该就此安定下来，还是应该趁现在的死亡迫近之感尚未真正主宰我，再一次上路。

安哥拉和东帝汶的战争已经结束。我知道这些地方的人们将迎来巨大的繁荣。上海不久将成为世界上最激动人心的城市……我应该去吗？还是去埃塞俄比亚、坦桑尼亚或缅甸？这些国家在数十年的闭关锁国之后都重新实现了对外开放。还是应该去玻利维亚充满生机的新边疆和南美西部地区？西班牙南部的大西洋海岸？用几个月的时间驾车穿越巴西、印度或中国？

回顾过去在这些国家的经历，看过报纸后，我想去所有这些地方。

而我知道无论我们走到哪里，我和佩奇都不会仅仅是两人上路，而是一家三口共同上路。如今，我们开始了一场新的历险：回家8个月后，等到所有疫苗中的病毒排出身体后，我们要开始生儿育女了。

见到佩奇之前,我从未有过生儿育女的想法。我一直明白,生儿育女需要投入大量的时间、精力、关怀、金钱和无私奉献——即便是不恰当的教育方式也需要做出巨大牺牲。这些年来,我一直不想要孩子,却生活得有滋有味。我记得,我12岁的时候,父亲拒绝了一次升职的机会,因为升职就需要搬家。他从未直言过原因,但他的言外之意是他这样做是不想让孩子离家,若不是为了我们,他会接受这次升职机会。

父亲因为有了孩子而牺牲了冒险,而我则因为想要尽量多经历冒险,而没有要孩子。对于世界上的多数人来说,旅行的梦想是他们成家立业之后才有的。我没有经历过这样一个自然的成熟过程,现在想来,如果有孩子,我以前的旅行是否会更加丰富多彩也未可知。我很想知道父亲怎么看。佩奇一怀孕,我便想到自己从未向父亲请教过为父之道。

我一生经历过无数冒险,而这将是最后的终极冒险。孩子将向我展示一个我从未见过的世界。

如果说孩子可以让旅行变得更加丰富多彩,那我可以肯定,反之亦然。我想到,我从旅行中学到的所有东西,现在都可以教给我们即将出世的女儿。我迫不及待地想教她开车、看地图——所有那些父亲教会我的东西。我已经为她买了一本地图册和一个地球仪。除了英语,我们应该先教她哪种语言?是某种汉语方言,还是西班牙语?

我想到了自己没有去过的地方——巴西内陆、印度南部、厄立特里亚、伊朗、以色列。在下一次环球之旅中,我将带她去见这些地方以及其他许许多多的地方。佩奇一直想搬到上海或西班牙西南部,在埃斯特角城或科恰班巴住一段时间。或许我们的孩子会在其中一个地方长大。我在亚拉巴马州黑勇士河河畔有一块地，也没准儿我会在那里建一座房子，坐在摇椅里，唱着《老人河》①，在父亲养育子女的地方安家。我猜想，父亲会乐意见到这种情况，而充满智慧的他或许一直希望如此。

她出生了！

希尔顿·奥古斯塔·帕克·罗杰斯出生于 2003 年 5 月 30 日。过去，我一直都很同情有了孩子的人，但天哪，我简直大错特错！她每一天的每时每刻都能为我带来纯粹的快乐。如果没有经历过这些，我的人生会是什么样？

现在，我理解了自己不曾理解过的生身父母以及全天下的父母。

---

① 《老人河》，美国民歌，反映了黑人的悲惨生活。——译者注

附录

吉姆·罗杰斯和佩奇·帕克于千年之交的探险（1999—2001年）

冰岛	1998年12月29日—1999年1月12日
英国	1999年1月12—20日
爱尔兰	1999年1月20—24日
英国	1999年1月24—30日
法国	1999年1月30日
比利时	1999年1月31日
德国	1999年1月31日—2月9日
奥地利	1999年2月9—11日
匈牙利	1999年2月11—15日
南联盟	1999年2月15—16日
保加利亚	1999年2月16日
土耳其	1999年2月16—23日
格鲁吉亚	1999年2月23—26日
阿塞拜疆	1999年2月26日—3月4日
（里海	1999年3月4—5日）
土库曼斯坦	1999年3月5—11日
乌兹别克斯坦	1999年3月11—20日
吉尔吉斯斯坦	1999年3月20—21日
哈萨克斯坦	1999年3月21日—4月1日
中国	1999年4月1日—5月17日
（黄海	1999年5月17—18日）
韩国	1999年5月18—31日
（朝鲜海峡	1999年5月31日—6月1日）
日本	1999年6月1日—7月2日
（日本海	1999年7月2—4日）

俄罗斯	1999 年 7 月 4—28 日
蒙古	1999 年 7 月 28 日—8 月 3 日
俄罗斯	1999 年 8 月 3—20 日
哈萨克斯坦	1999 年 8 月 20 日
俄罗斯	1999 年 8 月 20 日—9 月 4 日
白俄罗斯	1999 年 9 月 4—6 日
立陶宛	1999 年 9 月 6—7 日
俄罗斯	1999 年 9 月 7—8 日
立陶宛	1999 年 9 月 8 日
拉脱维亚	1999 年 9 月 8—10 日
爱沙尼亚	1999 年 9 月 10—11 日
俄罗斯	1999 年 9 月 11—15 日
芬兰	1999 年 9 月 15—19 日
瑞典	1999 年 9 月 19—29 日
挪威	1999 年 9 月 29 日—10 月 4 日
瑞典	1999 年 10 月 4—5 日
丹麦	1999 年 10 月 5—11 日
德国	1999 年 10 月 11—28 日
瑞士	1999 年 10 月 28 日
意大利	1999 年 10 月 29 日—11 月 4 日
梵蒂冈城	1999 年 11 月 4 日
意大利	1999 年 11 月 4—8 日
圣马力诺	1999 年 11 月 8 日
意大利	1999 年 11 月 8—11 日
斯洛文尼亚	1999 年 11 月 11 日
奥地利	1999 年 11 月 11—13 日
斯洛文尼亚	1999 年 11 月 13 日
捷克共和国	1999 年 11 月 13—20 日
德国	1999 年 11 月 20—21 日
列支敦士登	1999 年 11 月 21—22 日

瑞士	1999年11月22—24日
意大利	1999年11月24—25日
法国	1999年11月25日
摩纳哥	1999年11月25—27日
法国	1999年11月27—29日
西班牙	1999年11月29日—12月1日
安道尔	1999年12月1—2日
法国	1999年12月2—12日
卢森堡	1999年12月12—14日
比利时	1999年12月14日
荷兰	1999年12月14—17日
比利时	1999年12月17—18日
英国	1999年12月18—21日
爱尔兰	1999年12月21—24日
英国	1999年12月24日—2000年1月25日
比利时	2000年1月25日—2月2日
法国	2000年2月2—5日
西班牙	2000年2月5—10日
葡萄牙	2000年2月10—13日
西班牙	2000年2月13—18日
直布罗陀	2000年2月18—20日
西班牙	2000年2月20日
摩洛哥	2000年2月20日—3月5日
西撒哈拉	2000年3月5—11日
毛里塔尼亚	2000年3月11—21日
塞内加尔	2000年3月21—25日
冈比亚	2000年3月25—28日
塞内加尔	2000年3月28—29日
马里	2000年3月29—4月7日
布基纳法索	2000年4月7—9日

科特迪瓦	2000 年 4 月 9—16 日
加纳	2000 年 4 月 16—24 日
多哥	2000 年 4 月 24—25 日
贝宁	2000 年 4 月 25—27 日
尼日利亚	2000 年 4 月 27 日—5 月 3 日
喀麦隆	2000 年 5 月 3—10 日
赤道几内亚	2000 年 5 月 10 日
加蓬	2000 年 5 月 10—24 日
（大西洋	2000 年 5 月 24—25 日）
刚果（布）	2000 年 5 月 25—28 日
安哥拉	2000 年 5 月 28 日—6 月 8 日
纳米比亚	2000 年 6 月 8—14 日
博茨瓦纳	2000 年 6 月 14 日
津巴布韦	2000 年 6 月 14—15 日
赞比亚	2000 年 6 月 15 日
津巴布韦	2000 年 6 月 15—16 日
博茨瓦纳	2000 年 6 月 16—18 日
纳米比亚	2000 年 6 月 18—22 日
南非	2000 年 6 月 22 日—7 月 2 日
莱索托	2000 年 7 月 2—3 日
南非	2000 年 7 月 3—8 日
马达加斯加	2000 年 7 月 8—11 日
南非	2000 年 7 月 11—18 日
斯威士兰	2000 年 7 月 18—21 日
莫桑比克	2000 年 7 月 21—30 日
马拉维	2000 年 7 月 30 日—8 月 5 日
坦桑尼亚	2000 年 8 月 5—30 日
肯尼亚	2000 年 8 月 30 日—9 月 10 日
埃塞俄比亚	2000 年 9 月 10—27 日
苏丹	2000 年 9 月 27 日—10 月 20 日

（尼罗河	2000年10月20—23日）
埃及	2000年10月23日—11月10日
（红海	2000年11月10—11日）
沙特阿拉伯	2000年11月11—25日
卡塔尔	2000年11月25—28日
沙特阿拉伯	2000年11月28日
阿拉伯联合酋长国	2000年11月28日—12月5日
伊朗	2000年12月5—6日
巴林	2000年12月6—7日
阿拉伯联合酋长国	2000年12月7—8日
阿曼	2000年12月8—23日
（阿曼湾	2000年12月23—27日）
巴基斯坦	2000年12月27日—2001年1月9日
印度	2001年1月9日—2月22日
孟加拉国	2001年2月22—28日
印度	2001年2月28日—3月7日
缅甸	2001年3月7—24日
泰国	2001年3月24—26日
马来西亚	2001年3月26—30日
新加坡	2001年3月30—4月10日
（马六甲海峡	2001年4月10—12日）
印度尼西亚	2001年4月12—28日
东帝汶	2001年4月28—29日
澳大利亚	2001年4月29日—6月4日
瓦努阿图	2001年6月4—6日
新西兰	2001年6月6—21日
法属波利尼西亚	2001年6月21—29日
智利	2001年6月29日—7月13日
阿根廷	2001年7月13—20日
智利	2001年7月20日

阿根廷	2001年7月20—22日
智利	2001年7月22—23日
阿根廷	2001年7月23日—8月10日
乌拉圭	2001年8月10—13日
巴西	2001年8月13—17日
阿根廷	2001年8月17日
巴拉圭	2001年8月17—21日
阿根廷	2001年8月21—23日
玻利维亚	2001年8月23日—9月6日
秘鲁	2001年9月6—23日
厄瓜多尔	2001年9月23日—10月3日
哥伦比亚	2001年10月3—4日
委内瑞拉	2001年10月4—7日
巴拿马	2001年10月7—10日
哥斯达黎加	2001年10月10—14日
尼加拉瓜	2001年10月14—17日
洪都拉斯	2001年10月17—20日
萨尔瓦多	2001年10月20—23日
危地马拉	2001年10月23—27日
伯利兹城	2001年10月27—29日
墨西哥	2001年10月29日—11月13日
美国	2001年11月13—20日
加拿大	2001年11月20—28日
美国	2001年11月28日—12月2日
加拿大	2001年12月2—8日
美国	2001年12月8日—2002年1月5日

▲ 爱尔兰是唯一一个没有生育危机的欧盟国家。

▲ 在韩国，不消多久就能注意到女孩很少——这个由学校组织郊游的班级，男女比例为10比5。几年后，年轻的韩国女性将可以自由挑选伴侣。

▲ 在土库曼巴希的"新"土库曼斯坦，卡拉库姆沙漠上的野生骆驼是唯一的自由生物。

▼ 无论去到多么远离"文明"的地方，在街边餐馆吃饭，我们从未吃坏过肚子。食物中毒只发生过三次，三次都是在五星级餐馆吃饭后出现的。这家位于撒马尔罕的餐馆在《米其林指南》上是找不到的。

► 塔克拉玛干的意思是"有去无回之地"。万一汽车无法开出这片沙漠,我们还有骆驼。

◄ 在世界多数地区,耕地方式仍然与几百年前没什么区别。但即便使用的是传统技术,中国人仍然有能力出口粮食。

► 我觉得这种帽子十分实用。我在曲阜从一位孔子追随者手中买下了这顶帽子,至今仍然保存着。

◀ 在平凉崆峒山，我并没有预料到再往上爬500级台阶会有何发现。

▶ 在兰州，我喜欢这副老式墨镜，但负责招待我们的茶馆伙计却觉得这副眼镜有点过时了。

◀ "她"是这座茶馆里我最喜欢的演员。

► 在中国，什么都不能浪费。

▼ 在济南，孩子们对美国的兴趣和我们对中国的兴趣一样浓厚。

▼ 这些济南的小学生从来没有让美国人教过英语。他们喜欢这堂课，但真正的焦点却是佩奇大大的蓝眼睛。

◀ 中国西部的新企业家一分钱、一分钟都不会浪费。

▶ 来自上海的明显信息：亚洲女性很快将争取更多权利并得到这些权利。

◀ 韩国长期以来的贸易保护主义政策使得高质量的国外设备无法进入韩国，同时国内设备也缺乏质量监管。

▲ 在我们环游世界一路上遇到的厕所中，这个西伯利亚的厕所算是比较好的一个了。

▲ 在西伯利亚州赤塔市的集市上，女人控制着一头的货币黑市，男人控制着另一头。

▲ 在蒙古，请我们喝咸奶茶的妇女坐在她装饰明亮的蒙古包里。

▲ 蒙古的蒙古包里住着游牧大家庭，几百年来一直如此。手机的出现是近年来向现代化迈出的一步。照片背后的故事：母亲和需要换上衣、梳头才能出镜的孩子。

▲ 我的父亲虽然罹患癌症并进入晚期，却仍然同母亲一起从亚拉巴马州迪莫波利斯来到西伯利亚，好看一看我的俄罗斯黑手党式夏季发型。

▲ 佩奇唯一一次被吓哭是在我们被一名安哥拉将军强制扣留的那天晚上。我们和他手下的士兵一起在前线露营过夜。这些士兵正在同争取安哥拉彻底独立全国联盟交战。

▲ 在我上一次旅行中，瓦伦丁神父还是一个与当局不和、被驱逐的牧师，当时身在苏兹达尔的他只能向纽约的俄罗斯东正教教会寻求支持。现在，他已经成了新俄罗斯的重要人物，有房，收藏古董，有手下可以吩咐。

▲ 在旅行途中，无论身在哪里，我们尽量保证每天都能锻炼身体，并多感受本地风土人情。参加莫斯科和平马拉松赛时，我们两个目的都实现了。（我们很惊讶地目睹了各种作弊行为。）

▲ 新俄罗斯人很快便适应了"旁门左道"的资本主义。图上是莫斯科的一位列宁扮演者，他在和自由市场的化身比试棋艺。

◀ 我"扶着"著名的比萨斜塔。这一旅游景点当时正在进行加固，但现在已经重新向游客开放。这会令在该市大街两旁站街的妓女十分高兴。

▲ 我们从大西洋沿岸出发到达了太平洋沿岸，然后又返回大西洋沿岸——第一个驾车完成此壮举的人。图上是这次旅行的起点和终点，爱尔兰的顿琴镇。

▲ 美妙的婚礼！开启新生活和新千年的美妙方式！

▲ 西班牙资助了哥伦布的航行，并声称他是西班牙人（照片拍摄于马德里，这里的人就如此认为），但这位探险家本人是意大利人，在探索新世界的道路上参考了中国人和维京人的记载，使用了葡萄牙人的技术。

▲ 传说，只要猴子还在，直布罗陀海峡就仍然属于英国。伦敦方面投入了大量资金保护猴子。若按照这里的年轻人的想法，猴子应该留下，英国人应该离开。

◀ 我一直很好奇这些人在毛里塔尼亚袍子里面穿了什么。

▼ 这座位于杰内的清真寺是世界上最大、最美丽的土砖建筑。由于一家欧洲杂志社在这里取景拍摄内衣模特写真，此处如今已经不对外国人开放。

▲ 在贝宁，多数人信仰万物有灵论的宗教，蟒蛇被他们视作精神力量的源泉。

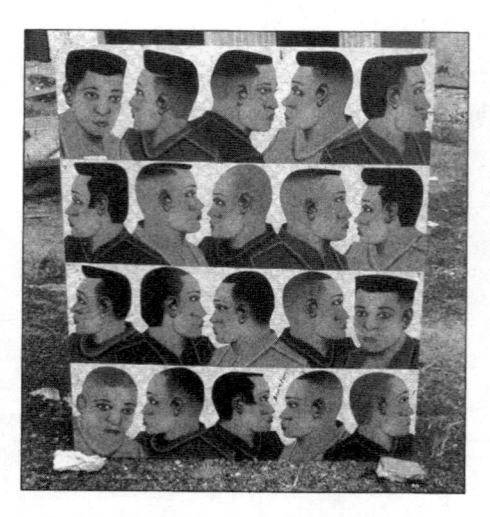

▲ 加蓬的理发师摆出了各种时髦发型的图片。

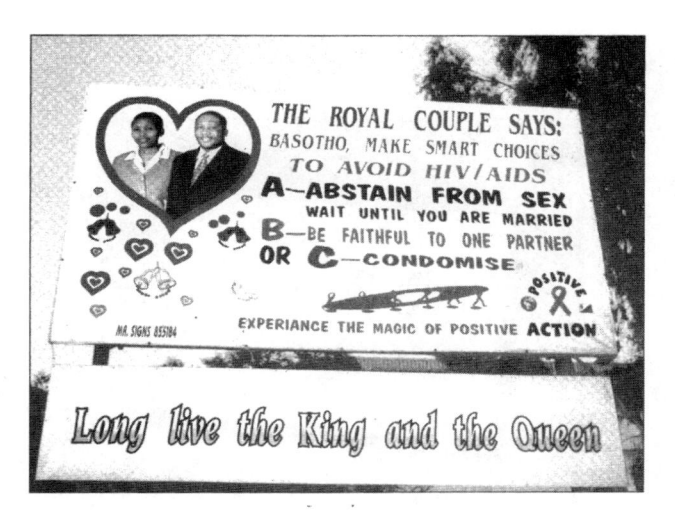

▲ 莱索托

▲ 危险的巴基斯坦

▲ 北京：收费厕所

▲ 澳大利亚：路边餐馆

▲ 伯利兹

▲ 中国西部

◀ 澳大利亚内陆

◀ 纳米比亚

▲ 汉堡红灯区

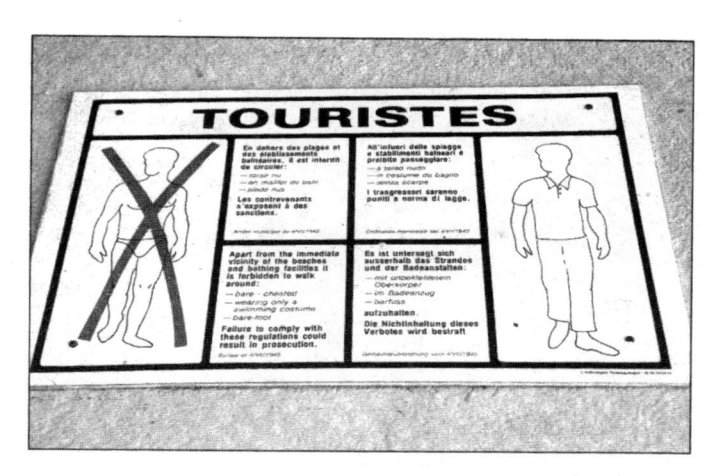

▲ 蒙特卡洛也这么保守？

◀ 伊朗的"度假胜地"对男性着装也有严格规定。

◀ 印度

▶ 孟加拉国是个禁酒的国家。

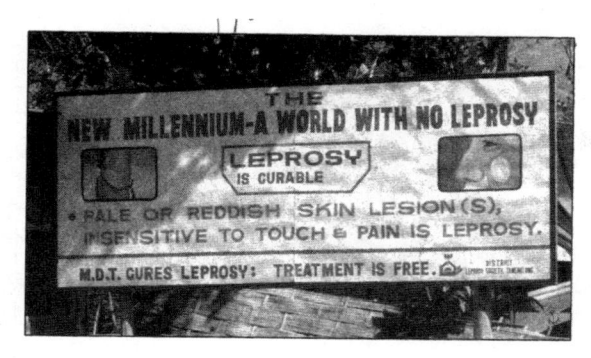

▲ 印度

▲ 澳大利亚：路边餐馆

▲ 澳大利亚：猫眼石矿井

▲ 迪拜：女士海滩

▲ 紫禁城

▲ 巴塔哥尼亚水源稀缺。

▲ 在加蓬穿过赤道,加蓬距离纽约有 10 300 公里。

▲ 撒哈拉沙漠中有 600 年历史的图书馆。

▲ 在加蓬选择发型。

▲ 澳大利亚的孤立主义

▲ 我应该将办公室搬到中国。

▲ 坦桑尼亚

▲ 穿越玻利维亚境内的安第斯山脉要注意羊驼。

▲ 穿越澳大利亚要注意考拉。

▲ 南非

▶ 危地马拉

◀ 玻利维亚可可叶山谷：振奋精神

▶ 从南美最南端到阿拉斯加是一次漫长的旅途。

◀ 讲述详细的马里药店

▲ 本地村民没有客人的邀请是不得进入马拉维湖度假村的。当时，这处度假村被一家德国非政府组织包了一周。照片上的孩子们是我邀请的。

▲ 我们总是想体验本地的风土人情，比如观看莫桑比克的足球比赛。由于在第三世界国家阴魂不散的非政府组织官员很少与当地人打成一片，我们是可以见到的仅有的白人。（由于这里是撒哈拉以南非洲，佩奇是在场仅有的三位女性之一。）

▲ 这次旅行最糟糕的路位于肯尼亚，此处是稍好的一段。监工的西方顾问履行了他们之间的合同，他们和共事的当地人早已将钱转移到了瑞士。

▲ 拉利贝拉的一位年轻埃塞俄比亚牧师正在诵读一本有着800年历史的手写《圣经》。牧师也邀请我们读，但我们的吉兹语水平太差，完不成这种任务。

▲ 庆祝发现真正十字架节时,我请两位年轻的埃塞俄比亚牧师喝了他们生平第一瓶啤酒。他们的酒量似乎比我好。

▲ 撒哈拉沙漠是个非常浪漫的地方,很适合度蜜月,但出入都很辛苦——骆驼也不例外。

▲ 我们惊讶地发现苏丹女子非常美丽，也很高兴地得知在瓦迪哈勒法，所有（穆斯林）女孩都要上高中。

▲ 在进入公元后第三个千年的世纪之交，开车环游世界对我们来说都困难重重，而埃及人5 000年前就已经创造了金字塔这一世界奇迹。

▶ 在通往麦加的路上，拐错一个弯的后果可能会非常严重。

▲ 在被问到这辆车多少钱时，我会开玩笑地说："100万美元。"这些人会立即问："现金还是刷卡？"

◀ 阿曼的很多女孩一到青春期就会把自己"遮盖"起来。

▲ 乘坐独桅帆船横渡阿曼湾时，我们在甲板上扎帐篷。第一晚非常浪漫。但在海上漂泊 5 天后，印度洋的风景都看腻了。

▲ 棉花之于巴基斯坦的重要性相当于石油之于尼日利亚。

▲ 正在工作的印度送奶工。

▲ 印度的一起交通事故，世界上又一起令我们百思不得其解的事故。人类一旦坐在方向盘后，什么事都做得出来。永远不要低估人类这方面的创造力。

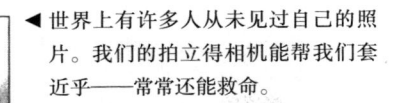

◀ 世界上有许多人从未见过自己的照片。我们的拍立得相机能帮我们套近乎——常常还能救命。

▼ 在阿拉哈巴德的大壶节期间，我们和6 000万人一起在恒河水里洗去了自己的罪孽。大壶节是最神圣的印度教节日，是最大规模的人类集会。这一届大壶节的重要性，在2145年前都不会被超越。

▲ 在斋普尔的大街上，他们正准备将新娘接到新郎家里，却被我们吸引了注意力。两个人里边较为年轻的那一个可以看出我们不是本地人。

▲ 在贾巴尔普尔的一个小村子,我们停下来为她拍照。我拍第二张照片给她的时候,佩奇教训了一名男村民,让他生生世世都遭受嘲笑。

◀这位妓女在她长宽各 3 英尺、高 6 英尺的小房间里等待顾客。加尔各答新成立的妓女工会推广避孕套的活动取得了一些进展。

▶孟加拉国人口密集，空间稀缺，牛粪只能粘在树上晒干。牛粪晒干之后会用作燃料。

◀孟加拉国实行了戒严令，因为此前有反对党宣布了"哈特尔"——一种抗议形式，其间任何胆敢外出之人都将被视作敌人并格杀勿论。

▲ 我们到哪里都会品尝街头小吃，在锡尔杰尔就是如此。但我们常常看不出吃的是什么。

▲ 在缅甸的森林里干完活儿后，他们在回家的路上遇见了我们。双方都很震惊。

▶ 几乎所有的缅甸人都会用"檀娜卡"来保护皮肤。这种树皮粉末可以遮挡紫外线、让皮肤变得柔软,被称为"缅甸的蜜丝佛陀"。

▲ 去往曼德勒的路上:虔诚的缅甸拥有的众多卧佛之一。

▲ 缅甸的善男信女一生中会到寺院修行数次，修习佛法、思考人生，但似乎汽车总是能引起全世界年轻人的兴趣。

► 这个6岁的小孩即将接受穿耳洞仪式，这种仪式和西方的受洗多少有些相似。

▲▼ 在亚洲的船只上，每一寸空间都得到了利用。

◀ 澳大利亚的库伯佩迪利用新技术引入水源，让这座沙漠中的小镇得以发展起来，但工作之余，人们仍然没有什么消遣活动。

▶ 复活节岛本来富庶而繁荣，却将大量的财富与人力用于非生产性项目。这些非凡的塑像榨干了整个文明。

▲ 阿根廷银行承诺比索和美元会一直挂钩下去。但我这种怀疑论者却不信中央银行的承诺，拿走了美元逃之夭夭。阿根廷的货币、经济和政府几个月内接连崩溃。

▲ 在厄瓜多尔，一场烧烤正在准备之中。

▲ 在莱托哈奇的家族墓地，我探望了亡父之墓，告诉父亲我们终于成功了——我将这次旅行献给他，并开始思考这次旅行的意义。

▶ 墨西哥最神圣的地方——瓜达卢佩圣母堂。据说，1531年，圣母马利亚在一名农民身上显灵。我们怎么能错过这个地方呢？有人怀疑这个故事是西班牙人编造出来征服当地人的，但墨西哥人不认为他们敢对这次奇迹有异议。

◀ 墨西哥的 gusanos de maguey（烤龙舌兰虫）是我们在环球之行中尝过的众多美食之一。